BLUME

jardinería práctica

ÁRBOLES Y ARBUSTOS

KEITH RUSHFORTH

BLUME

Título original:
Trees and Shrubs

Traducción:
David Cáceres González

**Revisión científica y técnica
de la edición en lengua española:**
Xavier Bellido Ojeda
Jardinero
Creación de jardines, terrazas e interiores
Asesor en plantaciones y reformas
Profesor de jardinería

Coordinación de la edición en lengua española:
Cristina Rodríguez Fischer

Primera edición en lengua española 2005

© 2005 Naturart, S.A. Editado por Blume
Av. Mare de Déu de Lorda, 20 - 08034 Barcelona
Tel. 93 205 40 00 Fax 93 205 14 41
E-mail: info@blume.net
© 2003 del texto Keith Rushforth
© 2003 HarperCollinsPublishers, Londres

I.S.B.N.: 84-8076-564-X
Depósito legal: B. 10.529-2005
Impreso en Filabo, S.A., Sant Joan Despí (Barcelona)

CONSULTE EL CATÁLOGO DE PUBLICACIONES ON-LINE,
INTERNET: HTTP://WWW.BLUME.NET

Contenido

Introducción

Los árboles y arbustos se cultivan en el jardín sobre todo por la belleza de su follaje, que permanece en los tallos durante, al menos, la mitad del año o, en el caso de los de hoja perenne, siempre. Las hojas pueden adoptar un sinfín de formas y tamaños, desde las suaves y flexibles hojas de gran tamaño de géneros como *Paulownia* y *Catalpa* hasta las pequeñas hojas de *Betula*, que proyectan una sombra veteada y, por tanto, son ideales para zonas con asientos, o la verde y ramificada *Genista aetnensis*. Otro de los rasgos destacados del follaje es el color que adquiere en otoño, espectacular en algunos árboles como *Nyssa sylvatica* y *Acer griseum*, o el color de los nuevos brotes primaverales.

Aunque el principal atractivo de los árboles y arbustos suelen ser las hojas, los frutos y la corteza también pueden mostrar colores sorprendentes durante todo el año. Algunos florecen muy pronto, en pleno invierno, como *Acacia dealbata*, *Cornus mas* o *Hamamelis mollis*; otros a lo largo de la primavera y el verano, y unos cuantos a principios de otoño, como *Oxydendrum* y *Prunus subhirtella* «Autumnalis». En otoño, normalmente algunos árboles dan frutos de gran colorido, en especial muchos del género *Sorbus*. En invierno, la corteza de algunos representantes del género *Betula*, así como *Eucalyptus* y *Acer*, muestra todo su esplendor. Algunos árboles y arbustos se cultivan incluso por su exquisito aroma, que envuelve todo el jardín; éste es el caso de algunos géneros como *Tilia* e *Idesia*.

Acer pseudoplatanus «Brilliantissimum»

Dado su tamaño y longevidad, los árboles y arbustos a menudo se convierten en elementos que dan forma y estructura al jardín, ya se utilicen para diferenciar distintas zonas, para crear barreras o pantallas o para delimitar lindes. También pueden plantarse simplemente por su especial interés. Por ello, la forma o el hábito de crecimiento de los árboles puede llegar a ser tan importante como las hojas o las flores a la hora de decidir qué plantar. Algunos árboles, como muchas coníferas (*Abies, Picea, Chamaecyparis* y *Juniperus*), forman verdaderas columnas, mientras que otros son achatados, como el género *Aesculus* y *Quercus robur*; la enorme variedad de formas permite obtener casi cualquier efecto arquitectónico visual. También hay árboles y arbustos de crecimiento muy compacto, como los géneros *Fagus* o *Taxus*, que se utilizan como setos, o que tienen tendencia a formar arcos (*Acer forrestii* y *Cornus kousa*) o a crear grandes concentraciones de tallos espaciados, como los bambúes *Phyllostachys*.

Nada impide organizar la plantación de un jardín exclusivamente a partir de árboles y arbustos. Se trata de plantas que precisan muy poco mantenimiento, por lo que pueden constituir una elección interesante. Una vez plantados apenas requieren cuidados, a diferencia del césped, las herbáceas o las plantas ornamentales de temporada, y pueden resultar igualmente atractivos y llenos de colorido.

No existe una diferenciación académica clara sobre qué es un árbol y qué un arbusto, aparte del hecho de que ambos tienen una estructura leñosa. Las plantas leñosas presentan grandes diferencias: desde simples matorrales que sólo son leñosos en la base hasta inmensos árboles; en un punto intermedio entre uno y otro extremo se encuentran los arbustos. El presente volumen está dedicado en su totalidad a las plantas leñosas. Este libro agrupa las leñosas de mayor tamaño que se cultivan principalmente para resguardar o dar sombra, y ayuda a determinar la forma y los usos que va a tener el jardín. Este tipo de plantas suele superar en poco tiempo los 2 m de altura, y algunas mucho más.

La mayor parte del presente libro trata de las plantas leñosas de hoja ancha y las coníferas de mayor crecimiento. Con todo, el lector también encontrará una sección dedicada a los bambúes y una página sobre las palmeras y helechos arbóreos, una mera presentación de otros árboles y arbustos más exóticos que también pueden formar parte del jardín.

Cómo utilizar este libro

Árboles y arbustos se divide en tres partes principales. Los capítulos iniciales constituyen una guía que le ayudará a comprender mejor los distintos aspectos de la jardinería, desde el estudio del emplazamiento a la plantación en sí, los cuidados generales o las técnicas de multiplicación. A continuación les sigue una relación exhaustiva de los principales árboles y arbustos de mayor tamaño, con más de 150 fichas independientes ordenadas alfabéticamente. Incluye los árboles y arbustos más conocidos. Tras este apartado se dedican algunas páginas a los bambúes, a los helechos arbóreos y palmeras y a las coníferas. El capítulo final trata de los posibles problemas de cultivo y ayuda a diagnosticar la causa más probable. Por último encontrará una lista de plagas y enfermedades y algunos consejos sobre cómo atajarlas.

nombre latino del género de la planta, seguido del nombre común

descripción detallada de los cuidados que necesita la planta, incluida la plantación y las plagas y enfermedades

indicador alfabético, de distinto color para cada letra, que facilita la búsqueda de la planta deseada

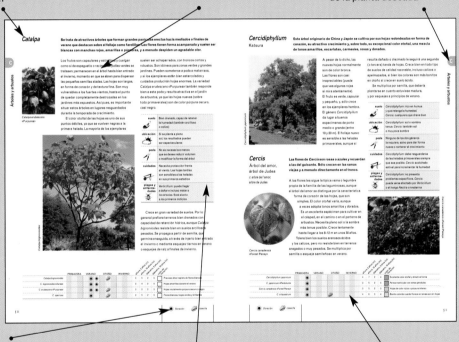

la **leyenda** situada en la parte inferior de la página explica el significado de los símbolos

en estas **tablas** se resumen los cuidados y el mantenimiento que necesita el árbol o arbusto; es decir:

• el tipo y las condiciones del suelo
• la ubicación que más favorece a la planta
• las necesidades de poda
• sugerencias generales
• los problemas causados por plagas y enfermedades

Si en la página aparece más de un género, la tabla será válida para todos ellos

en las **tablas de variedades** encontrará información sobre las variedades más recomendables de la mayoría de árboles y arbustos o sobre cuál de ellas es la más apreciada. De este modo podrá elegir la planta que más se adecue a sus necesidades en función de sus características:

• en qué época del año florece
• cuándo da fruto
• qué altura y envergadura alcanza en condiciones óptimas
• de qué color son las flores
• datos y comentarios adicionales

Las tablas de variedades muestran la información de todos los géneros que aparecen en la página

Cómo valorar las características del jardín

Elementos existentes

Cada jardín es único, tanto por lo que respecta a sus posibilidades como a sus limitaciones. Por eso, lo primero que deberá hacer es estudiar las características del jardín existente y el modo en que pueden afectar a la planificación.

A menos de que disponga de una casa recién construida, lo más probable es que el jardín ya tenga plantas. Trace un plano del jardín, con la ayuda de un metro y papel cuadriculado, en el que queden reflejados elementos principales como las plantas existentes, los caminos, etc. Además, debe estudiar otros aspectos «positivos» (por ejemplo, las vistas más bonitas) o «negativos» (como el alumbrado público que habrá que ocultar). También es útil anotar características físicas del terreno como las elevaciones, los registros (de electricidad, alcantarillado, etc.), las vías de drenaje, las zonas libres o el camino de acceso.

A continuación decida cuáles de las plantas existentes desea conservar. Fíjese, en especial, en aquellas que oculten las «malas vistas». Asimismo, piense qué elementos estructurales o de diseño del jardín existente quiere mantener (caminos, estanques...).

También debe analizar las limitaciones físicas del jardín: la orientación, la exposición y las características del suelo.

Orientación

De lo que se trata, en definitiva, es de saber hacia dónde está encarado el jardín: al norte, sur, este u oeste; es decir, qué partes reciben la mayor o menor cantidad de sol (*véase* pág. opuesta). La orientación es un factor determinante para el microclima del jardín, ya que hará que determinadas plantas crezcan frondosas y otras presenten mayores dificultades.

La orientación se ve afectada también por cuestiones geográficas o estructurales, que pueden llegar a influir incluso más sobre la cantidad de horas de insolación que la propia orientación. Algunos de estos elementos podrían ser la existencia de edificios o grandes árboles en las proximidades o, en el extremo contrario, que la casa estuviera situada sobre una colina.

Exposición

El grado de exposición a las inclemencias del tiempo es otro de los factores vitales que afectan al crecimiento de las plantas. Normalmente se suele pensar que si el jardín está expuesto y, en consecuencia, recibe poco calor, las plantas más idóneas serán las de hoja caduca, resistentes a las heladas, mientras que un jardín resguardado es mejor para las plantas delicadas. Sin embargo, la vida de las plantas no es tan simple; por ejemplo, si el jardín está además expuesto al viento, las cosas

se complican. Hay algunas plantas de hoja caduca que resisten muy bien el frío, como *Catalpa bignonioides* «Aurea», pero son sensibles al viento y las hojas de mayor tamaño acaban literalmente hechas trizas. Por el contrario, un emplazamiento ventoso puede ofrecer mayor protección a las plantas sensibles a las heladas primaverales tardías, que normalmente suelen producirse cuando el viento está en calma.

Suelo

El siguiente paso consiste en conocer el tipo de suelo, ya que las diferencias en materia de capacidad de drenaje, fertilidad o composición química varían enormemente de uno a otro.

La acidez o pH puede determinar, por ejemplo, el tipo de plantas que se pueden plantar o cómo será su crecimiento. Los suelos calcáreos sobre roca caliza son alcalinos: por lo general drenan bien, retienen bien los nutrientes y resultan excelentes para algunos arbustos, pero no para los rododendros, por ejemplo, que sólo crecen bien en suelos ácidos.

Los suelos formados por arenisca y grava suelen ser de naturaleza ácida. En ellos prospera una mayor variedad de plantas, ya que la mayoría de las que toleran suelos alcalinos se adaptan bien. No obstante, los suelos arenosos normalmente drenan tan deprisa que se secan con facilidad y no retienen bien los nutrientes.

Los suelos arcillosos pueden ser ácidos, alcalinos o neutros, pero suelen drenar mal y en invierno son muy húmedos y pesados. Además, en primavera tardan en calentarse, aunque tienen una gran capacidad de retención de nutrientes. De todas maneras, todos los suelos pueden mejorarse o enmendarse mediante el aporte de materia orgánica.

Condiciones particulares

Cada jardín es diferente, con sus propias condiciones y peculiaridades que habrá que tener en cuenta. La siguiente ilustración representa de un jardín «típico» compuesto por una serie de elementos que normalmente suelen encontrarse en la mayoría de los jardines.

Por supuesto, su jardín puede tener un aspecto muy distinto a éste, pero muy probablemente deberá considerar los mismos factores de evaluación indicados para saber si va a poder plantar determinados arbustos y árboles con garantía de éxito. Recuerde que siempre es mejor enfrentarse a las condiciones a medida que se van descubriendo. No intente luchar (demasiado) contra la naturaleza, porque al final siempre acaba ganando. Dicho esto, lo cierto es que unos pocos cambios pueden mejorar considerablemente las perspectivas de crecimiento de las plantas, sin inversiones ni esfuerzos excesivos.

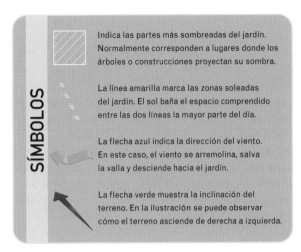

SÍMBOLOS

Indica las partes más sombreadas del jardín. Normalmente corresponden a lugares donde los árboles o construcciones proyectan su sombra.

La línea amarilla marca las zonas soleadas del jardín. El sol baña el espacio comprendido entre las dos líneas la mayor parte del día.

La flecha azul indica la dirección del viento. En este caso, el viento se arremolina, salva la valla y desciende hacia el jardín.

La flecha verde muestra la inclinación del terreno. En la ilustración se puede observar cómo el terreno asciende de derecha a izquierda.

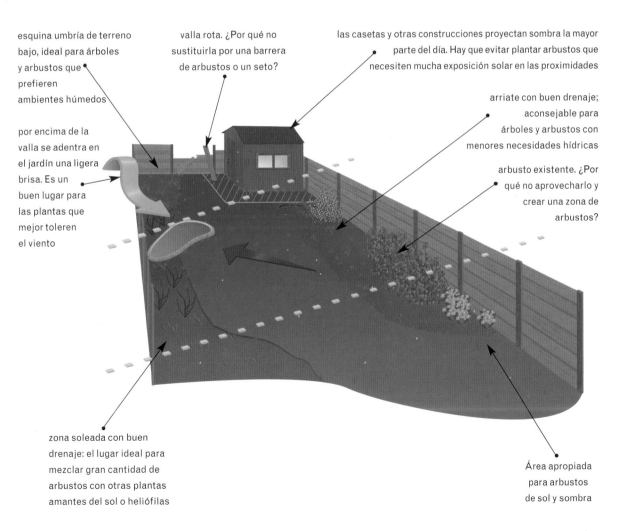

esquina umbría de terreno bajo, ideal para árboles y arbustos que prefieren ambientes húmedos

valla rota. ¿Por qué no sustituirla por una barrera de arbustos o un seto?

las casetas y otras construcciones proyectan sombra la mayor parte del día. Hay que evitar plantar arbustos que necesiten mucha exposición solar en las proximidades

arriate con buen drenaje; aconsejable para árboles y arbustos con menores necesidades hídricas

por encima de la valla se adentra en el jardín una ligera brisa. Es un buen lugar para las plantas que mejor toleren el viento

arbusto existente. ¿Por qué no aprovecharlo y crear una zona de arbustos?

zona soleada con buen drenaje: el lugar ideal para mezclar gran cantidad de arbustos con otras plantas amantes del sol o heliófilas

Área apropiada para arbustos de sol y sombra

Elección y adquisición de las plantas

Los árboles y arbustos adoptan numerosas formas y tamaños. Para lograr crear el efecto deseado en el jardín se requiere una cuidadosa planificación y selección.

Elección de las plantas

Los árboles y grandes arbustos normalmente se emplean en los jardines como componentes estéticos que aportan al jardín sus formas, follaje o rasgos decorativos como las flores, los frutos o la corteza.

Por supuesto, los jardines se disfrutan más cuando hace buen tiempo y se puede pasear por ellos o sentarse a descansar, pero no hay que olvidar que luego se ven durante todo el resto del año y también se espera que presenten un aspecto atractivo. Son pocos los árboles o arbustos que están en flor o dan fruto durante más de unas pocas semanas al año, por lo que, a no ser que sólo le interesen en ese estado, deberá conocer qué aspecto presentan cuando no están en su máximo esplendor. De ahí que la forma del árbol y la altura y anchura potenciales de los ejemplares adultos sean igualmente importantes.

Las variedades frutales son decorativas, así como útiles alimentos para pájaros

Forma Es una de las principales características de los árboles y arbustos. Si no quiere pasarse la vida podando, lo mejor es estudiar de antemano cuál es la forma de árbol más conveniente para el emplazamiento en cuestión, el espacio disponible y el modo en que combinará con las demás plantas.

Los árboles adultos aportan forma y volumen

Tenga en cuenta la forma, el color y la textura

Cuando empiece a adquirir árboles y grandes arbustos se percatará de que la mayoría de las copas de los ejemplares jóvenes empiezan siendo rectas y alargadas. Sólo adoptarán forma redondeada o de cúpula a medida que las ramas laterales broten y se arqueen. Algunas de las variedades seleccionadas, como *Eucryphia nymansensis* y *Populus nigra* «Italica», conservan la copa puntiaguda; otras, como *Prunus* «Amanogawa» o *Quercus robur* «Fastigiata», empiezan adoptando esta forma, pero a medida que crecen las ramas se despliegan hacia los lados.

Las especies «lloronas» adoptan dos formas principales: unas tienen todas las ramas pendulantes, de modo que sólo alcanzan cierta altura si son tutoradas o si el pie es alto (por ejemplo, *Betula pendula* «Youngii» y *Fraxinus excelsior* «Pendula»); otras sólo presentan ramas péndulas laterales y conservan un tallo principal que les permite ganar considerable altura, como sucede con *Salix sepulcralis* «Chrysocoma». Las copas de las coníferas suelen ser puntiagudas, aunque hay muchas excepciones; por su parte, los bambúes, con su forma característica, inauguran nuevas posibilidades.

Follaje La textura de un árbol o arbusto dependerá del tamaño y la forma de sus hojas, y de si es caducifolio o de hoja perenne. Por lo general, las hojas de gran tamaño proyectan una sombra más densa que las pequeñas o pinnadas con folíolos de hojuelas opuestas sobre el peciolo. Con todo, las hojas verdaderamente grandes, como las de *Catalpa* y *Paulownia*, son finas y dejan traspasar la luz, al contrario que las hojas gruesas y duras de la mayoría de los árboles de hoja perenne, que proyectan una sombra monolítica.

El color de las hojas debería ser principalmente el verde, ya que es el que más ayuda a descansar la vista. Existen infinitas coloraciones intermedias, desde el verde oscuro brillante del acebo hasta el amarillo verdoso claro de *Gleditsia triacanthos* «Sunburst» y *Acer cappadocicum* «Aureum» o al azul verdoso de muchas coníferas. Los colores intensos y moteados, como los de *Populus jackii* «Aurora» o los tonos púrpura de *Fagus sylvatica* var. *purpurea* (haya roja) y *Cercis canadensis* «Forest Pansy», pueden parecer muy atractivos, pero si planta demasiados ejemplares de estas variedades el efecto general puede resultar cargante.

Los tonos que adquieren las hojas en otoño (a veces amarillos intensos, rojizos o carmesíes) constituyen un espectáculo espléndido. No son menos exóticos que los púrpuras del haya roja, pero no presentan el mismo aspecto natural. Los colores otoñales rara vez desentonan entre sí.

Otras características Las flores de los árboles o arbustos deberían considerarse un elemento adicional, aunque a veces son verdaderos regalos de la naturaleza. Las hay de muchos tipos: exuberantes como las de *Cornus kousa* o los géneros *Prunus* y *Rhododendron*, o discretamente bellas como las inflorescencias de *Pittosporum tenuifolium*. Los amentos también se consideran flores y tienen su propio atractivo sutil, como sucede con los de *Alnus*, *Betula*, *Corylus* y *Garrya*, que son colgantes y se abren a principios de primavera, o los erguidos amentos del género *Castanea*, que aparecen a mediados de verano.

La fragancia de las plantas puede provenir tanto de las hojas como de las flores. Las mejores hojas aromáticas son las de los álamos balsámicos *Populus* «Balsam Spire» y *Populus jackii* «Aurora». Las hojas de *Nothofagus antarctica* también despiden un olor parecido.

La fructificación de los árboles y arbustos suele producirse entre otoño e invierno. La mayoría de los más vistosos son de tipo carnoso, como, por ejemplo, las bayas de *Cotoneaster*, *Ilex* y *Sorbus* o las curiosas vainas de *Decaisnea fargesii*. Las cápsulas de *Koelreuteria* también son impresionantes, al igual que los frutos de muchas coníferas.

La corteza de algunos árboles empieza a cambiar normalmente en invierno. En algunas especies esto no sucede hasta que el tronco ha madurado por completo, y en la mayoría de los casos la corteza queda oculta por las hojas. Este atractivo fenómeno puede deberse a las cualidades concretas de la corteza del tronco y los principales tallos (por ejemplo, *Acer*, *Betula* y *Eucalyptus*) o a la brillante coloración de las nuevas ramitas (*Salix alba* ssp. *vitellina* «Britzensis») o incluso a ambas cosas a la vez, como en el caso de *Acer pensylvanicum* «Erythrocladum».

Diseño de espacios con árboles y arbustos

Una vez haya decidido la forma, el tipo de hojas y las cualidades ornamentales de los árboles o arbustos, el próximo paso es hacer un boceto del diseño del jardín y estudiar los lugares idóneos donde plantarlos, sin olvidar nunca la planificación global del jardín.

Además de por sus cualidades decorativas, los árboles pueden servir de seto, para tamizar la luz, para delimitar distintas zonas del jardín, para dar sombra o como lugar donde resguardarse, para marcar lindes, para acentuar la sensación de escala o distinta proporción, etcétera.

Si alguno de los árboles o arbustos tiene una forma o alguna característica especialmente destacada puede exhibirse como espécimen, plantarse en solitario o en pequeños grupos en un lugar destacado del jardín, donde seguro que atraerá la mirada.

Cupressus leylandii; seto ideal de crecimiento rápido

Como comprobará, muchas veces el principal motivo para plantar un arbusto o un árbol es, simplemente, llenar espacio vacío, pero no existe ninguna razón para no ser creativo incluso en estas circunstancias, aunque el motivo inicial no lo sea.

Adquisición de árboles y arbustos

Los árboles y los arbustos pueden adquirirse en varios establecimientos, como centros de jardinería, viveros y viveros especializados.

¿Centros de jardinería o viveros? La principal ventaja de los centros de jardinería es que están muy extendidos y, sin duda, encontrará alguno cerca de donde vive. Son comercios de venta al por menor; es decir, comercializan plantas que no crían ellos, por lo que posiblemente la calidad de los productos sea uniforme, pero la oferta limitada. En cualquier caso, lo que sí es seguro es que en ellos encontrará todo tipo de accesorios y los últimos artilugios del mercado. Difícilmente encontrará árboles de gran tamaño, ya que los centros de jardinería sólo suelen vender productos que el cliente puede llevarse a casa en coche.

Normalmente, los viveros suelen cultivar las plantas que luego se comercializan en los centros de jardinería, por lo que en ellos encontrará mayor variedad de plantas donde elegir. La desventaja es que no son tan habituales como los centros de jardinería y quizá deba desplazarse. Sin embargo, a buen seguro le ofrecerán más variedad de plantas de mayor tamaño, además de setos.

Los viveros especializados son una excelente opción si busca una especie de árbol o arbusto muy concreta o que se salga de lo normal y, sin duda, el mejor lugar para abastecerse de árboles de gran tamaño. Las sociedades hortofrutícolas le ayudarán a localizar estos viveros especializados y puede que incluso le faciliten una lista exhaustiva de direcciones interesantes.

SETOS

Los árboles y arbustos empleados para formar setos deben tener copas lo bastante compactas o responder bien a los frecuentes recortes, como la especie *Buxus sempervirens* que aparece en la fotografía inferior. La mayoría no presentan problemas al recortarlos, pero en algunos casos hay que conocer el método y el momento idóneos. Las plantas que tengan hojas grandes o de larga vida no presentarán un aspecto tan pulcro tras el recorte, ya que las hojas cortadas permanecerán en la planta durante unos dos años. Las coníferas, con la notable excepción del género *Taxus*, sólo pueden volver a brotar sobre las hojas verdes ya existentes, por lo que no pueden someterse a podas o recortes drásticos que eliminen todo el follaje.

Entre las coníferas utilizadas de seto destacan *Taxus*, *Chamaecyparis*, *Cupressus* y *Thuja*: todas ellas responden bien al recorte. De entre ellas, sin duda, la mejor es *Taxus*, aunque existen buenas alternativas, como el género *Tsuga*, que forma setos impecables.

Las plantas de hoja ancha más utilizadas son *Carpinus*, *Fagus* y *Ligustrum*, pero pueden emplearse prácticamente todas las que se describen en este volumen. Los bambúes crean excelentes «muros vivos», sobre todo los de crecimiento muy erguido como *Semiarundinaria fastuosa*.

El tamaño sí importa Evite comprar árboles o arbustos que hayan alcanzado prácticamente su tamaño máximo, ya que es posible que no crezcan tan frondosos como los adquiridos cuando medían un tercio de su altura total. Por otro lado, si la planta es demasiado pequeña será más vulnerable y tardará en crecer. Intente adquirir siempre las plantas cuando su altura se encuentre entre un tercio y la mitad de la altura potencial máxima si ésta es de 2 m y busque ejemplares de más de 0,5 m si son de porte mayor. Los árboles pueden cambiarse de emplazamiento hasta que llegan a los 12 m, pero para ello se necesita una grúa elevadora especial.

Plantas cultivadas en maceta Los centros de jardinería y viveros venden las plantas directamente crecidas en maceta, con raíz desnuda o con cepellón. La gran ventaja de adquirir plantas que han crecido en recipientes radica en la posibilidad de transportarlas a casa con el sistema radicular intacto, lo que propicia un crecimiento más vigoroso. Las plantas en maceta pueden trasplantarse a lo largo de todo el año, no sólo en la época en que están aletargadas (de mediados de otoño a principios de primavera). No obstante, necesitan riegos periódicos si se trasplantan durante los meses de verano, hasta que las raíces se hayan afianzado bien en el suelo. Las plantas comercializadas en macetas son especialmente recomendables en el caso de las especies de hoja perenne, que pueden secarse y morir si se trasplantan a raíz desnuda y no se riegan adecuadamente.

El principal riesgo de los recipientes es que los árboles o arbustos que contienen hayan agotado los recursos disponibles en la maceta. Este fenómeno se produce cuando las plantas permanecen demasiado tiempo en la maceta. Los árboles y arbustos no deberían dejarse crecer en un mismo recipiente más de dos años, preferiblemente año y medio, antes de trasplantarlos a otra maceta más grande o al exterior. Si la planta se deja confinada en una maceta, las raíces ocupan toda la tierra y empiezan a formar círculos alrededor de ella en un intento de encontrar una vía de salida; cuando las plantas llegan a este estado es difícil que desarrollen un nuevo sistema radicular después de trasplantarlas al jardín. A veces las raíces escapan por orificios

Un saludable árbol cultivado en maceta

El sustrato debe llegar casi al borde

Evite plantas con malas hierbas

CONSEJO

Plantas trasplantadas a maceta A veces, los centros de jardinería trasplantan a macetas algunas plantas, como los setos, suministrados inicialmente con raíz desnuda. Hay dos maneras de detectarlo: en primer lugar, examine la superficie del sustrato. ¿Está lisa? Si no lo está, es probable que la planta se haya trasplantado recientemente, ya que tras dos meses de lluvias y riego la superficie se alisa. A continuación, intente alzar la planta asiéndola del tronco. Si se suelta y empieza a separarse del sustrato quiere decir que el arbusto lleva en el recipiente menos de dos meses. Vuelva al cabo de un tiempo o vaya a otro centro de jardinería, ya que si lo planta en ese momento el sustrato se desprenderá y las raíces resultarán dañadas.

de la parte inferior del recipiente y penetran en la tierra que tienen debajo; la mayoría de estas raíces morirán en el trasplante. Las plantas confinadas en macetas suelen crecer poco porque han agotado los nutrientes disponibles en el sustrato.

Si adquiere plantas en maceta:
• compruebe que las raíces no crezcan en espiral en el interior del recipiente.
• asegúrese de que no haya demasiadas raíces que sobresalgan de los orificios de drenaje.
• inspeccione el tallo principal para ver si está sano y el pie de la planta (que no debería estar rodeado de malas hierbas).
• compruebe si ha bajado el nivel de sustrato por debajo del borde de la maceta (1 o 2 cm aproximadamente). Con el tiempo todos los sustratos se hunden y compactan, de modo que un nivel de tierra más bajo indica claramente que la planta ha permanecido en el recipiente demasiado tiempo.

Plantas con raíz desnuda Los árboles y arbustos con raíz desnuda pesan mucho menos y se transportan mejor que los que han crecido en macetas. El principal problema es que buena parte del sistema radicular se queda en el suelo del vivero, lo que se traduce en un crecimiento más lento una vez trasplantados al nuevo emplazamiento. A pesar de todo, el sistema de raíces puede estar más desarrollado que el de las plantas que se comercializan en maceta, ya que en el vivero disponen de mucho más espacio para crecer en comparación con un arbusto de tamaño similar plantado en un recipiente.

En árboles o arbustos con raíz desnuda:
• controle que el sistema radicular esté sano, sin raíces dañadas, rotas o secas.
• extreme las precauciones para que las raíces no se sequen ni queden expuestas a temperaturas excesivas. Mantenga las plantas lejos de la luz solar intensa.

Plantas con cepellón Los árboles y arbustos que se comercializan con cepellón se crían en el vivero y después se extraen del suelo con parte de la tierra adherida todavía a las raíces. Para que no se desprenda más tierra se envuelven en tela arpillera o tela de saco. Las plantas con cepellón pesan más que las que han crecido en maceta aunque tengan un tamaño parecido.

En ocasiones, la adquisición de árboles o arbustos con cepellón es una opción a medio camino entre los ejemplares con raíz desnuda (los más baratos, pero los que más riesgo entrañan) y los cultivados en recipiente, que son los más caros.

Algunos árboles y arbustos de hoja perenne, como las coníferas cultivadas en tierra, requieren especial cuidado al manipular el cepellón, ya que cuanta más tierra se desprenda, menores serán las posibilidades de éxito del trasplante. Las plantas con sistemas radiculares densos y fibrosos son muy plásticas y responden muy bien al sistema de cepellones.

Planta con raíz desnuda, más fácil de transportar

La tela arpillera protege las raíces

Plantación

Ahora ya ha invertido tiempo (y dinero) planificando y comprando cuidadosamente los árboles y arbustos, por lo que conviene hacer las cosas lo mejor posible desde el principio.

Preparación del emplazamiento

Una buena preparación, cuando se trata de arbustos, equivale a media batalla ganada. Antes de empezar a plantar, la zona destinada del jardín debe estar en las mejores condiciones posibles; además, deberá saber exactamente dónde quiere cada planta. En esta fase, la principal preocupación debe ser el estado del suelo; es decir: compactación, anegamiento y malas hierbas.

Suelo compactado Los árboles y los arbustos no crecen en suelos compactados por muchos motivos. Si el suelo no tiene la estructura porosa necesaria el agua no drena, lo que provoca que el terreno se anegue (*véase* inferior). Por otro lado, el aire no puede penetrar y las raíces de las plantas no obtienen el oxígeno que necesitan para respirar. Además (y quizá sea éste el principal escollo), los arbustos recién plantados no pueden fijar las raíces en el suelo debido a la elevada densidad de los suelos compactados.

La compactación puede convertirse en un serio problema si la casa es antigua, aunque lo cierto es que las casas nuevas también tienen el terreno del jardín compactado por el peso de las máquinas utilizadas durante la construcción. La única solución es poner empeño y trabajar duro. Deberá extraer, aproximadamente, los primeros 40 cm de tierra, romper el subsuelo con un pico y sustituir la capa superficial. Los motocultores, por desgracia, no sirven, ya que apenas escarban la superficie.

Anegamiento Los suelos anegados matan las plantas por asfixia de las raíces. Son muy pocos los árboles o arbustos capaces de crecer con las raíces bajo el agua (algunos ejemplos podrían ser *Alnus*, *Metasequoia*, *Salix* y *Taxodium*, aunque todos ellos crecen mejor en suelos que drenan bien). Sin embargo, muchos toleran anegamientos breves cuando se encuentran en estado latente. Ello se debe a que las raíces que absorben el agua, los nutrientes y el oxígeno (y por tanto las más propensas a quedar anegadas), que son las más finas, no se producen mientras la planta está aletargada, ya que sobrevive gracias a las raíces más viejas.

Los suelos que se anegan suelen tener problemas de compactación, aunque la saturación hídrica también puede deberse al mal drenaje, como sucede con los suelos arcillosos. Estos suelos pesados pueden enmendarse mediante el aporte de materia orgánica y cubriéndolos con una capa de acolchado orgánico; de este modo mejora el drenaje y, de paso, se incrementa la fertilidad del suelo. Si el terreno está permanentemente anegado, en vez de intentar poner en marcha complicados sistemas de drenaje puede optar por crear una serie de montículos donde plantar los árboles y arbustos, si bien

deberá recurrir a especies que aguanten bien en condiciones de elevada humedad para que surta efecto.

Malas hierbas Sin duda, vale la pena controlar las malas hierbas antes de empezar a plantar pues, de lo contrario, competirán por los nutrientes con las nuevas plantas; además, una vez están plantadas resulta más difícil deshacerse de ellas.

Un árbol correctamente plantado (aquí, *Paulownia tomentosa*) crecerá sano

Las malas hierbas de mayor tamaño pueden arrancarse a mano o con una azada. Las resistentes, como la grama, son todo un problema. Aunque se arranque la parte aérea, la planta sobrevive gracias al almacenamiento subterráneo de nutrientes y brota año tras año. Para eliminar con eficacia las malas hierbas permanentes hay que atacar la raíz. Lo mejor es utilizar un herbicida químico sistémico (por ejemplo, uno que contenga glifosato), que se aplica sobre las hojas y circula por la planta hasta llegar a las raíces. Sin embargo, este tipo de herbicidas no son selectivos y atacan por igual las plantas y las malas hierbas, otra razón de peso para desembarazarse de ellas antes de empezar a plantar. La mayoría de herbicidas no actúan hasta

pasados unos días o incluso unas semanas; durante este tiempo no podrá plantar. Lea bien las instrucciones antes de usarlos.

Plantación de árboles y arbustos

Los árboles y arbustos no soportan bien que se los entierre a más profundidad de la que han estado creciendo hasta ese momento. Guíese por la marca dejada en el tronco por el sustrato del vivero o bien plántelos tomando como referencia el borde de la maceta. Si tiene dudas, es preferible que plante al nivel más superficial.

Si ya ha atajado los problemas de compactación excavando el terreno, lo único que deberá hacer es cavar un hoyo lo suficientemente grande para que quepa el sistema radicular.

Otra técnica que mejora la adaptación al nuevo medio consiste en cavar un hoyo doble. Primero cave un hoyo que sea, al menos, 15 cm mayor de lo necesario. A continuación, vuelva a llenar el hoyo de tierra, pero sin plantar todavía. Ahora cave otro hoyo del tamaño exacto dentro del que acaba de rellenar. Puede parecer un trabajo doble e innecesario, pero esta técnica garantiza que el sustrato que rodee el árbol o arbusto recién plantado quede suelto para que las raíces puedan extenderse sin obstáculos.

Plantas en maceta Antes de trasplantar plantas en maceta o crecidas en maceta recorte los tallos para eliminar las partes dañadas de la planta y observe si el sustrato se ha secado. Si está seco, será difícil humedecerlo una vez realizado el trasplante, de modo que habrá que dejar la planta en remojo en algún recipiente con agua durante una o dos horas. No deje que se empape durante demasiado tiempo o matará las raíces más finas.

PLANTACIÓN DE UN SETO

La distancia entre los distintos arbustos depende del tiempo que esté dispuesto a esperar hasta que el seto forme una espesa pared y del motivo por el que lo planta: si la finalidad es que no entren (o se escapen) los animales, deberá plantar las plantas mucho más juntas que si sólo quiere crear una barrera visual, donde lo más importante es la estética de un muro verde. Por lo general, un espacio intermedio de entre 0,5 m y 1 m es suficiente. Si desea formar una pared vegetal más gruesa plante dos hileras de seto en zigzag.

Las plantas cultivadas en maceta se pueden trasplantar en cualquier época del año, pero si las planta en los meses de verano deberá regar a menudo.

Árboles y arbustos crecidos en maceta Cave un hoyo de la profundidad adecuada, pero con una anchura unos 5 cm superior a la del recipiente. Extraiga el árbol o arbusto de la maceta. Si las raíces han rodeado la base del recipiente tire de ellas con cuidado para separarlas y extenderlas todo lo que sea posible. Si estas raíces ya se han lignificado y no puede separarlas, córtelas en tres puntos uniformemente distanciados para permitir el crecimiento de nuevas raíces. Así evitará que sigan creciendo de forma circular, lo que podría provocar que el crecimiento del arbusto fuera disperso. Disponga la tierra a capas que no sobrepasen una profundidad de 10-15 cm. Compacte cada capa con la planta o la punta del pie, pero evite hacerlo con el talón, ya que con toda seguridad acabaría compactando el suelo.

Plantas con raíz desnuda Las plantas con raíz desnuda sólo deben trasplantarse cuando están en época de reposo, entre finales de otoño y principios de primavera. Si la planta está en período de crecimiento no podrá absorber agua suficiente a través de las raíces mermadas para abastecer las hojas.

Si las raíces están secas, sumérjalas en un cubo de agua durante un máximo de 12 horas. Si hay alguna dañada o rota, elimínela con un cuchillo afilado o las tijeras de podar.

Plantas con cepellón
Los árboles y arbustos comercializados con cepellón tienen un período de plantación más prolongado que los de raíz desnuda, aunque conviene evitar trasplantarlos entre finales de primavera y principios de otoño.

Compruebe el estado del suelo. Las raíces fibrosas de plantas como *Rhododendron* pueden sumergirse en agua sin peligro si están secas, pero la mayoría de los arbustos tienen sistemas radiculares más gruesos que se desprenderán al empaparse. Por ello, es mejor regar después de la plantación. Cualquier parte aérea dañada de la planta debe recortarse.

Plantación a raíz desnuda Cave un hoyo de las dimensiones adecuadas, de modo que las raíces queden firmes y sujetas. Compruebe que el tamaño del hoyo sea uniforme y que tenga la profundidad correcta; es decir, no cave a una profundidad que entierre el nivel al que llegaba el sustrato en el vivero [A].

Si alguna de las raíces está curvada hacia el centro del arbusto, tuérzala hacia fuera. Si no es posible hacerlo, pode las raíces en cuestión, ya que de lo contrario podrían rodear las otras raíces y provocar un crecimiento futuro disperso.

Rellene el hoyo de tierra [B] y písela, pero no la compacte [C]. En caso necesario, ate el árbol o arbusto a un tutor [D].

Plantación de árboles y arbustos con cepellón
Cave un hoyo de las mismas proporciones que el cepellón, pero 5 cm más ancho para dejar espacio a las raíces.

Coloque la planta en el centro del hoyo y desate o corte el material que protege el cepellón (*derecha*). No intente extraerlo; basta con desplegarlo por la base del hoyo, donde podrá pudrirse sin causar problemas. Desenrede todas las raíces que sobresalgan del cepellón y curve hacia fuera o corte las raíces que crezcan hacia el centro del árbol o que rodeen otras raíces.

Una vez que el cepellón del árbol ya se ha colocado, desate o corte el material que lo rodea

Rellene el orificio con capas de 10-15 cm y vaya apretando el suelo, aunque sin llegar a compactarlo. Puede sujetar el árbol o arbusto a un tutor.

Cómo tutorar las plantas Los árboles y arbustos recién plantados suelen necesitar un tutor o rodrigón que los sujete hasta su correcto enraizamiento. La finalidad del tutor es que las raíces se mantengan en su sitio (no enderezar el tronco), de modo que las frágiles raicillas que sirven para alimentarlo no se rompan cuando el árbol o arbusto se balancee con el viento. Es importante que por encima del punto de sujeción del tutor no queden más de unos 6 cm de altura libres; de lo contrario, el viento podría hacer que el tronco se doblase y rozase el tutor, lo que podría dañarlo.

También puede utilizar listones, más flexibles. Si las plantas son pequeñas, una simple caña de bambú basta. Sujete la planta a la caña con cinta adhesiva en vez de alambre o cordel, para no dañar el tronco. Lo normal es que un arbusto no

Tutorado incorrectamente

Tutorado correctamente

necesite estar tutorado durante más de un año, a veces incluso unos pocos meses, y los árboles de mayor tamaño un máximo de dos años. Si transcurrido este período la planta sigue necesitando apoyo es probable que se haya plantado a poca profundidad; en este caso, lo mejor sería recortarla de nuevo y dejar que se afianzara por sí sola.

Cambio de ubicación

Desplazar plantas que ya están totalmente aclimatadas es una alternativa a arrancarlas en el caso de que no interesen o estorben en el nuevo diseño del jardín. Pero antes de nada conviene meditar sobre si realmente vale la pena hacerlo. A veces es mejor comprar una planta nueva.

Las plantas pequeñas que todavía no hayan alcanzado la mitad de su altura potencial o que midan menos de 1 m pueden excavarse con una pala y replantarse a raíz desnuda, ya que no será posible proteger las raíces con cepellón. Las plantas pequeñas podrán extraerse con casi todas las raíces. En cambio, las de mayor tamaño que ya han crecido y se han expandido casi al máximo de sus posibilidades o que ya midan más de 2 m podrán trasplantarse a la nueva ubicación con cepellón.

Normalmente es mejor realizar esta operación cuando la planta está aletargada (de finales de otoño a principios de primavera), aunque algunos géneros de hoja perenne como *Ilex* responden mejor si se trasladan mientras el suelo permanece aún caliente, si bien tendrá que regar profusamente.

Si lo que desea trasplantar es un árbol o un arbusto adultos deberá proceder con cuidado al extraer el pan de raíces.

Otro sistema de tutorado consiste en colocar el rodrigón en diagonal

En primer lugar, delimite la zona que va a excavar y cave hasta una profundidad mínima de 30 cm por debajo del suelo (o 50-60 cm si el árbol o el arbusto mide unos 3-4 m). Quite una palada de tierra exterior al perímetro marcado y continúe hasta cavar una zanja alrededor del perímetro de la planta de unos 30-50 cm de profundidad. Es posible que en suelos fértiles deba cavar aún más, pero en suelos pobres las raíces no suelen penetrar más allá de los 30-40 cm superficiales. A continuación separe la planta y el cepellón de la base de la zanja clavando horizontalmente la pala. Con cuidado, incline el árbol o arbusto a un lado y deslice una lámina doblada de politeno o un material parecido por debajo del cepellón. Vuelva a inclinar la planta para poder extraer la lámina por el otro extremo. A continuación levante la planta o cave una rampa para transportarla hasta el nuevo emplazamiento. Plante nuevamente el árbol o arbusto como si fuera un ejemplar adquirido con cepellón. Si el cepellón está intacto, la planta no necesitará estar tutorada.

Mantenimiento

Cuando los árboles nuevos ya estén plantados en su ubicación definitiva habrá llegado el momento de la verdad, el de iniciar los cuidados para lograr que lleguen saludables a la madurez.

Acolchado

El acolchado (*mulching* en inglés) es una técnica que da excelentes resultados y ahorra mucho trabajo. Consiste en colocar una capa de material directamente sobre el terreno, alrededor de las plantas. Gracias a ella se produce una menor evaporación del agua superficial, se protegen las raíces más sensibles (gracias a la mayor estabilidad térmica), se mantienen a raya las malas hierbas y, si el acolchado es orgánico, se aportan nutrientes al suelo a medida que el material se descompone. Si el acolchado orgánico se desmenuza y se entrecava en la tierra mejorará la composición del suelo; si es ligero tendrá mayor capacidad de retención del agua y si es pesado ganará ligereza y, por tanto, drenará mejor.

Acolchados orgánicos El acolchado de cortezas de árboles trituradas es muy recomendable: dura mucho, es estético y es un subproducto de la industria maderera. La madera triturada es otra alternativa, aunque es más indicada para crear caminos que como acolchado. Ninguno de estos dos acolchados contiene, sin embargo, niveles elevados de nutrientes.

El acolchado a base de cáscara de cacao ofrece gran protección, pero pocos nutrientes

Entre los acolchados orgánicos con elevado contenido de nutrientes destacan la turba, sus sustitutos, el mantillo y el estiércol. La turba suele descomponerse fácilmente y da buen resultado con plantas que requieren materia orgánica en el suelo, como los rododendros. Sin embargo, hay alternativas más respetuosas con el medio ambiente, como los sustitutos de turba, pues la extracción de turba ha provocado la desaparición de extensas zonas de humedales. El mantillo se forma a partir de hojas descompuestas (es decir, compostadas, un destino mucho mejor que la quema o el contenedor de basuras) y mejora notablemente las condiciones del suelo. También puede decantarse por una gruesa capa de estiércol, de gran aporte nutricional, aunque en este caso, al igual que con el mantillo, la frontera entre el acolchado y el abono se difumina. Si utiliza estiércol, asegúrese de que esté bien maduro, de lo contrario obtendrá más malas hierbas que ventajas.

Si se decide por el acolchado orgánico, disponga sobre el suelo una capa de, al menos, 5 cm, pero no superior a los 10 cm. Si la capa es más fina, el acolchado no funcionará y es posible que los pájaros y otros animales dejen zonas al descubierto. Por el contrario, si la capa es más gruesa de 10 cm, las plantas quedarán anegadas y el estiércol alcanzará temperaturas elevadas al descomponerse que acabarán quemando los tallos.

Acolchados inertes Los dos principales materiales de acolchado inerte son la gravilla y las láminas sintéticas (polipropileno tejido o politeno). Aunque resultan muy efectivos en el control de las malas hierbas, ninguno de ellos aporta nutrientes. Por sus características naturales, la gravilla impide el crecimiento de malas hierbas; además, queda muy bien con arbustos de porte pequeño como las coníferas enanas. Como sucede con los acolchados orgánicos, la capa de gravilla debe tener un grosor de entre 5 y 10 cm. No obstante, si por algún motivo tiene que elevar el nivel del suelo puede utilizar sin peligro para las plantas hasta 30 cm de gravilla, siempre, naturalmente, que las plantas superen los 30 cm de altura.

Las láminas de acolchado permiten que la lluvia y el agua penetren hasta el suelo y, a la vez, reducen sensiblemente la evaporación superficial. Además, provocan que las malas hierbas, tanto las ya existentes como las que crezcan una vez colocada la lámina, no reciban luz y acaben muriendo. De igual modo, las malas hierbas que hayan conseguido germinar sobre la lámina no podrán atravesarla para ahondar las raíces en la tierra. El mejor material es el polipropileno tejido, pero también se puede utilizar polipropileno negro (calibre mínimo 500) o viejas bolsas de politeno, como, por ejemplo, las que se emplean para comercializar sustrato. Estas últimas no permiten pasar el agua, pero si se colocan alrededor de las plantas formando cuadrados de un tamaño que no exceda 1 m el agua se filtrará igualmente por los lados.

Extienda la lámina y realice un corte en cruz para cada planta

Láminas de acolchado Para cubrir todo un arriate es mejor utilizar una única lámina entera. Extiéndala sobre la zona deseada antes de empezar a plantar, pero tras la preparación inicial del suelo. Marque la posición que ocuparán los distintos árboles o arbustos sobre la lámina y realice cortes en cruz. Por supuesto, el tamaño de los cortes dependerá del árbol o arbusto y de su sistema radicular. Tape el corte devolviendo las cuatro solapas a su posición original y plante en el centro. A continuación, levante las solapas y colóquelas de modo que rodeen el tronco de la planta.

Si los árboles o arbustos están desperdigados por el jardín, la solución más práctica consiste en colocar alrededor de los troncos trozos cuadrados de lámina. Si la planta es lo suficientemente pequeña como para caber por el corte en cruz, coloque la lámina como se ha descrito en el párrafo anterior. Si se trata de un arbusto o árbol de mayor tamaño, haga un corte que vaya desde el exterior de la lámina al cuadrado cortado en el centro, coloque la lámina a su alrededor, pliegue las solapas y junte los dos lados del corte. Los cuadrados deberían tener un tamaño mínimo de 50 cm^2, aunque es preferible que sean de 1 m^2. Para mantenerlos en su sitio, hay que cavar y levantar con la azada el suelo alrededor de los cuatro bordes de la lámina e introducirlos debajo. Otra alternativa es poner tierra o piedras en las esquinas.

Abono

Los árboles y arbustos no necesitan nutrientes adicionales, a menos que el suelo sea pobre. Si lo desea, puede comprobar la cantidad de nutrientes existentes en el jardín con unos equipos que se comercializan en los centros de jardinería.

En suelos pobres, la mejor solución es aportar una capa de acolchado formado por estiércol maduro o mantillo a razón de una carretilla por cada 3 m^2. Si dispone de estiércol seco, por ejemplo gallinaza, abone siempre sin sobrepasar la dosis máxima recomendada.

Los fertilizantes químicos también son una opción, pero desconfíe de las dosis recomendadas, que suelen ser bastante generosas. Si aporta demasiados nutrientes conseguirá un crecimiento vigoroso de la planta, pero en detrimento de las flores, sobre todo si el fertilizante tiene una elevada proporción de nitrógeno. Si las plantas no parecen necesitar algún mineral concreto (*véanse* págs. 154-157), utilice un fertilizante universal equilibrado a una proporción de 60 g por metro cuadrado una vez al año, mejor en primavera. Los abonos solubles pueden administrarse con la regadera o acoplarse mediante un mecanismo a la manguera; son recomendables para suelos ligeros y arenosos.

Escarda

Las malas hierbas absorben el agua y los nutrientes destinados a los árboles y arbustos, pueden llegar a asfixiar a otras plantas y además ofrecen un aspecto descuidado al jardín: tres buenas razones para mantenerlas a raya. Las láminas de acolchado son muy efectivas si se utilizan antes de plantar, pero no lo son tanto en arriates ya existentes. Los acolchados orgánicos controlarán las malas hierbas que germinen, pero su acción es limitada si las plantas adventicias ya están desarrolladas.

Los herbicidas químicos son la solución más cómoda, pero se corre el riesgo de que afecten a los árboles y arbustos, sobre todo si se utilizan en exceso. Los herbicidas que contienen glifosato dan cuenta de la mayoría de malas hierbas. Son de aplicación

Arranque las malas hierbas que compitan con los arbustos por los nutrientes

foliar, pero llegan a la raíz y matan la planta impidiendo que respire. No rocíe nunca con él las hojas de los árboles y arbustos (algunas plantas de la familia de las rosas pueden verse afectadas por absorción a través del suelo, pero, por lo general, es una sustancia muy segura). El paracuat y el dicuat también son de aplicación foliar, pero se limitan a matar las hojas donde se ha aplicado, no los sistemas radiculares de las plantas ya establecidas. Algunos herbicidas persistentes, como los que

CONSEJO Las malas hierbas absorben el abono más rápidamente que los árboles y arbustos. No tiene lógica, pues, aportar fertilizantes sin antes haberse desecho de ellas, ya que de lo contrario éste sólo servirá para que compitan aún más con las plantas del jardín.

contienen diclobenil, también pueden adquirirse en los centros de jardinería. Deben utilizarse estrictamente como lo indica el fabricante.

El tercer método de control consiste en arrancarlas a mano o valiéndose de una azada o un legón. Utilice estas herramientas con cuidado, ya que aunque apenas penetre en el suelo al escardar podría dañar los sistemas radiculares de los árboles y arbustos. La escarda manual es especialmente efectiva cuando las malas hierbas son jóvenes y el clima cálido y seco, pues las plantas se marchitan y mueren con mayor rapidez una vez desenterradas. Si el tiempo es húmedo, las plantas escardadas volverán a echar raíces. Es conveniente arrancar a mano las malas hierbas de mayor tamaño.

Riego

El agua es un elemento imprescindible para que los árboles y arbustos crezcan, pero es muy importante que reciban el aporte apropiado y no acaben encharcados, ya que podrían morir por asfixia. Además, si se riegan demasiado, algunos arbustos crecerán bien, pero no florecerán.

¿Cuánto regar? Las necesidades hídricas concretas de cada especie se describen en la ficha correspondiente, aunque, como regla general, la mayoría de árboles y arbustos necesitan riego regular durante la temporada de crecimiento del año en que se ha efectuado el trasplante. El riego periódico ayuda a que se afiancen rápidamente; en el futuro requerirán

riegos menos abundantes durante las estaciones secas para poder crecer equilibrada y saludablemente.

Durante los meses invernales, los árboles y arbustos necesitan poca agua. Sin embargo, es posible que algunas especies de hoja perenne recién trasplantadas requieran un aporte suplementario si después de la plantación se prolongan los días secos (sobre todo a principios de primavera o finales de otoño). La cantidad de agua necesaria en verano aumenta al ritmo que lo hace la intensidad del sol. En climas templados medios, la fuerza del sol a mediados de primavera y principios de otoño basta para evaporar, aproximadamente, 1,2 cm de agua a la semana; a finales de primavera y de verano, esta proporción aumenta a los 2 cm, mientras que en los días de máximo calor estival la evaporación puede llegar a los 2,5 cm semanales. Para saber con exactitud cuánta agua necesitan las plantas, mida con un pluviómetro la lluvia que ha caído en la última semana y riegue teniendo en cuenta que a los valores anteriores hay que restarle la lluvia.

Asimismo, deberá tener en cuenta la capacidad de retención de agua del terreno. Los suelos fértiles que drenan bien, como los limosos, retienen casi tres veces más agua que los arenosos. Si vive en una zona donde llueva abundantemente, el suelo es limoso y los períodos secos no se prolongan nunca más allá de las 4 o 6 semanas, sólo deberá regar las plantas nuevas tras

Los riegos periódicos benefician a las plantas, especialmente después del trasplante

trasplantarlas para que arraiguen bien. En el extremo opuesto, si el jardín está situado en una zona de clima seco y el suelo es ligero y arenoso, cualquier temporada seca, por poco que dure, afectará a las plantas, que requerirán un riego semanal.

Equipo de riego Las regaderas, pistolas para mangueras y sistemas de riego por aspersión son baratos y fáciles de usar, aunque provocan la pérdida por evaporación de buena parte del agua y es fácil regar demasiado con ellos. Una alternativa más eficaz (pero más cara) consiste en instalar una red de tubos o mangueras subterráneas, que pueden conectarse a un sistema de irrigación totalmente automático y complementado con aspersores emergentes.

Los sistemas de riego por goteo y por infiltración son una opción más barata. El primero consiste en una serie de tubos perforados a través de los cuales el agua cae lentamente en el suelo. En los sistemas de irrigación por infiltración, el agua sale de una boquilla situada sobre la superficie o a poca profundidad. Con estos dos sistemas se evita, prácticamente, la pérdida por evaporación, aunque con ellos resulta difícil medir la cantidad de agua suministrada. Además, los sistemas de riego por goteo suelen taponarse al cabo de un año o dos.

Protección de las plantas

Durante el invierno La protección invernal resulta adecuada para algunas plantas, pero no es factible en el caso de grandes arbustos o árboles. La paja es un material idóneo para rodear las plantas o cubrir sus partes más vulnerables. Para evitar que los árboles y arbustos semirresistentes mueran a causa del frío invernal puede rodear el pie con una capa de paja o acolchado. Las heladas posiblemente provoquen la pérdida de algunos tallos, pero volverán a brotar en primavera desde las raíces. Si

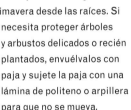

necesita proteger árboles y arbustos delicados o recién plantados, envuélvalos con paja y sujete la paja con una lámina de politeno o arpillera para que no se mueva.

El problema de proteger las plantas del frío invernal es saber cuándo se puede retirar la protección; si se hace antes de tiempo y hay una ola de frío o grandes heladas es posible que la planta muera, mientras que si se retira demasiado tarde pueden haber crecido debajo brotes blandos susceptibles de ser atacados por los hongos. Lo

mejor es estar al corriente de los partes meteorológicos y tenerlo todo preparado para volver a proteger las plantas en caso de que vuelva el frío intenso.

Protección frente a los animales Puede que tenga que proteger los árboles y arbustos de los animales que arrancan la corteza o se alimentan de las hojas. El sistema más efectivo es poner una rejilla alrededor de las plantas más vulnerables. Si los animales son pequeños, utilice rejilla de alambre hexagonal de una separación máxima entre celdillas de 3 cm

CONSEJO

Para evitar que las heladas primaverales tardías afecten a las plantas puede aislarlas con un material más ligero como la lana o un visillo, o bien rociar con agua el follaje de las plantas más sensibles, ya que cuando el agua se convierte en hielo desprende calor y protege las plantas. Esté siempre atento a las previsiones meteorológicas.

Podaderas y serruchos de varias medidas para todas las necesidades

plantas y la dirección de crecimiento, para mejorar el aspecto del entramado de ramas de modo que el árbol o arbusto tenga una forma más abierta y equilibrada, para favorecer la floración o los brotes nuevos y más atractivos de las plantas. La regla de oro es ésta: la poda beneficia en un 5 % al árbol o arbusto y en un 95 % al jardín.

Equipo Las tijeras de podar pueden cortar ramas de un grosor de hasta 1 cm; son ideales para la mayoría de arbustos y pequeños árboles. Las hay de dos tipos: las que tienen una cuchilla afilada y la otra roma (cortan como

y de 1 m de altura o bien de 1,5 m si los animales son de mayor tamaño. Asegúrese de que la parte inferior de la rejilla esté doblada hacia fuera y cubierta por una fina capa de tierra para evitar que los animales escarben y lleguen a la planta. A pequeña escala, también es muy práctico utilizar protectores rígidos para el tronco, fabricados en plástico o goma.

Poda

Las necesidades de poda varían enormemente de una especie a otra. La poda es necesaria para controlar el tamaño de las

CONSEJO La poda se puede llevar a cabo siempre que sea necesario, pero es posible que algunos árboles exuden savia o resina si no se podan en la época del año más favorable. Precisamente por ello es mejor no podar los géneros *Acer*, *Betula* y *Juglans* desde finales de invierno hasta principios de verano.

una tijera) y las que cuentan con una cuchilla afilada y otra que sirve de punto de apoyo (más parecido a cortar sobre una tabla de cocina). Las primeras provocan menos heridas en los brotes, y las segundas son capaces de cortar ramas más gruesas.

Los podones o podaderas de dos manos son como las tijeras de podar, pero más grandes, capaces de cortar ramas de hasta 3 cm de diámetro. Las tijeras cortadoras permiten recortar setos y arbustos parecidos. Las mejores son las que tienen también una muesca en la cuchilla inferior, cerca del punto de unión, ya que facilita la eliminación de tallos más leñosos. Si tiene que cortar ramas de árboles de cierto tamaño, utilice un serrucho de podar y, en el caso de grandes ramas, una sierra de arco.

Poda de ramitas Esta poda requiere bastante precisión. El

Realice un corte recto si las yemas son opuestas

Pode en diagonal si los brotes están más desarrollados

corte debe realizarse en un punto de la rama que tenga yemas claramente visibles, de donde crecerán las futuras ramas. Realice el corte a una distancia de 0,5 cm por encima de la yema o par de yemas. Si éstas son opuestas, practique un corte recto, y si son alternas, corte en ángulo. Conserve los retoños que crezcan hacia fuera para que el árbol vaya adquiriendo una estructura abierta. Si tiene que cortar una rama de mayor tamaño en la que no se distinguen yemas y en la que el crecimiento se iniciará a partir de nudos latentes, hágalo también en diagonal para que el agua se deslice y no quede retenida en el corte.

CONSEJO

La seguridad debe ser la primera consideración al cortar una rama de gran tamaño, sobre todo si además es alta. No utilice una motosierra por encima de la altura del pecho en ninguna circunstancia si no es usted un profesional de la jardinería. Si no puede cortar la rama con una sierra de arco de 60 cm, es recomendable que solicite la ayuda de un experto. Por último, y aunque parezca una obviedad, asegúrese de que no corta la rama sobre la que está apoyada la escalera (¡se sorprendería de la cantidad de accidentes de este tipo que se producen!).

Poda de ramas La cuestión más importante que hay que tener en cuenta es evitar no hacer cortes limpios que puedan desgarrar el tronco o la corteza, ya que la herida quedaría al descubierto, a merced de las infecciones. Para conseguirlo, en el caso de que la rama supere los 15 cm de diámetro, se poda en tres fases.

Empiece a cortar de abajo arriba en un punto situado a unos 30 cm del lugar donde quiere cortar la rama, pero corte sólo una cuarta parte del grosor total. A continuación, comience a cortar por encima de la rama, unos 2 o 3 cm más allá del corte inferior. Cuando haya alcanzado la mitad del grosor, la rama debería caer por su propio peso y sin provocar desgarros. En el árbol permanecerá un «muñón», pero podrá serrarlo fácilmente y de un solo corte pues su peso será menor que el de la rama entera. Si la rama es más pequeña (grosor inferior a 15 cm) haga únicamente dos cortes, uno empezando por abajo [A] y otro por la parte de arriba [B]; de esta manera, el corte será limpio [C].

La mayoría de árboles y grandes arbustos cuentan con sus propios mecanismos para curar las heridas que dejan las ramas podadas, pero para que el árbol actúe el corte final debe dejar intacto el llamado cuello de base de la rama. El cuello es más grueso en el lado del árbol que en el de la rama y normalmente forma un ángulo, que en la parte superior de la rama está más cerca del tronco, y en la inferior, más alejado. Así pues, realice el último corte en un punto que se encuentre más allá del borde del cuello, inclinando ligeramente la sierra de modo que el corte forme un ángulo creciente por la parte inferior.

Poda de formación Éste es el tipo de poda más sencillo. Consiste en recortar las ramas que hayan crecido demasiado en relación con el porte de la planta o que se hayan desviado en la dirección «incorrecta». La poda de formación también supone realizar un mantenimiento general como retirar las ramas muertas, malformadas o cruzadas. Las ramas no deseadas deben podarse en un punto adecuado, ya sea la unión con el tronco o justo por encima de una rama lateral o una yema.

La mayoría de los árboles recién plantados también requieren una poda de formación inicial que propicie un crecimiento vigoroso y les dé una forma equilibrada y abierta. Inmediatamente después del trasplante, hay que eliminar cualquier brote muerto o dañado y las ramas que se entrecrucen; en caso necesario, también se puede aclarar la planta para que las ramas empiecen a abrirse.

Corta a matarrasa y desmochado Si los árboles o arbustos han crecido demasiado u ocupan mucho espacio, existe la opción de cortarlos drásticamente, justo por encima del nivel del suelo, una técnica conocida como «corta a matarrasa». Es un sistema rápido para reducir el volumen de las plantas y rejuvenecerlas. El desmochado es una variante; la única diferencia es que en el desmochado se conserva el tronco hasta la cruz (a veces de entre 2,5 y 5 m de altura).

Para renovar un árbol o arbusto mediante esta técnica no tiene más que cortar el tronco principal a una altura de entre 5 y 15 cm sobre el nivel del suelo; otra variante consiste en conservar el pie y eliminar todas las ramas (formando una cruz). Es posible que tenga que aclarar las ramas que crezcan al año siguiente para que el árbol adopte una forma natural. Para ello, elimine los brotes excesivos o recorte algunas ramas. El mejor momento del año para realizar la corta a matarrasa es la primavera, aunque puede hacerse en cualquier época del año, salvo a principios de otoño, ya que si el árbol o arbusto rebrota antes del invierno los brotes podrían morir a causa del frío.

Esta técnica no es válida para todos los árboles y arbustos, ya que no todos responden rebrotando a partir de las yemas latentes de la corteza. Muchos árboles de hoja ancha la toleran bien, pero los ejemplares viejos de *Fagus* son muy sensibles y podrían llegar a morir. La práctica totalidad de las coníferas (excepto *Taxus*) mueren si se talan drásticamente, ya que necesitan tener hojas verdes a partir de las cuales retomar el crecimiento. Si el árbol o arbusto en cuestión

corte todas las ramas y hojas y deje únicamente el tronco

corte el árbol o arbusto casi a ras de suelo

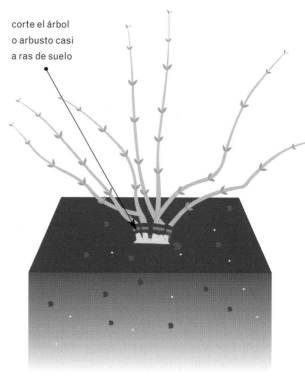

DESMOCHADO

Consiste en cortar todas las ramas de un árbol o arbusto dejando únicamente el tronco principal con una altura de entre 2,5 y 5 m. Los ganaderos recurren al desmochado para evitar que el ganado llegue a las hojas nuevas.

CORTA A MATARRASA

Este método sirve tanto para reducir volumen como para rejuvenecer un árbol o arbusto. Corte todas las ramas o el tronco hasta que sobresalgan sólo entre 5 y 15 cm por encima del nivel del suelo. El momento óptimo para este tipo de poda es a finales de invierno o principios de primavera.

corte las ramas
sobrantes en el punto
de unión con la rama
principal

CONSEJO

Color invernal

Los árboles y arbustos dotados de vistosas cortezas pueden someterse a la corta a matarrasa para estimular el crecimiento de los bonitos brotes nuevos. Los que mejor responden son *Salix*, especialmente *Salix alba* ssp. *vitellina* «Britzensis», *Cornus* y *Corylus*. Corte el tronco principal casi a ras de suelo a principios de primavera y en invierno. Disfrutará de un despliegue de colorido.

está injertado, vaya con mucho cuidado, ya que es posible que estimule el crecimiento del portainjertos o patrón en vez del de la especie injertada.

Poda de árboles adultos Si por cuestiones de espacio debe reducir el volumen de un árbol adulto puede hacerlo, hasta cierto punto, mediante la poda. No es recomendable derribar ramas a diestro y siniestro, ya que el árbol podría enfermar por las heridas o rebrotar en exceso, lo que acabaría provocando que en pocos años hubiera alcanzado otra vez la misma altura. Al contrario, la poda debería ir destinada a reducir la densidad y longitud de las ramas y afectar lo menos posible al árbol. Para

Para que algunos árboles y arbustos gocen de buen aspecto hay que podarlos periódicamente

PODA DE UN ÁRBOL ADULTO

No pode las ramas aleatoriamente. Reduzca la densidad y la longitud del ramaje perjudicando lo menos posible al árbol o arbusto.

reducir densidad, elimine el exceso de ramaje cortando siempre las ramas en el punto de unión con el tronco, de modo que no quede un antiestético «muñón». Para recortar algunas ramas sin estropear la forma general del árbol, córtelas en el punto en que se unen con las ramas principales (como si fuera una horquilla; pode, naturalmente, la rama exterior). La poda puede realizarse durante todo el año en la mayoría de casos, pero si va a ser drástica es mejor esperar a principios de primavera, cuando el árbol o arbusto esté a punto de brotar de nuevo, que hacerlo a finales de verano, porque los posibles brotes posteriores difícilmente superarían las heladas otoñales.

Poda de floración También se puede podar para estimular la floración, pero para lograrlo hay que conocer cómo florece el árbol o arbusto en cuestión. Desde el punto de vista de la poda de floración, se pueden dividir los árboles y arbustos en dos grupos; de la aplicación del método correcto al grupo correcto dependerá que el resultado final sea una floración espectacular o un montón de hojas uniformes.

La diferencia entre los dos grupos estriba en si florecen sobre los brotes del año anterior (grupo I) o en los nuevos (grupo II). Por lo general, los árboles y arbustos del grupo I florecen a lo largo del invierno, en primavera o a principios de verano, mientras que los del grupo II lo hacen en verano y otoño.

Buddleja es un género, por ejemplo, que incluye variedades de ambos grupos. Así, *Buddleja globosa* florece en primavera y es un arbusto del grupo I, al contrario que *Buddleja davidii*, que no produce flores hasta finales de verano y otoño y, por tanto, pertenece al grupo II. Si *Buddleja globosa* se somete a una poda drástica a finales de invierno o principios de primavera no volverá a florecer hasta la temporada siguiente, ya que se habrán eliminado los brotes del año anterior. Y si poda en profundidad *Buddleja davidii* a finales de invierno o principios de primavera, estimulará el crecimiento de brotes nuevos y, por tanto, una floración abundante.

Árboles y arbustos del grupo I

Entre las plantas del grupo I se encuentran *Acacia*, *Chimonanthus*, *Cornus*, *Fremontodendron*, *Laburnum*, *Ligustrum*, *Magnolia*, *Mahonia*, *Pyracantha*, *Rhododendron*, *Sophora* y *Syringa*.

Los árboles y arbustos de este grupo deben podarse inmediatamente después de que acabe la floración. La poda debe limitarse, no obstante, a la retirada de los brotes más frondosos; sólo en el caso de *Fremontodendron* conducido en espaldera se podrá podar hasta dejar únicamente una estructura de ramas. El aspecto fundamental que hay que recordar sobre las plantas del grupo I es que la poda debe limitarse normalmente a los brotes antiguos, dejando los nuevos intactos, ya que tienden a florecer mejor en los ramales que se forman durante el segundo año de vida de los brotes.

Árboles y arbustos del grupo II

De entre los árboles y arbustos cultivados por sus flores y tratados en este volumen destacan las siguientes plantas pertenecientes al grupo II: *Buddleja davidii* y el género *Hibiscus*. Se pueden podar en profundidad en el momento en que se inicia el crecimiento; así se estimula la producción de nuevos y vigorosos brotes que darán grandes racimos de flores. La poda puede realizarse mediante la técnica del desmochado o cortarse al nivel donde empieza la ramificación (*véase* pág. 24). Los brotes nuevos crecerán en ambos casos a partir de las yemas latentes.

Las plantas sometidas a esta poda suelen florecer más hacia finales de verano que cuando no se podan. Este fenómeno es más fácil de observar en *Buddleja davidii*. Los ejemplares no podados producen, a principios o mediados de verano, numerosos racimos pequeños, mientras que los que se podan drásticamente

florecen de mediados a finales de la estación; los racimos de flores no serán tan abundantes, pero sí mucho más grandes. Dado que esta planta se cultiva tanto por sus flores como por el perfume a miel que tanto atrae a las mariposas, es posible prolongar el período de floración (y, por tanto, la visita de las mariposas) plantando dos especímenes y practicando cada uno de los tipos de poda descritos más arriba.

Árboles y arbustos perennifolios

Pueden pertenecer tanto al grupo I como al II, aunque la mayoría de ellos requiere poca poda, aparte de alguna que otra «limpieza». Cuando sí que hay que podar es cuando alguna parte de la planta ha quedado dañada por el frío invernal. Ello puede deberse a la intensidad del frío o a los vientos fríos y secos que llegan a congelar las raíces e impedir que suministren agua a las hojas, por lo que acaban marchitándose. Puesto que la mayoría de perennifolios suelen producir nuevas hojas más tarde que los caducifolios, es posible que los daños no se detecten hasta que se haya iniciado el crecimiento «normal». Aunque se hayan visto afectados por el frío la poda será igualmente ligera, destinada a retirar las partes dañadas hasta el entronque con la rama. Si las circunstancias sugieren una poda en mayor profundidad, puede seguir las técnicas aplicadas al grupo I o al II.

Quitar las flores marchitas

Las flores marchitas de algunas plantas como *Rhododendron* se retiran para evitar que el árbol se agote en la producción de semillas. Al quitar las flores viejas, la planta destina toda la energía a crecer, de modo que los brotes laterales maduran a tiempo para florecer al año siguiente. Para quitar una flor, sujétela entre el pulgar y los dedos índice y corazón por encima de las yemas latentes de la axila foliar y tire de ella. No se preocupe si arranca también algún brote o yema junto con la flor, ya que en la planta quedarán otros muchos.

Sujete la flor marchita suavemente y tire de ella

Quitar las flores marchitas también es una buena idea si contrastan con las nuevas. Por ejemplo, *Buddleja davidii* «White Profusion» y *Buddleja fallowiana* «Alba» pueden parecer muy atractivas cuando los enormes racimos de flores blancas se empiezan a abrir. Pero cuando las flores comienzan a marchitarse, los pétalos adoptan un color marrón. Si arranca los racimos marchitos por la base de las flores pero por encima de las últimas hojas conseguirá, además, que broten dos nuevos racimos florales.

Cómo dar forma a un seto Una de las mejores formas que se pueden dar a un seto es la de una «A» estrecha por la base pero más ancha por la parte inferior que por la superior. Esta forma aporta más estabilidad a la planta que la formación en paralelo y permite que la luz llegue a las hojas más bajas. Construya una estructura que le sirva de «plantilla» al podar; si lo hace a ojo, el seto acabará teniendo ondulaciones.

Por desgracia, la mayoría de los setos tienden a crecer formando una A invertida o en forma de V y acaban perdiendo el follaje de la parte inferior, que queda desnuda y pierde su utilidad. Este problema se debe, muchas veces, a que se ha cortado con las tijeras de podar con la parte curva hacia abajo. Las tijeras cortadoras deben apuntar siempre hacia arriba.

El momento idóneo para recortar los setos varía en función de la especie y también del uso que se hace del seto. Los setos formados con coníferas como *Cupressus leylandii*, *Taxus* y *Thuja* y los de hoja ancha (*Carpinus*, *Crataegus* y *Fagus*) sólo deberían recortarse una vez al año, tras el verano, aunque puede hacerlo dos veces si quiere que su aspecto sea impecable.

Los setos de crecimiento rápido como *Ligustrum* y *Lonicera nitida* necesitan podas y recortes más frecuentes para conservar

para eliminar brotes concretos y dar un aspecto más pulido al seto puede emplear las tijeras de poda

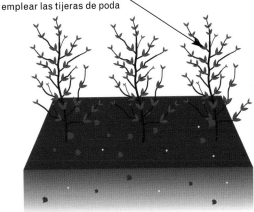

PLANTACIÓN Y FORMACIÓN DE UNA SOLA HILERA
Si el seto es de crecimiento rápido, enseguida formará una tupida barrera siempre que se recorte periódica y puntualmente.

un aspecto pulido; puede que deba hacerlo hasta cuatro veces durante los meses de verano. Las especies perennes de hoja ancha, como *Prunus laurocerasus*, pueden recortarse justo antes de que retomen el crecimiento, durante la primavera o a finales de verano. Con las hojas más grandes de *Prunus laurocerasus* es mejor no utilizar las tijeras de recortar, ya que algunas hojas quedarán a medio cortar. En este caso, pode los brotes uno a uno y, si queda alguna hoja a medio cortar, pódela con la podadera.

Los setos a los que no hay que dar forma requieren muchos menos cuidados en cuestión de poda o recorte. El objetivo debería ser que presentaran un aspecto atractivo y, si las flores son el elemento más destacado, habrá que podarlos de manera que las inflorescencias sean del mayor tamaño posible. Por ejemplo, si utiliza como seto el género *Crataegus* por las numerosas flores que produce a finales de primavera, deberá podarlo inmediatamente después de que finalice la floración, aunque quizá sea preferible hacerlo cada dos años para favorecer aún más la floración.

pode siempre con las tijeras apuntando hacia arriba si quiere que el seto permanezca sano

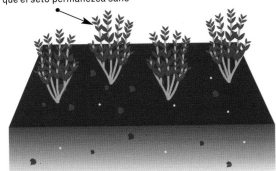

PLANTACIÓN Y FORMACIÓN DE SETOS PARALELOS
Si desea crear un seto mucho más denso, puede plantar una doble hilera; los setos deberán ocupar posiciones alternas; es decir, estar en zigzag.

CONSEJO

Poda para estimular el follaje
Hay algunos árboles y arbustos que pueden podarse para que produzcan hojas espectaculares. Se trata, sobre todo, de géneros de grandes hojas como *Ailanthus* o *Paulownia*; ambos vuelven a crecer con fuerza y pueden dar hojas enormes. Esta técnica también sirve para árboles y arbustos con hojas nuevas de vivos colores como la mayoría de *Eucalyptus*.

Multiplicación

Los árboles y arbustos pueden reproducirse a partir de semillas, esquejes, acodos e injertos. Cada método tiene sus ventajas.

Reproducción sexual o asexual

La reproducción por semillas suele ser un proceso sexual en el que las plantas de uno y otro sexo combinan sus genes para perpetuar la especie y producir semillas que se convertirán en ejemplares únicos.

En cambio, la reproducción asexual se realiza normalmente a través de esquejes extraídos de la planta madre y produce ejemplares idénticos al original. En el caso de algunos árboles y arbustos, la principal ventaja de plantar esquejes radica en que permite obtener y utilizar los ejemplares nuevos mucho más rápidamente que si se plantan de semilla. La reproducción asexual es indispensable si desea multiplicar las plantas por su forma o sus características concretas, ya que si se cultivasen de semilla podrían variar o «volverse normales».

Por semilla

Plantar directamente la semilla es un método rápido en muchos tipos de arbustos, y, en algunos casos, la única forma práctica de conseguir reproducirlos. Las plantas que crecen de semilla forman, además, un sistema radicular natural, mientras que las plantadas de esqueje pueden desarrollar raíces poco equilibradas y, en consecuencia, tener un porte desgarbado. Las plantas nacidas de semilla suelen presentar variaciones, así que incluso es posible crear su propia variedad.

Para plantar a partir de semilla hay que tener semillas fértiles, que deberá tratar adecuadamente para que germinen. Las plántulas resultantes deberán alimentarse bien para que se desarrollen con salud y puedan resistir el trasplante.

Recogida y conservación de semillas Puede obtener las semillas de su propio jardín, del de un amigo, de un centro de jardinería o vivero o bien solicitarlas por correo. Es posible que las asociaciones de cultivadores también las distribuyan.

Si son de su jardín, recójalas tan pronto como el fruto esté maduro. En la mayoría de *Prunus*, por ejemplo, los frutos maduran de principios a mediados de verano, momento en que adquieren un tono púrpura negruzco; si se espera un poco más, los pájaros harán su agosto. La mayor parte de frutos maduran en otoño y algunos hasta bien entrado el invierno. En las plantas que producen semillas pequeñas en cápsulas, como *Buddleja* y *Rhododendron*, se pueden encontrar semillas antiguas hasta en la primavera del año siguiente.

El siguiente paso consiste en extraer las semillas. Si se encuentran dentro de cápsulas, éstas deberán secarse antes de poder guardarlas. Colóquelas en pequeñas bandejas y evite utilizar calor para acelerar el proceso, salvo en ciertos casos concretos como las piñas. Si los frutos son carnosos o muy

Las castañas de Indias están protegidas por cápsulas repletas de pinchos

carnosos, como por ejemplo los de *Sorbus*, lo más efectivo suele ser retirar la pulpa para evitar que se pudra y mate las semillas. No obstante, los frutos de *Cotoneaster* pueden ponerse a secar directamente, con la pulpa intacta. Los frutos individuales que contienen una única semilla de gran tamaño, como en el género *Acer*, sólo requieren un secado superficial.

Guarde las semillas en bolsas de politeno o en sobrecitos de papel. Asegúrese de que la superficie de las semillas esté seca, de lo contrario podrían deshacer el papel o pudrirse en las bolsas de politeno. Para que se mantengan fértiles más tiempo, guárdelas en la nevera.

Germinación Si las semillas ya están listas, el siguiente paso es lograr que germinen. La mayoría de las semillas de pequeño tamaño lo harán casi de inmediato, mientras que muchas de las de mayor tamaño experimentarán un período latente antes de germinar. Puesto que las plantas que producen semillas de gran tamaño tardan más en hacerlo, para que germinen deben darse una serie de condiciones; al fin y al cabo, su reserva de alimentos les permite esperar. Las semillas grandes, por ejemplo, pueden permanecer latentes en el suelo y resistir fríos intensos hasta que la temperatura de la tierra se recupere. Así se aseguran de que lo peor del invierno ya ha pasado y pueden empezar a producir raíces. Este tipo de semillas debería plantarse durante el otoño en bandejas al exterior (sin calefacción) para que superasen con éxito el período de latencia natural.

Otro tipo de latencia bastante habitual entre las semillas consiste en tener una cáscara muy dura que debe romperse para que puedan germinar. Las semillas de *Cotoneaster* y *Juniperus* se encuentran entre las más duras, y a veces requieren hasta cinco años para germinar. Estas semillas se sirven de los pájaros y de su sistema digestivo, incapaz de digerirlas, para propagarse. Si tiene un canario o algún otro pájaro en casa en casa puede alimentarlo con estas semillas para acelerar el proceso de forma natural. La mayoría de las semillas de este tipo también necesitarán pasar por otro período frío de aletargamiento antes de germinar.

El recubrimiento ceroso y más fino de las semillas de árboles y arbustos como los de la familia *Leguminosas* (por ejemplo, *Acacia*) se puede frotar o «escarificar». Para ello puede utilizar una lima y raspar con ella una parte de la semilla, que será la que permitirá absorber el agua necesaria para germinar.

Algunas semillas experimentan un doble aletargamiento: producen una raíz cuando se dan las condiciones idóneas, pero no llegan a brotar hasta pasar una segunda latencia. Éste es el caso de algunas variedades del género *Quercus*. En la práctica, lo mejor es plantar las semillas en otoño y tener paciencia.

Siembra Las semillas se suelen recoger en otoño y se colocan en bandejas que se dejan al exterior en invierno si soportan las bajas temperaturas o bajo cubierto en un invernadero si no son tan resistentes. Algunas plantas de climas templados sólo deberían dejarse germinar en invernadero y en primavera.

Para estimular la germinación puede dejar en remojo las semillas de mayor tamaño durante la noche anterior. Si tiene dudas sobre si son o no lo bastante grandes,

Siembre las semillas en bandejas y protéjalas de cara al invierno

piense en si podrá manipularlas cuando estén mojadas. Si son finas como el polvo la respuesta es no, pero si miden entre 2 y 3 mm o más, la respuesta es afirmativa. Algunas de las semillas que contienen aceites como alimento de la futura planta (entre ellas, las de *Acer*, *Magnolia* y *Quercus*) son muy sensibles y no pueden secarse.

Para la siembra se requiere sustrato muy fino no muy rico en nutrientes pero que, en cambio, mantenga la humedad y drene bien. Plante las semillas a cierta distancia para que no crezcan apiñadas y cúbralas de sustrato. Las semillas muy pequeñas, como las de *Betula*, *Buddleja* y *Rhododendron*, no necesitarán una fina capa de arena que las mantenga en su sitio, mientras que las más grandes deberían cubrirse con una capa de un grosor equivalente a su tamaño.

Empape completamente de agua el sustrato antes de sembrar y no deje que se seque. Si las semillas son finas y el sustrato ya está bien húmedo de buen principio, no será necesario mojarlo más hasta que empiece la germinación. Si a pesar de todo necesita regarlo, hágalo siempre por debajo; es decir, colocando el recipiente en otro mayor lleno de agua. Las semillas más grandes protegidas por una capa más gruesa de sustrato pueden regarse desde arriba, aunque con mucha delicadeza.

Cuando las semillas empiecen a germinar podrán pasarse a macetas individuales tan pronto como sea seguro manipularlas o bien dejarlas crecer en la misma bandeja hasta la segunda primavera. Evite trasplantar las plantas a macetas hasta que tengan dos hojas adultas y no sujete nunca las plántulas por el tallo, sino por una hoja o cotiledón. Las macetas que albergarán las plantas deben contener una mezcla con los nutrientes suficientes para permitirlas crecer; en caso contrario, habrá que abonar semanalmente.

Proteja las semillas de los ratones y los pájaros con rejilla metálica. Las que están en plena germinación representan un suculento bocado para las babosas, mientras que si

CONSEJO

El aletargamiento invernal puede interrumpirse artificialmente, si va a plantar este tipo de semillas en primavera, mojándolas y colocándolas en la nevera durante un mínimo de tres semanas. De este modo se simula el período de invernación natural, cuando el suelo está excesivamente frío.

la mosca sciárida (o del sustrato) está presente en la mezcla, dará buena cuenta de las raíces. Las enfermedades provocadas por hongos también pueden ser problemáticas. Para evitar posibles problemas puede rociarlas con fungicida.

Por esquejes

Los esquejes pueden ser de tres tipos: tiernos, semileñosos y leñosos. El aspecto fundamental en la reproducción por esquejes es que hay que mantenerlos vivos hasta que formen raíces. Cuanto más breve sea este período, mejor logrará establecerse la nueva planta. El momento en que se inicia el enraizamiento y el tiempo que tarda dependen, en buena medida, de la presencia de hormonas vegetales o auxinas, que pueden suplirse introduciendo el tallo en mezclas comerciales de hormonas de enraizamiento en polvo.

Los sustratos utilizados para la propagación de esquejes deben retener el agua, pero también drenar adecuadamente a fin de que el esqueje pueda absorber el oxígeno, además de ser estériles para evitar podredumbres. Mezcle tres partes de sustrato rico en humus con una parte de arena o incluso mitad y mitad para que el drenaje sea máximo. La vermiculita y la perlita también se pueden mezclar con sustratos ricos en humus, aunque suelen utilizarse solas. Si lo prefiere, puede adquirir mezclas ya preparadas para la propagación por esquejes.

Esquejes leñosos Los arbustos caducifolios no permiten obtener esquejes viables a finales de otoño, pero pueden propagarse a finales de invierno a partir de esquejes leñosos una vez los árboles hayan perdido todas o casi todas las hojas, sobre todo si se trata de *Ligustrum*, *Metasequoia* y *Salix*.

Seleccione el emplazamiento de los esquejes en una zona sombría del jardín y cave una zanja de unos 17 cm de profundidad [A]. Ponga un poco de arena en el fondo para mejorar el drenaje. Busque brotes laterales sanos y maduros y córtelos justo por encima de la unión con el tronco principal. Retire las hojas y corte cada esqueje a una longitud de 25 cm [B]. Introduzca el extremo inferior en polvo de hormonas de enraizamiento. Coloque el esqueje en la zanja y cúbralo de tierra [C] hasta que queden enterradas las dos terceras partes. Deje un espacio de 20 cm entre esqueje y esqueje [D]. Desentiérrelos al año siguiente y trasplántelos definitivamente o bien manténgalos durante un año más en un semillero protegido.

Esquejes semileñosos Dan muy buen resultado en las coníferas y algunos árboles y arbustos de hoja perenne. Se obtienen de los nuevos brotes que crecen cuando la planta ya ha entrado en la

temporada de crecimiento (entre finales de verano y principios de otoño) y son leñosos en la base, pero todavía tiernos por la punta. Pueden cortarse con el «talón» de la rama madre (es decir, con un trozo de ésta en la base) o justo por encima del nudo de una hoja, brote o yema del tallo. Los cortes realizados por debajo del nudo o con talón son útiles si va a utilizar hormonas de enraizamiento, ya que tendrán una mayor superficie donde actuar.

El método de propagación es parecido al que se sigue con los esquejes tiernos. Deberá quitar las hojas más bajas del esqueje y también la parte más tierna de la punta para mejorar el enraizamiento. Para extraer el esqueje, retire una capa de corteza en la base del mismo, en uno o ambos lados, de unos 3 cm de longitud. Este tipo de corte aumenta la superficie de corte para que el esqueje absorba más fácilmente el agua y produzca más hormonas. Introduzca el esqueje en polvo de hormonas de enraizamiento, plántelo en un hoyo previamente preparado y riéguelo ligeramente.

Si va a plantar los esquejes en macetas y los va a dejar al exterior, manténgalos cubiertos durante el invierno. Deje que se aclimaten durante la siguiente temporada de crecimiento y trasplántelos en otoño o déjelos en la maceta hasta la primavera siguiente. Los esquejes que han crecido en miniinvernaderos se pueden trasplantar a maceta o al emplazamiento definitivo durante la primavera siguiente.

Esquejes tiernos. Se obtienen de los brotes de finales de primavera o principios de verano; son brotes anuales que todavía

no han empezado a lignificarse en la base. Corte con un cuchillo un brote nuevo de unos 10-15 cm de longitud (o más corto si es de crecimiento lento). Practique un corte limpio, retire las hojas inferiores y conserve de 2 a 4 pares de hojas en la parte superior. Hunda ligeramente la base del esqueje en polvo de hormonas de enraizamiento, colóquelo en una bandeja o maceta que contenga un sustrato apropiado y riéguelo con cuidado. No hunda directamente el esqueje en la tierra, ya que se perderían las hormonas de enraizamiento; es mejor que utilice un plantador. Mantenga los esquejes recién plantados en un ambiente húmedo: para ello, colóquelos en un propagador o bien cúbralos de láminas de politeno; si los ha plantado en macetas, puede taparlos con una bolsa de politeno.

Es posible que los esquejes broten de la noche a la mañana, pero también pueden tardar varios meses, sobre todo si son de especies de crecimiento lento. Una vez han enraizado, a los pocos días hay que trasplantarlos a recipientes individuales (si es que no están ya en maceta) y empezar a adaptarlos al medio dejando entrar cada vez más aire. Si en algún momento los esquejes empiezan a ponerse mustios, deberá cubrirlos de nuevo.

Acodos

Acodar consiste en sujetar bajo tierra un tallo de una planta para que a lo largo del año siguiente enraíce y se convierta en una planta nueva. Esta técnica de propagación es especialmente útil en árboles y arbustos que tardan mucho en formar raíces.

Busque un tallo vigoroso que se pueda doblar con facilidad por la punta hasta el nivel del suelo. A continuación, haga un corte inclinado en dirección a la punta, en la parte superior del tallo y a unos 40 cm de la punta. Si realiza el corte en la parte inferior, la rama se partirá. Ponga hormonas de enraizamiento en el corte. Cave un hoyo superficial, sujete la zona del corte contra el fondo y entiérrelo con sustrato que drene muy bien. Levante la punta del tallo del suelo con una caña u horquilla e inmovilice la parte enterrada poniendo una piedra encima. Al cabo de un año, el brote debería haber empezado a enraizar; entonces ya se podrá separar de la planta madre para que crezca por sí mismo.

Injertos

Los injertos son ramitas obtenidas de la planta que se quiere propagar que se colocan sobre otra planta de forma que crezcan a partir del sistema de raíces de ésta (llamada portainjertos). El resultado habitual suele ser que ambas plantas crecen como una sola; a menudo, incluso, con las características del injerto pero con los patrones de crecimiento de la planta utilizada como portainjertos.

Es una técnica útil en árboles y arbustos de difícil enraizamiento como *Picea* y *Pinus*, pero también se utiliza cuando el portainjertos puede aportar alguna ventaja a la planta como la resistencia a ciertas enfermedades o la tendencia al enanismo en los árboles ornamentales.

Los injertos y portainjertos del mismo género o familia posiblemente son compatibles. Los injertos deberían obtenerse de brotes vivaces de un año que cuenten, al menos, con tres yemas, recortados hasta que alcancen una longitud de entre 10 y 20 cm. Usted mismo puede cultivar las plantas portainjertos a partir de semilla o esquejes con un año de antelación, aunque también puede adquirirlas en centros de jardinería y viveros.

Los injertos suelen recogerse a finales de invierno, cuando aún están aletargados pero la planta patrón ya ha iniciado el crecimiento, o bien a finales de verano, cuando la planta madre que se desea propagar detenga el crecimiento anual.

Injertos de púa lateral Éste es el tipo más normal de injerto. Su objetivo final es hacer coincidir lo mejor posible el *cambium* del esqueje o púa con el del portainjertos. El *cambium* es la capa situada entre la corteza y la parte leñosa de una planta; está formado por células que se dividen para desarrollar «madera» por la parte inferior y corteza por la exterior. Por este motivo, el esqueje debería tener el mismo grosor que el patrón a fin de que el *cambium* coincidiese en ambos lados del corte.

Con un cuchillo afilado practique un corte superficial ligeramente inclinado (hacia abajo) de unos 3 cm de longitud en el portainjertos, a una distancia de entre 5 y 10 cm de la punta del mismo y entre la corteza y la parte leñosa. Sepárelo haciendo una muesca en la parte inferior de la hendidura [A]. Retire un trozo equivalente de corteza y madera en la parte inferior del injerto, procurando que coincida con el corte realizado en el patrón [B]. Sujete el injerto atándolo con un cordel [C].

Mantenga la planta injertada en un ambiente húmedo para estimular la cicatrización en la unión del injerto y el portainjertos; el proceso de soldadura puede tardar de quince días a seis semanas. Después deberá empezar a exponer de forma paulatina el injerto al aire ambiente y a cortar los brotes del patrón que crezcan por debajo del injerto para que éste se fortalezca.

Combinaciones de plantas

Algunas plantas casan muy bien con otras. Que una combinación resulte atractiva es, en parte, cuestión de gusto, pero también depende de la correcta planificación del jardín. Por ejemplo, una gran variedad de colores, formas y tipos de follaje puede ser muy estridente, pero ocasionalmente también es posible que funcione. Entonces, ¿qué se puede hacer para aumentar las posibilidades de que el jardín sea en la práctica igual que el ideado?

En mi opinión, hay que tener en cuenta determinados elementos, aunque es posible que sus preferencias personales le sugieran otros.

altos o los arbustos perennifolios? ¿Cumplirán mejor su cometido las coníferas perennifolias que los árboles de hoja ancha? ¿Es mejor combinar ambos?

Proporción

La escala también es muy importante, puesto que todos los componentes del jardín deben mantener la armonía respecto al espacio disponible. A veces es posible «tomar prestado» espacio del vecino: quizá se pueda utilizar algún elemento como un árbol o arbusto de gran tamaño como centro de atención, aunque normalmente hay que limitarse en exclusiva al espacio del jardín. No olvide, pues, que los árboles de gran tamaño y copa redondeada como *Platanus hispanica* necesitan espacio a su alrededor si van a exponerse como especímenes. De poco sirve tener un roble de proporciones perfectas si sólo se puede ver una parte de él.

La forma también tiene importancia. Por ejemplo, un jardín lleno de árboles estrechos y puntiagudos como *Juniperus communis* «Hibernica» presentará un aspecto demasiado uniforme.

Aprovechar las características

El ojo humano está acostumbrado al desnivel de terreno; por ejemplo, al perfil de una montaña que desciende hasta el valle. Este fenómeno se puede imitar a

Hay que considerar el comportamiento estacional de las plantas

Perennifolios

Los árboles y arbustos perennifolios le acompañarán con sus hojas en el jardín durante todo el año; por ello, deberá elegirlos sin olvidar que cambian en cada estación y que deben permanecer atractivos en todas ellas. Si hay pocos ejemplares, el jardín presentará un aspecto desnudo durante medio año, mientras que si hay muchos resultará demasiado oscuro la otra mitad del año. Personalmente creo que el porcentaje adecuado para potenciar la estética de un jardín se sitúa entre el 10 y el 40 %, especialmente entre el 20 y el 25 %. Son de hoja perenne los árboles y arbustos de hoja ancha y la mayoría de las coníferas. La mayoría de los bambúes también, ya que aunque en los meses fríos las hojas se vuelven marrones, siguen desempeñando más o menos las mismas funciones.

El siguiente paso consiste en decantarse por el tipo de árbol o arbusto de hoja perenne: ¿son más adecuados los árboles

La forma y el color son aspectos fundamentales al elegir la combinación

pequeña escala en el jardín. Por ejemplo, si el jardín tiene desnivel, coloque los árboles y arbustos de mayor tamaño en la parte más elevada, siempre que ello no represente un problema o lo agrave. Sin embargo, difícilmente se aconseja plantar las especies más altas en una hondonada, ya que cuando crezcan la ocultarán de la vista, de igual modo que si se tiene un estanque se colocarán los árboles en el extremo opuesto para que se vean reflejados en el agua. Si el jardín es llano se puede crear cierto efecto visual de barrera colocando primero un arriate de arbustos, como si de un prado rodeado de seto se tratara, lo que le imprimirá un bonito aspecto rústico.

una buena elección para el jardín. Muchas plantas se seleccionan tanto por su facilidad de propagación como por la calidad de sus flores, frutos u hojas. Un ejemplo: la forma del conocido ciprés de Leyland, cuyo rendimiento es inferior al de otros híbridos, pero como éstos son más difíciles de cultivar no resultan rentables.

Al elegir la combinación, debería saber cuándo estarán las plantas en su máximo esplendor

Variedad armoniosa

Una excesiva variedad de árboles y arbustos puede resultar molesta, como el mar picado que al final marea. Por el contrario, el mar totalmente encalmado puede gustar a quienes tengan tendencia a marearse, pero acabará resultando aburrido para quienes buscan un mínimo estímulo.

Para que el esquema de plantación funcione debe combinar la variedad propia de cada espacio con la armonía del conjunto.

Ritmo

Cada planta tiene su propio ritmo de crecimiento y comportamiento, un aspecto que puede jugar a favor del horticultor; por ejemplo, ello permite plantar juntas dos especies que si florecen en épocas distintas se complementan. Además, permite plantar un conjunto de especies que por sus características aporten colorido al jardín durante el máximo posible de estaciones al año. Y es que siempre debe pensarse en el aspecto que tendrá el jardín a lo largo de todo el año, no sólo en un período concreto.

Plantas de calidad

Busque siempre plantas de calidad. Que una planta esté a la venta en un centro de jardinería no significa necesariamente que sea

Elija las plantas por su apariencia tras varios años de crecimiento en un jardín, no porque tengan un buen aspecto en el centro de jardinería. Por ejemplo, *Picea abies* es el típico árbol de Navidad, pero también uno de los abetos susceptibles a una grave infestación producida por un áfido chupador de la savia. Así, cada cierto tiempo, estos árboles quedan completamente arrasados durante un par de años, por lo que no vale la pena adquirirlo, máxime cuando hay otros otros tipos de abetos más bonitos y resistentes a la plaga de áfidos como *Picea breweriana* o *Picea omorika*.

Prepárese para ser diferente

Y por último: sea diferente. La cultura actual se basa demasiado en tener (o querer tener) lo que todos los demás poseen. Pero no olvide que su jardín es algo personal que disfrutará usted, no los demás. Prepárese también para investigar; a lo mejor no sale bien, pero siempre le quedará la pila de compost...

Árboles
y arbustos

Esta sección engloba la mayor parte de árboles y arbustos incluidos en el libro, que también contiene apartados dedicados especialmente a los bambúes (págs. 129-132), helechos arbóreos y palmeras (pág. 133) y coníferas (págs. 134-151). Las plantas tratadas van desde los arbustos de tamaño medio como *Cotinus* y *Euonymus* hasta árboles de gran tamaño como *Fagus* y *Tilia* «Petiolaris». El común denominador de esta sección es la idoneidad de su empleo en el jardín.

El tamaño y el porte de los árboles y arbustos una vez transcurridos cinco o diez años es indicativo de cómo van a seguir creciendo si el suelo drena bien y es razonablemente fértil. Si las condiciones son óptimas, es posible que algunas plantas alcancen más rápidamente el tamaño orientativo. Por el contrario, si el terreno está lleno de malas hierbas o es infértil posiblemente tarden el doble en crecer. El tamaño indicado se ha calculado a partir de ejemplares de tamaño normal dentro de su especie. La mayoría de los arbustos se suelen plantar cuando tienen una altura de unos 40 cm. Los árboles también están disponibles en estos tamaños, aunque también progresivamente más grandes (y, naturalmente, más caros). Es posible que otros muchos sólo se encuentren con un tallo central de unos 1,5-2,5 m y algunas ramas laterales, mientras que algunos se comercializan como árboles «normales» de un tamaño de entre 2,5 y 3,5 m. Tanta diferencia puede influir notablemente en la altura del jardín, sobre todo al cabo de cinco años, por eso en las tablas se ha tenido en cuenta el tamaño de plantación más probable como punto de partida. Los ejemplares de gran tamaño influyen inmediatamente en la altura general y ocupan un lugar propio en el esquema de plantación. De todas maneras, los árboles y arbustos a menudo tardan en afianzarse y es posible que, a pesar de la diferencia de altura inicial, un árbol de gran tamaño acabe creciendo al mismo ritmo que otros ejemplares adquiridos con un tamaño menor.

Acacia
Mimosa

Las mimosas son originarias de las sabanas de África Oriental y también abundan en los bosques australianos, de donde proceden las especies resistentes.

Las flores son principalmente amarillas y se desarrollan en invierno o primavera. Las especies que aparecen en esta página tienen cabezuelas florales globosas, aunque también las hay que producen inflorescencias cilíndricas en forma de escobilla. Aunque pertenecen a la familia de las leguminosas, no presentan las flores características de cinco pétalos parecidas a las de los guisantes, sino que su mayor atractivo son grandes racimos de estambres.

El follaje suele ser bipinnado, con grandes cantidades de pequeños foliolos de entre unos 4 mm y menos de 1 mm (por ejemplo, *Acacia dealbata*). Los foliolos de pequeño tamaño sólo persisten en climas húmedos. En lugares más secos, las hojas dejan de crecer y dan paso a unos peciolos modificados que suelen adoptar forma oblonga.

Las mimosas son árboles o grandes arbustos que se desarrollan de forma óptima a pleno sol

Acacia retinodes

Acacia pravissima

Acacia dealbata

suelo	Cualquiera que resulte apropiado y drene bien. Evitar los suelos calcáreos.
ubicación	Al sol, pero resguardado de los vientos fríos
poda	No requiere demasiada, sólo retirar las antiestéticas partes muertas
cuidados	De crecimiento rápido, aunque semirresistente-sensible a las heladas; posiblemente haya que recortar el ramaje si se suceden varios años fríos
plagas y enfermedades	No presenta demasiados problemas, ni en cuanto a infestaciones ni enfermedades

y en espacios abiertos. Su resistencia al frío no es completa, ni siquiera en climas más suaves. Por ello es mejor escoger un lugar protegido o ubicarlos junto a un muro. A menor exposición solar, menor será el número de flores. Crecen bien en suelos bien drenados, pero no florecen en suelos superficiales y calizos.

El género *Acacia* se propaga a partir de semilla (verter sobre ellas agua hirviendo en una proporción 1:1 y dejar que se enfríen) y, en verano, por esquejes semileñosos. Algunas especies desarrollan hijuelos que se pueden arrancar con cuidado y plantar por separado.

	PRIMAVERA	VERANO	OTOÑO	INVIERNO	altura, 5 años (m)	altura, 10 años (m)	diámetro, 5 años (m)	diámetro, 10 años (m)	color de floración	
Acacia baileyana	● ●			● ●	3	6	2,5	5		Follaje azul vistoso, largas varas inclinadas
A. dealbata	● ●			● ●	5	10	4	8		Hojas plateadas aterciopeladas, árbol de forma normal
A. pravissima	● ●			● ●	5	8	4	5		No tiene hojas, sólo presenta filodios
A. retinodes		● ●			1,5	3	1	1,2		Filodios gris verdoso; tolera suelos alcalinos

● floración

Acer

Arce

c: auró; e: astigar

Los arces comprenden un vasto género formado por más de cien especies y numerosas variedades. Su tamaño puede variar mucho, desde arbustos hasta algunos de los árboles de hoja ancha de mayor tamaño. Las especies son principalmente caducifolias, aunque en climas cálidos o tropicales existen algunas de hoja perenne. Resultan atractivos en muchos sentidos, pero sobre todo por su follaje.

Acer shirasawanum «Aureum»

Las hojas también son muy variadas; pueden ser profundamente lobuladas o tener curiosos lóbulos u hojas acuminadas, como algunos arces japoneses. El color del follaje es verde dorado en algunas variedades seleccionadas, como *Acer shirasawanum* «Aureum» y *Acer cappadocicum* «Aureum», purpúreo en numerosos *Acer palmatum* y *Acer platanoides* o tener distintas gamas de verdes. En otoño, los colores pueden ser espectaculares e ir del amarillo blancuzco de *Acer cappadocicum* al rojo intenso de *Acer rubrum*.

Las flores no son el elemento más destacado de los arces, aunque en *Acer platanoides* se abren antes que las hojas. Curiosamente, el principal atractivo de algunos arces es su corteza, como sucede en los diversos arces con corteza papirácea.

Los arces se dividen en los que crecen de forma natural en el subpiso del bosque y los que suelen ser árboles dominantes. Los primeros toleran cierta sombra, mientras que los de tipo forestal sólo la resisten bien cuando son jóvenes. No obstante, todos crecen sin problemas a pleno sol. Suelen crecer en todo tipo de suelos, a excepción de los anegados. Algunas especies, como el arce japonés, no resisten bien

Acer palmatum, grupo Dissectum Atropurpureum

los suelos demasiado calizos o limosos, sobre todo si son finos.

Los arces se propagan a partir de semilla, por esquejes y también mediante injertos. Las semillas se pueden recoger tan pronto como estén maduras; manténgalas en un invernadero o en bandejas sin calefacción a fin de que broten a la primavera siguiente. No obstante, si se secan, pueden entrar en un estado de aletargamiento y no brotar hasta al cabo de dos primaveras. Las semillas compradas normalmente están secas y, por tanto, habrá que tener en cuenta el período de letargo. La manera más fácil de tratar las semillas es dejarlas en remojo durante una noche y sembrarlas bajo una cubierta de sustrato o arenilla... y esperar. Otra solución consiste en mezclarlas con sustrato húmedo en una bolsa de politeno y guardarlas en la nevera; cuando hayan transcurrido tres meses, siémbrelas o bien espere hasta que broten y extráigalas con cuidado para no romper la raíz.

Para el esquejado, corte los esquejes aún tiernos, justo después de que las hojas se hayan expandido por completo. Mantenga las plantas ya enraizadas en un lugar seco durante el primer invierno y aumente la aportación de agua sólo cuando empiecen a brotar las hojas en primavera, ya que el exceso de humedad las mata.

suelo	Cualquiera que drene bien; preferentemente fértil y profundo si es calizo
ubicación	Toleran lugares soleados o de sol y sombra
poda	Los arces suelen exudar resina por los cortes; es preferible, pues, podar a mediados de verano
cuidados	Extienda una capa de acolchado para propiciar la retención de humedad en verano; controle las malas hierbas
plagas y enfermedades	Muchas especies se ven afectadas por *Verticillium* y el hongo *Nectria cinnabarina*, y las hojas por la costra negra del arce y los áfidos

Los injertos tampoco presentan grandes complicaciones. Use especies parecidas como plántulas de *Acer palmatum*. Es mejor injertar entre mediados y finales de verano. Para ello, deje de regar el patrón o portainjertos para que se empiece a marchitar un poco y corte la mitad superior. Utilice la técnica del injerto de púa lateral con un brote de dos años con las hojas cortadas hasta el nivel del pedúnculo, átelo con cuidado y déjelo reposar en un lugar frío protegido. Tras 10 días, los pedúnculos empezarán a caer. Aumente el riego. Puede que el injerto brote en otoño. Pode el portainjertos en primavera para que crezca sólo la planta injertada.

Arces japoneses

Acer palmatum «Butterfly»

Se trata, básicamente, de variedades de *A. palmatum*, pero también engloba otras dos especies japonesas (*Acer japonicum* y *Acer shirasawanum*) y la muy parecida *Acer circinatum*, típica de la parte occidental de Norteamérica. Son arbustos de gran tamaño que alcanzan los 4 m a los 10 años de vida y se convierten de unos 6 a 15 m en unos 50 o 100 años. Son especies propias del subpiso de los bosques de coníferas o de árboles de hoja ancha. Toleran la luz y la sombra, siempre que esta no sea muy densa, y necesitan la protección que brinda el bosque frente a las heladas primaverales y los vientos fríos y secos. En el jardín puede protegerlos con setos vegetales de plantas resistentes como el bambú u otros arbustos.

Los arces japoneses sirven de plantas estructurales en la mayoría de jardines de estilo japonés y tienen un atractivo especial cuando se ven reflejados en el agua. También crecen bien en maceta, una faceta que puede resultar útil. Pero no descuide el riego, ya que las hojas se volverían marrones entre la nervadura (un fenómeno que se debe a la falta o al exceso de agua). Otro aspecto que hay que recordar si se cultivan arces en maceta es que son sensibles al gorgojo de la vid.

Acer palmatum

Acer palmatum «Garnet»

Arces de corteza papirácea

Acer davidii

Estos arces pertenecen a un subgrupo del género que se compone de unas veinte especies. Su principal característica desde el punto de vista de la jardinería es la corteza. Ésta tiene un color verdoso (o rojo en los brotes anuales y rosado en el caso de *Acer pensylvanicum* «Erythrocladum») y se desprende en tiras que revelan estrías de color blanco puro que recorren el tronco de arriba abajo y recuerdan a serpientes. La corteza se mantiene así durante todo el año, pero se encuentra en su máximo esplendor durante el invierno. Las hojas suelen ser lobuladas, a excepción de *Acer davidii*, y en algunas especies se vuelven de color amarillo dorado en otoño. *Acer forrestii* presenta unas atractivas hojas trilobuladas.

También conocidos como «de piel de serpiente», estos arces alcanzan los 6-8 m de altura en unos quince años, pero a partir de entonces son de crecimiento lento. Son especímenes ideales, ya sea en el césped o entre vegetación baja. Las ramas nuevas más exteriores tienden a arquearse.

Adopte ciertas precauciones si su intención es plantar uno de estos arces en medio del césped. Deje un espacio de unos 2 m de diámetro a su alrededor, ya que la corteza se daña fácilmente con las máquinas cortacésped y desbrozadoras.

Arces de pequeño y mediano tamaño

Los arces arbóreos de porte pequeño y mediano (entre 8 y 12 m) tienen muchos atractivos. *Acer griseum* (conocido también como arce «de papel») es extraordinario por partida doble: su corteza color canela se desprende en tiras finas como el papel y, además, lo hace durante todo el año. No caiga en la tentación de arrancar la corteza despegada, ya que el aspecto del árbol es mucho

Acer griseum

más atractivo «con pelo» que «depilado». El otro rasgo extraordinario es el espectacular color otoñal, que va del rojo al escarlata. Crece mejor en suelos ácidos limosos que drenen bien, pero también es capaz de crecer, aunque más lentamente, en suelos calizos muy finos.

Otra especie interesante, ésta de hojas trilobuladas, es *Acer maximowicziana* (o *Acer nikkoense*). La corteza no se desprende, pero las hojas adoptan colores anaranjados y rojizos en otoño. Otra especie (de hojas compuestas por foliolos; es decir, no únicas) es *Acer negundo*. Es un árbol atractivo, en especial cuando las flores macho cuelgan de los tallos antes de que tengan hojas.

Las hojas de *Acer cappadocicum* «Aureum» enseguida se tornan de un color amarillo dorado. *Acer cappadocicum* es un caso extraño entre los arces, pues las raíces producen chupones que pueden utilizarse para propagarlo. Por último, *Acer ginnala* es un árbol-arbusto que adopta tonos naranjas y carmesíes en otoño.

Acer cappadocicum «Aureum»

Arces de gran tamaño

Los arces más grandes son demasiado grandes para el jardín actual medio pero ideales para rincones apartados. Pueden llegar a alcanzar unos 20 m de altura y tener una copa, en forma de cúpula, de también 20 m de diámetro. *Acer platanoides* (el arce noruego o acirón) es uno de los escasos *Acer* que vale la pena cultivar por sus flores, de color amarillo pálido, que se abren justo antes que las hojas. En las variedades de hojas purpúreas, las flores adquieren tonos rojizos. Otras variedades presentan hojas de color rojo-púrpura.

El sicómoro o *Acer pseudoplatanus* puede ser todo un quebradero de cabeza, ya que germina muy fácilmente a partir de semilla. Sin embargo, basta con arrancar el tallo de las plántulas cuando sólo tienen un par de cotiledones para mantenerlas bajo control. Cuando alcanzan la madurez, los sicómoros pueden ser majestuosos, con una copa en forma de cúpula de enormes ramas encorvadas. Los ejemplares jóvenes, sin embargo, tienen forma picuda. «Brilliantissimum» es una variedad

Acer pseudoplatanus «Brilliantissimum»

de crecimiento lento cuyo follaje, al abrirse, adopta un color rosa claro brillante que luego se convierte en amarillo verdoso y al final en verde (algo moteado).

El arce rojo (*Acer rubrum*) tiene hojas plateadas por el envés que se vuelven rojo intenso y escarlata en otoño. Crece en suelos calizos, pero tiende a desarrollar cierta clorosis

Acer pseudoplatanus «Brilliantissimum»

y a no mostrar colores tan vivos. *Acer saccharinum* o plateado también tiene las hojas de color glauco por el envés, si bien acuminadas. El color otoñal es bonito y el crecimiento muy rápido: forma una cúpula más abierta que en otros ejemplares. Tanto el arce rojo como éste son de floración temprana.

	PRIMAVERA	VERANO	OTOÑO	INVIERNO	altura, 5 años (m)	altura, 10 años (m)	diámetro, 5 años (m)	diámetro, 10 años (m)	color de floración	
[JAPONESES] A. japonicum «Vitiifolium»	●				1,2	2,5	1,2	2,5		Grandes hojas de hasta 15 cm, bonito color otoñal
A. palmatum	●				1,5	2,5	1,5	2,5		Hojas de 5 a 7 lóbulos; con los años llega a medir +8 m
A. palmatum f. atropurpureum	●				1,2	2	1,2	1,8		Hojas pentalobuladas, de intenso color rojizo
A. palmatum «Garnet»	●				1	1,5	1	1,5		Rojo anaranjado en verano, escarlata en otoño
A. palmatum «Sango Kaku»	●				1,5	2,5	1,5	2,5		Hojas amarillo verdoso; árbol pequeño a los 30 años
A. shirasawanum «Aureum»	●				2,5	6	2,5	6		Hojas amarillo dorado
[PAPIRÁCEOS] A. capillipes	●		🌰🌰		2,5	5	2,5	5		Hojas verde intenso con peciolos rojizos
A. davidii	●		🌰🌰		2,5	5	2,5	5		Hojas sin lóbulos, a veces amarillas
A. forrestii	●		🌰🌰		2,5	5	2,5	5		Brotes rojos el primer año, después verde jade
A. pensylvanicum «Erythrocladum»	●				2,5	5	2,5	5		Brotes del primer año rojos, carmesí a finales de otoño
A. rufinerve	●		🌰🌰		2,5	5	2,5	5		Hojas afelpadas color óxido por debajo, corteza verde
[EJEMPLARES PEQUEÑOS] A. campestre	●				4	7	3	6		Amarillo en otoño, crece en suelos calizos
A. cappadocicum «Aureum»	●				4	6	4	5		Follaje amarillo dorado en verano, dorado en otoño
A. griseum	●		🌰🌰		3	5	2	4		Color otoñal entre rojo y escarlata
A. negundo	●				4	7	3	6		Hojas de cinco o siete foliolos
[GRANDES EJEMPLARES] A. platanoides	●		🌰🌰		6	9	4	6		De gran altura, bonito color otoñal
A. pseudoplatanus		●	🌰🌰		6	9	4	6		Con los años llega a ser majestuoso
A. pseudoplatanus «Brilliantissimum»		●			2	3	2	3		Las nuevas hojas son rosa claro brillante
A. rubrum	●	🌰			5	8	4	6		Bonito color rojo otoñal
A. saccharinum	●	🌰			6	8	4	6		Hojas plateadas por el envés

 floración   *cosecha*

Aesculus
Castaño de Indias
c: castanyer d'Índies;
e: indagaztainondo arrunta

El castaño de Indias o castaño falso (A. hippocastanum) se cultiva por sus inflorescencias en forma de racimo erguido de flores blancas con puntitos amarillos o rojos que crecen sobre los brotes de ramas del año anterior a mediados-finales de primavera y producen castañas.

Crece de forma constante entre 30 y 40 cm al año hasta alcanzar los 20 m. Prospera en muchos tipos de suelo, desde calizos hasta arcillosos húmedos y pesados. Para florecer necesita estar expuesto a pleno sol, pero crece bien en lugares sombreados. Las hojas son palmeadas compuestas por 5-7 foliolos. La variedad «Baumannii» es infértil, es decir, no produce semilla. Si dispone de un jardín grande plante la variedad fértil. El falso castaño de flor roja (Aesculus carnea) produce flores rosadas y es más pequeño. Las flores son interesantes, pero las hojas resultan poco vistosas y, además, el tronco es proclive a desarrollar chancro.

Por fortuna, hay otras especies disponibles, como Aesculus neglecta «Erythroblastos», un árbol de porte pequeño cuyas hojas nuevas son de color rosa intenso y luego derivan lentamente hacia tonos amarillentos y verdosos. Es una planta espectacular si se cultiva por su follaje primaveral. Es de crecimiento lento y debe resguardarse de las heladas primaverales. Las flores son de color rosa melocotón, pero lo más destacado son sus hojas en primavera. Aesculus parviflora es un arbusto que produce chupones. No crece más allá de los 2 o 2,5 m,

pero con los años se extiende a lo ancho hasta 5 o 6 m. Por muy pequeño que sea, ningún jardín debería prescindir de esta especie. Con todo, la mejor especie es el castaño de Indias propiamente dicho (Aesculus indica), de tamaño medio. Florece unas seis semanas más tarde que la especie Aesculus hippocastanum. Por desgracia, los ejemplares jóvenes de este magnífico árbol son sensibles a las heladas primaverales.

Los castaños de Indias se multiplican a partir de semilla, a excepción de la variedad «Baumannii», que debe injertarse, y Aesculus parviflora, que crece a partir de los chupones de las raíces extraídos a finales de invierno.

suelo	Crece bien en cualquier suelo de calidad, húmedo y que drene bien, incluso calizo
ubicación	Crece a pleno sol o a media sombra; recomendable sólo en grandes jardines
poda	No requiere poda o, en cualquier caso, sólo para conservar la forma o disminuir la densidad del follaje
cuidados	Extienda una capa de acolchado para propiciar la retención de humedad en verano y evitar la caída prematura de las hojas
plagas y enfermedades	Las manchas foliares afean su aspecto y provocan la caída prematura de hojas. Son sensibles al chancro, al hongo *Nectria cinnabarina* y a las cochinillas

	PRIMAVERA	VERANO	OTOÑO	INVIERNO	altura, 5 años (m)	altura, 10 años (m)	diámetro, 5 años (m)	diámetro, 10 años (m)	color de floración	
Aesculus carnea «Briottii»	✹				4	6	3	6	▨	Flores «rojas», pero follaje poco atractivo
A. hippocastanum	✹		⬮ ⬮		5	7	4	7	☐	Follaje denso, color otoñal variable
A. hippocastanum «Baumannii»	✹				5	7	4	7	☐	No produce castañas
A. indica		✹ ✹	⬮		5	7	4	7	☐	Excelente árbol de tamaño medio; bonito color otoñal
A. neglecta «Erythroblastos»	✹				3	5	2	4	▨	Hojas nuevas rosa intenso, bonito color otoñal
A. parviflora		✹ ✹			1	2	1,5	3	☐	Interesante arbusto de floración estival tardía

 floración   cosecha

Ailanthus

Árbol del cielo, ailanto

Ailanthus altissima, la especie más interesante, es un magnífico árbol de largas hojas compuestas de numerosos foliolos. Florece en verano y forma grandes racimos terminales que cuelgan de los brotes anuales y son de color blanco verdoso, aunque, en el caso de los árboles macho, tienen un olor fétido. Las hojas también desprenden un olor desagradable al tocarlas.

Los árboles hembra producen las semillas en sámaras de una sola ala torcida. Los frutos inmaduros son de color rojo o verde; los rojos destacan mucho. Es un género que da lugar a vigorosos especímenes, ideales para jardines grandes, ya que suelen alcanzar los 15 m en unos 20-25 años. Las hojas son de color rojo en primavera y de una longitud de entre 30 y 60 cm (en los árboles jóvenes vigorosos pueden llegar hasta los 90 cm).

Para que empiece a crecer en el jardín, hay que cortar la planta a matarrasa a finales de invierno. El alianto producirá uno o varios brotes, de los que

suelo	Crece bien en cualquier suelo de jardín, excepto los anegados
ubicación	Plántelo en lugares expuestos al sol o a media sombra; necesita espacio, por lo que resulta apropiado para grandes jardines
poda	No requiere poda (sólo para limitar el tamaño). Si se poda drásticamente cada año crece como un arbusto
cuidados	Arranque los chupones que crezcan en lugares inadecuados; abónelo con estiércol y protéjalo con acolchado para potenciar el desarrollo de las hojas
plagas y enfermedades	No suele presentar problemas; las plagas y enfermedades normalmente no le afectan

Ailanthus altissima

Ailanthus altissima

deberá seleccionar el más vigoroso y descartar el resto. Si lo abona, lo protege con acolchado y lo riega, el brote crecerá hasta formar un tallo de unos 2 a 3 m de altura y hojas de hasta 90 cm de longitud o más a finales de verano.

Crece en muchos tipos de suelo y tolera los suelos pobres o agotados propios de las ciudades mejor que otros árboles. No destaca por su color otoñal, pero la corteza presenta interesantes fisuras que forman vetas de color beige.

Se puede propagar a partir de semilla y, además, forma chupones. Extraiga los chupones y plántelos o intente reproducirlos a partir de esquejes de raíz a finales de invierno.

Alnus

Aliso

c: vern; *e:* haltza;
g: ameneiro

Los alisos se suelen encontrar junto al agua, sobre todo el aliso común autóctono, *Alnus glutinosa*. Crecen bien en la mayoría de los jardines, a menos que sean superficiales y de tipo calizo, aunque resisten bien las malas condiciones de los terrenos pantanosos.

Los alisos se encuentran como pez en el agua junto a los estanques del jardín, pero también en otras ubicaciones. Su principal atractivo son los amentos, que empiezan a abrirse a finales de invierno o principios de primavera e inundan de colores púrpura (*Alnus glutinosa*), rojo (*Alnus incana*) o amarillo (*Alnus cordata*) el jardín. Tras las inflorescencias empiezan a madurar algunos frutos (o núculas). El color otoñal no es

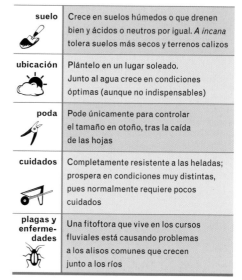

suelo	Crece en suelos húmedos o que drenen bien y ácidos o neutros por igual. *A incana* tolera suelos más secos y terrenos calizos
ubicación	Plántelo en un lugar soleado. Junto al agua crece en condiciones óptimas (aunque no indispensables)
poda	Pode únicamente para controlar el tamaño en otoño, tras la caída de las hojas
cuidados	Completamente resistente a las heladas; prospera en condiciones muy distintas, pues normalmente requiere pocos cuidados
plagas y enferme-dades	Una fitoftora que vive en los cursos fluviales está causando problemas a los alisos comunes que crecen junto a los ríos

Alnus incana

especialmente atractivo. Entre las variedades de aliso gris, *Alnus incana*, destaca «Aurea», de hojas amarillo verdosas, y también la variedad llorona «Pendula».

Además de las especies y variedades comentadas aquí, existen algunas arbustivas que crean excelentes zonas de naturaleza frondosa y enmarañada en el jardín. Los alisos se emplean para proteger los vergeles o huertos de árboles frutales, ya que empiezan a tener hojas y a florecer antes que los manzanos y otros frutales, lo que ayuda a protegerlos de las heladas primaverales.

Los alisos se pueden propagar a partir de semilla. Para ello siembre las pequeñas semillas sobre estrato humedecido y cúbralas con una fina capa de arena o arenilla de modo que no queden enterradas a mayor profundidad que su propio tamaño. Los esquejes semileñosos obtenidos en verano deberían enraizar bien. A *Alnus incana* le salen chupones que se pueden separar y trasplantar.

	PRIMAVERA	VERANO	OTOÑO	INVIERNO	altura, 5 años (m)	altura, 10 años (m)	diámetro, 5 años (m)	diámetro, 10 años (m)	color de floración	
Alnus cordata	●		⊘⊘⊘	●	6	10	4	6		Árbol de crecimiento rápido de porte alargado
A. glutinosa	●		⊘⊘⊘	●	4	7	2	4		Crece en suelos anegados; sin atractivo en otoño
A. incana	●		⊘⊘⊘	●	5	8	3	4		Forma característica, chupones
A. incana «Aurea»	●			●	4	6	2	3		Hojas amarillo verdosas, brotes rojizos

 ● floración ⊘ cosecha

Amelanchier

Guillomo, cornijuelo

c: corner; e: erangurbea

Se compone de arbustos caducifolios o pequeños árboles arbustivos. Se cultiva principalmente por sus flores, de color blanco níveo, que brotan en primavera a la par (o justo antes) que las hojas. El follaje nuevo mantiene un color rojo cobrizo durante unos días, sobre todo en la especie *Amelanchier lamarckii*, que ofrece un bonito contraste con las flores.

Amelanchier lamarckii

Los frutos maduran de principios a mediados de verano, pero es difícil verlos antes de que se los hayan comido los pájaros. Son de color negro o violáceo y parecen diminutas manzanas. El color otoñal es precioso (rojo y naranja), sobre todo en los ejemplares que crecen a pleno sol.

Se desarrolla bien tanto en eriales arenosos como en el fértil suelo del jardín. Es un arbusto de gran tamaño ideal para delimitar, como muro verde o como lindes, y puede ser un atractivo espécimen en el césped. Puede multiplicarse por semilla (recójalas en cuanto estén maduras) o por acodo. También puede intentar esquejarlo, pero es difícil conseguir que enraíce.

suelo	Ambos necesitan humedad y buen drenaje. *Amelanchier*: ácidos o neutros (pero no calizos)
ubicación	*Amelanchier*: lugares soleados o poco sombreados. *Aralia*: sol o sol y sombra
poda	*Amelanchier*: sólo para reducir volumen. *Aralia*: ídem (o cortar a matarrasa para obtener grandes hojas)
cuidados	*Amelanchier*: de fácil crecimiento. *Aralia*: en suelos demasiado fértiles el tronco se vuelve esponjoso y más sensible a las heladas invernales
plagas y enfermedades	*Amelanchier*: puede afectarle el fuego bacteriano. *Aralia*: apenas presenta problemas de plagas y enfermedades

Aralia

Aralia

Es un árbol característico por los chupones que brotan de las raíces y que no ramifican hasta alcanzar los 2 m de altura. Por eso parecen varas o bastones (¡lástima de las omnipresentes y afiladas espinas!).

Aralia elata

Las hojas son enormes y compuestas, bipinnadas y de forma más bien deltoidea. Pueden llegar a medir 90 cm de longitud por 60 de anchura y, si la planta se poda, se abona y se protege con acolchado, hasta los 1,2 m de longitud. Las flores son blancas y se agrupan en grandes y vistosas panículas en otoño. En el jardín, la leñosa aralia debería colocarse en un parterre para arbustos, como espécimen de pequeño tamaño en un lugar que puede verse desde varios ángulos o en la zona frondosa y salvaje del jardín.

Se multiplica a partir de semilla, aunque la mejor técnica es separar los chupones o realizar esquejes de raíz.

	PRIMAVERA	VERANO	OTOÑO	INVIERNO	altura, 5 años (m)	altura, 10 años (m)	diámetro, 5 años (m)	diámetro, 10 años (m)	color de floración	
Amelanchier grandiflora «Ballerina»	●	✿			1,5	2,5	1,5	2,5	☐	Grandes racimos de flores, frutos azules-negros
A. lamarckii	●	✿			1,5	2,5	1,5	2,5	☐	Pequeños racimos de flores; alcanzan los 6-8 m
Aralia elata			● ● ✿		3	5	1	3	☐	Se cultiva por sus espectaculares hojas

● floración ✿ cosecha

Arbutus

Madroño

c: arboç; e: gurrbiz, garbitza; g: hérbedo

Estos arbustos o árboles de hoja perenne pertenecen a la familia del brezo, que destaca por unas flores que recuerdan a campanillas. Sin embargo, a diferencia de la mayoría de las especies de la familia, el madroño crece bien en suelos calizos o en suelos arenosos ácidos y, de hecho, en cualquier otro siempre que drene bien.

De las especies mencionadas en esta página, la mejor, por sus flores y frutos, es *Arbutus unedo*. En otoño aparecen las primeras flores mientras en el árbol todavía maduran los frutos del año anterior. La visión de las flores y los frutos simultáneamente es un espectáculo para la vista.

Arbutus menziesii

La variedad *rubra* tiene flores de tonos rosáceos. En la habitual variedad blanca, las campanillas blancas hacen un delicioso contraste y a la vez se complementan con los frutos primero amarillos, después rojo anaranjado y finalmente rojo oscuro de los madroños (de un diámetro de 1,5 a 2 cm), un espectáculo que la variedad *rubra* no proporciona.

Los madroños son comestibles, pero resultan más bien insulsos. La corteza presenta finas grietas, pero en las otras dos especies es muy atractiva, ya que se desprende en grandes láminas de color rojo o amarillo rosado (*Arbutus menziesii*)

Arbutus unedo

o bien rojo rubí o rojo anaranjado sobre un fondo marrón anaranjado en *Arbutus andrachnoides*.

La especie *Arbutus menziesii* alcanza una altura considerable, aunque crece lentamente, mientras que las otras dos son más bien arbustivas y llegan a los 6-8 m al cabo de 20 o 30 años. Deberían utilizarse como especímenes del jardín. Los ejemplares de *Arbutus unedo* pueden destinarse al parterre de arbustos, al que aportarán su verdor todo el año y el colorido de sus flores y frutos.

La multiplicación se realiza a través de retoños basales extraídos a finales de invierno y enraizados en un invernadero con calefacción en la base, por acodo o por semilla. Las plántulas de *A. andrachnoides* y *A. menziesii* son delicadas y necesitan protección inicial en invierno.

suelo	Prefiere los suelos que drenen bien, pero tolera los calizos y los arenosos ácidos
ubicación	Los árboles y arbustos de esta familia crecen mejor a pleno sol o con poca sombra
poda	No es necesaria. *A. unedo* puede cortarse a matarrasa si requiere un cambio drástico de forma
cuidados	Las plantas jóvenes necesitan estar a resguardo, sobre todo las de la variedad *A. menziesii* crecidas a partir de semilla
plagas y enfermedades	Las hojas pueden verse atacadas por un hongo que les produce manchas, pero son de poca importancia y no afectan al arbusto

	PRIMAVERA	VERANO	OTOÑO	INVIERNO	altura, 5 años (m)	altura, 10 años (m)	diámetro, 5 años (m)	diámetro, 10 años (m)	color de floración	
Arbutus andrachnoides	●		● 🌰		1,2	2,5	1,2	2,5		Híbrido de *A. andrachne* y *A. unedo*
A. menziesii	●		🌰		1,5	3	1,2	2,5		Corteza atractiva, supera los 15 m en un siglo
A. unedo			🌰● 🌰●		1,2	2,5	1,2	2,5		Perenne, muy atractivo en otoño
A. unedo f. *rubra*			🌰● 🌰●		1,2	2,5	1,2	2,5		Flores rosas (no tan bonitas como las blancas)

 ● floración 🌰 cosecha

Aucuba

Laurel manchado, aucuba

c: aucuba

El laurel manchado es una reliquia de los jardines de arbustos que se encontraban en el siglo XIX en los parques de muchas ciudades.

Crece casi en cualquier suelo y tanto a pleno sol como en zonas umbrías. El laurel manchado es uno de los pocos arbustos que conserva un atractivo aspecto aunque viva bajo la densa cubierta de las copas de los tilos, hayas e incluso castaños de Indias. Al plantarlo hay que tener en cuenta un aspecto importante: deberá plantar variedades hermafroditas como «Rozannie» o bien asegurarse de que planta ejemplares macho y hembra. La variedad «Variegata» no es tan atractiva sin la presencia de plantas macho. Colóquelos cerca unos de otros para que los grandes frutos rojos de la variedad «Rozannie» y el follaje moteado de «Variegata» den vida al jardín. También son útiles como barrera visual bajo los grandes árboles. Se propagan por retoños basales en otoño y se plantan en primavera.

Aucuba japonica «Variegata»

(leyenda lateral izquierda) Aucuba japonica «Crotonifolia»

suelo	*Aucuba*: cualquier suelo que drene bien. *Azara*: cualquiera, pero preferentemente profundo y rico en humus
ubicación	*Aucuba*: zonas a pleno sol o completamente sombreadas. *Azara*: planta de sol o sol y sombra
poda	Ninguna de las dos especies la requiere, salvo para dar forma o contener el crecimiento
cuidados	*Aucuba*: se planta en primavera. *Azara*: resguardar de los vientos fríos y secos
plagas y enfermedades	No suelen presentar grandes problemas, aunque *Aucuba* es sensible a las cochinillas

Azara

Chinchín

(leyenda lateral izquierda) Azara lanceolata

Estos arbustos de hoja perenne forman flores apétalas. Su mayor atractivo son los numerosos estambres y su exquisito perfume.

Las flores de *Azara microphylla* exhalan un intenso aroma a vainilla, pero brotan por debajo del nivel de las hojas, por lo que quedan modestamente escondidas, mientras que *Azara lanceolata* tiene flores mucho más vistosas, pero ni por asomo tan perfumadas. El chinchín crece en la mayoría de suelos, pero necesita protección en climas fríos, sobre todo si soplan vientos gélidos y secos. Crecen estupendamente en los jardines de arbustos de zonas de clima suave; en climas más fríos suelen cultivarse junto a los muros de la casa, donde puede apreciarse el fragante olor de las flores. Se propaga por esquejes semileñosos o acodos.

	PRIMAVERA	VERANO	OTOÑO	INVIERNO	altura, 5 años (m)	altura, 10 años (m)	diámetro, 5 años (m)	diámetro, 10 años (m)	color de floración	
Aucuba japonica «Crotonifolia»			🌰🌰		1,2	2	1,2	2,2	⬜	Hojas de ejemplares hembra moteadas de amarillo
A. japonica «Rozannie»	●		🌰🌰		1,2	2	1,2	2,2	▨	Hermafrodita, fructifica, grandes hojas verdes
A. japonica «Variegata»	●		🌰🌰		1,2	2	1,2	2,2	▨	Hojas moteadas de amarillo
Azara lanceolata	● ●				1,2	2,5	1,2	2,5	⬜	Florífera, flores pequeñas y copiosas
A. microphylla	●				1,5	2,5	1	1,5	⬜	Pequeñas flores perfumadas
A. microphylla «Variegata»	●				1,2	2	0,8	1,2	⬜	Las hojas presentan un borde blanquinoso variable

 floración   cosecha

Betula

Abedul

c: bedoll; *e*: urkhi;
g: bidueiro, bido, biduo

Entre los abedules se encuentran algunos de los árboles pequeños más apreciados en jardinería. Los amentos masculinos son atractivos y preceden a la formación de hojas. Pero los abedules también destacan por la corteza, las hojas, la forma de crecimiento y el color otoñal.

Betula nigra «Heritage»

La corteza de muchos abedules es rica en betulina, un compuesto que le proporciona un intenso color blanco. La especie *Betula pendula* tiene la corteza de color blanco plateado en las partes superiores del árbol, lo que le confiere un aspecto fantasmagórico. *Betula jacquemontii*, *Betula ermanii* y *Betula papyrifera*, por su parte, tienen la corteza de color blanco o crema. Sin embargo, no todas las cortezas de los abedules son blancas; existen abedules de corteza cobriza o color caoba o

Betula jacquemontii

algunas excelentes variedades de *Betula utilis* que destacan porque se les desprenden finas tiras que van del cobrizo bruñido a prácticamente el negro brillante.

Todas las variedades comentadas crecen hasta unos 10-15 m al cabo de 20 o 30 años. Sus raíces son superficiales, por lo que compiten por la humedad con otras plantas. Prefieren

los suelos bien drenados y, si es posible, no superficiales ni calizos. Se multiplican a partir de semilla; si las recoge en el jardín de casa o en lugares donde crezcan varias especies juntas, prepárese para obtener híbridos. Siembre las semillas superficialmente en el sustrato y cúbralas de una fina capa de arena o arenilla. Los abedules se pueden injertar, pero requieren que el portainjertos se mantenga seco mientras cicatriza la soldadura.

suelo	Que drene bien. *B. nigra*, *B. papyrifera* y *B. pubescens* toleran suelos húmedos y arcillosos
ubicación	A pleno sol; si no es posible, sol y sombra
poda	La mínima necesaria. Evite podar a finales de invierno/principios de primavera porque los árboles exudarán savia por el corte
cuidados	Mantener la humedad durante los días más secos de verano. Sobre todo, no deje que las raíces se sequen si realiza trasplantes
plagas y enfermedades	No presenta grandes problemas; los ejemplares moribundos o recién muertos son atacados por el poliporo llamado yesquero del abedul (*Piptoporus betulinus*)

	PRIMAVERA	VERANO	OTOÑO	INVIERNO	altura, 5 años (m)	altura, 10 años (m)	diámetro, 5 años (m)	diámetro, 10 años (m)	color de floración	
Betula albosinensis	●				4	7	3	5		Espléndido naranja rojizo; corteza púrpura o cobriza
B. ermanii	●				4	7	3	5		Corteza blanquinosa o rosácea en el tronco/ramas
B. jacquemontii	●				4	7	3	5		Corteza blanquinosa en el tronco/ramas principales
B. nigra	●				4	6	3	4		Corteza beige-rosa/naranja, escamas marrones
B. nigra «Heritage»	●				4	7	3	5		Hojas verde oscuro, corteza marrón claro o crema
B. papyrifera	●				4	7	3	5		Erguido; corteza blanca y color otoñal atractivos
B. pendula	●				4	7	2	4		Forma característica con algunas ramas lloronas
B. pendula «Laciniata»	●				4	7	2	4		Ramas colgantes; llamado también «Dalecarlica»
B. pendula «Purpurea»	●				3	5	1	2		Hojas púrpura sin atractivo
B. pendula «Tristis»	●				4	8	2	4		Extraordinario árbol de copa estrecha
B. pubescens	●				4	7	3	5		Copa densa y frondosa, corteza poco atractiva
B. utilis	●				4	7	3	5		Las mejores variedades con corteza papirácea cobriza

● *floración*

Buddleja

Budleya

c: budleia

Se cultiva, sobre todo, por el colorido y el intenso perfume de sus flores, que recuerda a la miel, y cuyo néctar atrae a las mariposas. La principal especie cultivada es *Buddleja davidii*, que cuenta con variedades de diversos colores.

El principal atractivo del grupo más extendido de *Buddleja* radica en su crecimiento rápido, ya que se convierten en arbustos de tamaño medio o incluso arbolitos sin apenas mantenimiento. En su estado natural, *Buddleja davidii* crece hasta formar un árbol pequeño de hojas semiperennes de unos 6 m de altura y 4 de anchura. Cuando llega a este tamaño, prácticamente deja de crecer. Si se utilizara como muro verde, normalmente bastaría con una altura de alrededor de 5 m. La gente se ahorraría mucho trabajo fastidioso y muchas horas de poda de setos si plantase *B. davidii* en vez de ciprés de Leyland.

suelo	Crece bien en casi cualquier suelo (ácido o calizo) siempre que drene bien
ubicación	Para su desarrollo óptimo, plántelo en un lugar soleado y cálido del jardín
poda	Todas las especies toleran podas drásticas (tanto del grupo I como del II)
cuidados	Debe saber cuándo florecen exactamente los ejemplares de *Buddleja* de su jardín para podar en consecuencia
plagas y enfermedades	No presenta grandes problemas. Las plagas y enfermedades no suelen afectarle

Buddleja davidii «Pink Delight»

Asimismo, sus grandes y perfumadas flores atraerían muchas mariposas. Además, los ejemplares de *Buddleja* no podados florecen más hacia principios de verano.

La especie *Buddleja globosa* empieza a florecer a finales de primavera, es la más propiamente perenne del género y también la que alcanza mayor anchura (llega a los 5 m). *Buddleja weyeriana* es un híbrido obtenido de *B. globosa* y *B. davidii*. *Buddleja lindleyana* produce racimos de flores púrpura violáceas. Las otras dos especies son más propias de jardines de clima suave. *Buddleja colvilei* forma flores separadas de más de 1 cm de longitud y agrupadas en forma de ramilletes colgantes de color rosa intenso. *Buddleja salvifolia* tiene las hojas parecidas a las de la salvia y las flores blancas o de color azul lavanda claro.

El género *Buddleja* crece sin problemas en cualquier suelo que drene bien; de hecho, las semillas de la especie *B. davidii* germinan de forma natural directamente sobre la grava o en zanjas rellenas de creta. Se multiplican a partir de esquejes semileñosos en verano.

	PRIMAVERA	VERANO	OTOÑO	INVIERNO	altura, 5 años (m)	altura, 10 años (m)	diámetro, 5 años (m)	diámetro, 10 años (m)	color de floración	
Buddleja colvilei		● ● ●			1,8	3	1,5	3		Es mejor conducirlo en espaldera
B. davidii		● ● ●			1,8	3	1,5	3		Excelente fuente de néctar para las mariposas
B. globosa	●	● ● ●			1,8	3	1,5	3		Flores forman cabezuelas globosas, hojas perennes
B. lindleyana		● ● ●			1,8	2,5	1,5	2		Hojas verdes pequeñas
B. salvifolia			● ● ●		1,8	3	1,5	3		Hojas parecidas a las de la salvia
B. weyeriana		● ● ●			1,8	3	1,5	3		Flores perfumadas redondeadas de amarillo a violeta

● floración

Broussonetia
Morera de papel

Pariente de la morera y, como ésta, con savia lechosa en el peciolo. Crece como un árbol de porte pequeño con copa en forma de cúpula.

Las flores brotan tanto de los ejemplares macho como los hembra. Las macho se concentran en amentos péndulos largos y rizados que dispersan el polen por el aire. Las hembra se encuentran en cabezuelas globosas también péndulas que, al ser polinizadas, forman frutos de color rojo o naranja parecidos a las moras. Las hojas son lobuladas, con lóbulos separados por senos profundos y redondeados. La corteza se ha utilizado para elaborar papel. Crece en muchos tipos de suelo, también en los calizos. Se puede multiplicar a partir de esquejes semileñosos en verano, que deberán extraerse con talón de la planta madre.

Buxus
Boj
c: boix; *e:* ezpel arrunta;
g: mirta, buxo

El boj tiene hojas perennes pequeñas y flores aún más pequeñas, casi inapreciables. En jardinería resulta útil porque tolera muy bien las podas y los recortes.

El boj es uno de los mejores arbustos para realizar podas o esculturas ornamentales. También sirve para crear setos de todos los tamaños. En su hábitat natural puede llegar

Broussonetia papyrifera

suelo	Ambas plantas prefieren suelos que drenen bien. *Buxus:* tiene cierta preferencia por los suelos ácidos
ubicación	*Broussonetia:* lugares soleados o con sombra tenue. *Buxus:* de sol moderado a sombra
poda	*Broussonetia:* no la necesita (salvo para reducir volumen). *Buxus:* ídem, aunque la tolera muy bien
cuidados	*Broussonetia:* para que crezca vigorosa necesita abono y acolchado. *Buxus:* las hojas pueden quemarse por exceso de sol o fuertes vientos
plagas y enferme- dades	Ninguno de los dos géneros presenta grandes problemas. Las plagas y enfermedades no suelen afectarles

a ser un árbol de copa estrecha considerablemente alto (unos 10 m), aunque lo normal es que mida alrededor de 6 m y tenga la copa redondeada. El boj a menudo se encuentra en la naturaleza en suelos derivados de caliza, pero también prospera en suelos con un amplio pH (de 5,5 a 7,4). Tolera muy bien la sombra, pero no así los suelos con mal drenaje. Crece fácilmente a partir de esquejes extraídos en primavera u otoño. (Para ver una posible forma de seto de boj, consulte la pág. 12.)

Buxus sempervirens «Latifolia Maculata»

	PRIMAVERA	VERANO	OTOÑO	INVIERNO	altura, 5 años (m)	altura, 10 años (m)	diámetro, 5 años (m)	diámetro, 10 años (m)	color de floración	
Broussonetia papyrifera		● ●	🥜		3	5	2	4		Sólo fructifica si hay ejemplares macho y hembra
Buxus sempervirens	●			●	1	2	1	2		Arbusto de hoja perenne

● floración   🥜 cosecha

Carpinus
Carpe

**El nombre latino del carpe, *Carpinus betulus*, significa carpe «parecido a un abedul».
Su madera es muy dura y se usa para la fabricación de tablas de picar para la cocina.**

En jardinería, los carpes pueden servir de especímenes (por sus bonitas hojas, corteza lisa gris plateada y atractivo color otoñal) o bien para formar setos. Aunque son caducifolios, las hojas de los ejemplares jóvenes resisten el invierno para protegerlos contra el frío; este estadio juvenil puede prolongarse si se recortan periódicamente. El género *Carpinus* se adapta bien a los suelos arcillosos pesados, pero también medra sobre la grava ligera. Los amentos masculinos son amarillos y se abren antes que las hojas. Los carpes se pueden multiplicar a partir de semilla o por injerto. Es posible que algunas semillas sólo germinen el segundo año, por lo que se recomienda mantenerlas en frascos durante, al menos, 18 meses. Las especies menos conocidas se pueden propagar en verano a partir de esquejes semileñosos.

suelo	*Carpinus*: de arcilloso pesado a gravilla ligera. *Castanea*: arenoso ácido, seco y bien drenado
ubicación	*Carpinus*: sol o sombra moderada. *Castanea*: prefiere el sol o la sombra tenue
poda	*Carpinus*: evite podar en primavera, porque las heridas exudan savia. *Castanea*: no es necesaria
cuidados	*Carpinus*: no da problemas. *Castanea*: pode cada 10-15 años para obtener leña o pértigas
plagas y enferme-dades	*Carpinus*: no suelen afectarle. *Castanea*: las raíces pueden sufrir el ataque de una fitoftora; atención al chancro del castaño

Castanea
Castaño
c: castanyer

Este género está emparentado con los robles. Se encuentra muy extendido en los climas templados por su sabroso fruto. Las vistosas flores aparecen a mediados de verano en los extremos de los brotes nuevos.

Los largos amentos erectos contienen las flores macho en la punta (blanco amarillento) y las femeninas en la base. Los frutos maduran en otoño dentro de una envoltura que se vuelve coriácea (llamada «erizo») y protege los frutos (de 1 a 3) en su interior. El género *Castanea* está adaptado a los veranos cálidos y secos, en los que no deja de florecer. Las plantaciones de castaños suelen talarse a la altura del tocón cada 10-15 años para que rebroten vigorosamente.

El castaño es útil tanto como espécimen como para formar bosquecillos (que pueden cortarse a matarrasa periódicamente). Requiere suelos que drenen bien y se adapta a los terrenos arenosos ácidos, si bien no tolera los calizos. También crece en suelos de dura piedra caliza.

Si el suelo está anegado o drena mal, las raíces del castaño pueden morir a causa de la fitoftora. El chancro de los castaños (provocado por el hongo *Chrysonectria parasitica*, sin. *Endothia parasitica*) puede ser muy destructivo.

La multiplicación se realiza por semilla, aunque es mejor hacerlo por injerto o acodo.

	PRIMAVERA	VERANO	OTOÑO	INVIERNO	altura, 5 años (m)	altura, 10 años (m)	diámetro, 5 años (m)	diámetro, 10 años (m)	color de floración	
Carpinus betulus	●		🌰		4	6	2	4		Una buena opción para suelos arcillosos pesados
C. betulus «Fastigiata»	●				4	6	2	4		Crecimiento cónico inicial, ramas ascendentes
Castanea sativa		●	🌰 🌰		4	7	3	5		Color otoñal rojizo, frutos comestibles
C. sativa «Albomarginata»		●	🌰 🌰		3	5	2	4		Hojas con borde blanquinoso

 floración cosecha

Catalpa

Se trata de atractivos árboles que forman grandes panículas erectas hacia mediados o finales de verano que destacan sobre el follaje como farolillos. Las flores tienen forma acampanada y suelen ser blancas con manchas rojas, amarillas o púrpuras, y a menudo despiden un agradable olor.

Catalpa erubescens «Purpurea»

Los frutos son capsulares y estrechos y cuelgan como si de espaguetis o racimos de judías verdes se tratasen; permanecen en el árbol hasta bien entrado el invierno, momento en que se abren para dispersar las pequeñas semillas aladas. Las hojas son largas, en forma de corazón y de textura fina. Son muy vulnerables a los fuertes vientos, hasta el punto de quedar completamente destrozadas en los jardines más expuestos. Así pues, es importante situar estos árboles en lugares resguardados durante la temporada de crecimiento.

El color otoñal de las hojas es uno de sus puntos débiles, ya que se vuelven negras a la primera helada. La mayoría de los ejemplares suelen ser achaparrados, con troncos cortos y robustos. Son idóneos para zonas verdes y grandes jardines. Pueden someterse a poda a matarrasa, y si los ejemplares están bien estercolados y cuidados producirán hojas enormes. La variedad *Catalpa erubescens* «Purpurea» también responde bien a esta poda y resulta atractiva en el jardín de arbustos, ya que las hojas nuevas (sobre todo primaverales) son de color púrpura oscuro, casi negro.

suelo	Bien drenado, capaz de retener la humedad (también arcilloso o calizo)
ubicación	Si se planta a pleno sol, los resultados pueden ser espectaculares
poda	No es necesaria a menos que se desee reducir volumen o modificar la forma del árbol
cuidados	Necesita protección frente al viento. Las hojas tardías son sensibles a las heladas en sus primeros estadios
plagas y enfermedades	*Verticillium*: puede llegar a dañar e incluso matar a los árboles. Esté atento a los primeros indicios

Crece en gran variedad de suelos. Por lo general prefiere terrenos bien drenados con capacidad de retención hídrica, aunque *Catalpa bignonioides* resiste bien en suelos arcillosos pesados. Se propaga a partir de semilla, que germina enseguida, a través de injerto bien entrado el invierno o mediante esquejes tiernos en verano o esquejes de raíz a finales de invierno.

Catalpa bignonioides

	PRIMAVERA	VERANO	OTOÑO	INVIERNO	altura, 5 años (m)	altura, 10 años (m)	diámetro, 5 años (m)	diámetro, 10 años (m)	color de floración	
Catalpa bignonioides		✹ ✹	🌰		3	5	2	5	☐	Precioso árbol repleto de flores blancas
C. bignonioides «Aurea»		✹ ✹			3	4	2	5	☐	Hojas amarillas durante el verano
C. erubescens «Purpurea»		✹ ✹	🌰		3	5	2	5	☐	Hojas inicialmente púrpura oscuro o negro
C. speciosa		✹	🌰		3	5	2	5	☐	Flores blancas, hojas verdes y brillantes

✹ floración 🌰 cosecha

Cercidiphyllum
Katsura

Este árbol originario de China y Japón se cultiva por sus hojas redondeadas en forma de corazón, su atractivo crecimiento y, sobre todo, su excepcional color otoñal, una mezcla de tonos amarillos, escarlatas, carmesíes, rosas y dorados.

Cercidiphyllum japonicum

A pesar de lo dicho, las nuevas hojas normalmente son de color bronce. Las flores son casi inapreciables (puede que vea algunas rojas si mira atentamente). El fruto es verde, capsular y pequeño, y, sólo crece en los ejemplares hembra. El género *Cercidiphyllum* da lugar a buenos especímenes de porte medio o grande (entre 10 y 20 m). El follaje nuevo es sensible a las heladas primaverales, aunque si resulta dañado o diezmado le seguirá una segunda (o tercera) tanda de hojas. Crece bien en todo tipo de suelos de calidad razonable, incluso calizos o apelmazados, si bien los colores son más bonitos en otoño si crece en suelo ácido.

Se multiplica por semilla, que debería plantarse en cuanto estuviese madura, y por esquejes a principios de verano.

suelo	*Cercidiphyllum*: rico en humus y que retenga la humedad. *Cercis*: cualquiera que drene bien
ubicación	*Cercidiphyllum*: sol o sombra tenue. *Cercis*: también sol o muy poca sombra
poda	Ninguno de los dos géneros la requiere, salvo para dar forma nueva o contener el crecimiento
cuidados	*Cercidiphyllum*: debe resguardarse de las heladas primaverales siempre que sea posible. *Cercis*: acolchado estival para incrementar la humedad
plagas y enfermedades	*Cercidiphyllum*: no presenta problemas específicos. *Cercis*: puede verse afectado por *Verticillium* o el hongo *Nectria cinnabarina*

Cercis
Árbol del amor, árbol de Judea
c: arbre de l'amor; arbre de Judes

Las flores de *Cercis* son rosas o azules y recuerdan a las del guisante. Sólo crecen en las ramas viejas y a menudo directamente en el tronco.

A las flores les sigue la típica vaina o legumbre propia de la familia de las leguminosas, aunque el árbol del amor se distingue por la característica forma de corazón de las hojas, que son simples. El color otoñal varía, aunque a veces adopta tonos amarillos y dorados. Es un excelente espécimen para cultivar en el césped, en el camino o en el parterre de arbustos. Necesita pleno sol o la sombra más tenue posible. Crece lentamente hasta llegar a los 8-12 m en unos 30 años. Tolera bien los suelos arenosos ácidos y los calizos, pero no resiste bien en terrenos anegados o muy pesados. Se multiplica por semilla o esqueje semileñoso en verano.

Cercis canadensis «Forest Pansy»

Cercis canadensis «Forest Pansy»

	PRIMAVERA	VERANO	OTOÑO	INVIERNO	altura, 5 años (m)	altura, 10 años (m)	diámetro, 5 años (m)	diámetro, 10 años (m)	color de floración	
Cercidiphyllum japonicum	●				4	7	2	4		Excelente color otoñal y atractiva forma
C. japonicum «Pendulum»	●				3	5	2	4		Forma monticular con ramas péndulas
Cercis canadensis «Forest Pansy»	●				3	5	2	3		Hojas de color rojizo o púrpura intenso
C. siliquastrum	●		🌰		4	6	3	4		Bonito colorido cuando florece en ramas aún sin hojas

 floración   cosecha

Chimonanthus

Macasar, calicanta

c: quimonant

Chimonanthus praecox es un arbusto caducifolio muy apreciado por sus flores invernales de color amarillo verdoso con toques púrpura. Las flores son increíblemente perfumadas y su aroma se percibe desde la distancia.

Las hojas de *C. praecox* son de color verde oscuro y brillantes, normalmente de forma lanceolada. El macasar se suele cultivar junto a los muros, pues necesita cierta protección en las zonas más frías, pero en climas más cálidos se puede cultivar como arbusto independiente. Debe ubicarse en un sitio que permita apreciar lo mejor posible su agradable perfume. Aunque tolera un poco de sombra, prefiere estar a pleno sol. Crece en suelos de diverso tipo, siempre y cuando drenen bien. El género *Chimonanthus* se propaga a partir de semilla y por acodo.

Chimonanthus praecox

Cladrastis

Cladrastis significa en latín «madera amarilla», precisamente el mismo nombre que tiene inglés. Pertenece a la familia de las leguminosas.

Cladrastis kentukea produce flores blancas muy aromáticas en enormes racimos colgantes, pero sólo brotan tras un verano cálido y seco;

Cladrastis kentukea

suelo	*Chimonanthus*: que drene bien y retenga la humedad. *Cladrastis*: limosos bien drenados
ubicación	*Chimonanthus*: sol o sol y sombra. *Cladrastis*: mucho sol o sombra tenue
poda	*Chimonanthus*: ejemplares conducidos en espaldera. *Cladrastis*: evitar podar en invierno/primavera (exudan savia)
cuidados	*Chimonanthus*: fácil mantenimiento. *Cladrastis*: las ramas son quebradizas; se rompen si soplan fuertes vientos
plagas y enfermedades	*Cladrastis*: sensible al *Verticillium*; aparte de eso, ninguna de las especies es delicada

no abundan en los jardines. Las hojas son pinnadas y adoptan tonos amarillos y naranjas en otoño. Las flores de *Cladrastis sinensis* son blancas azuladas y también perfumadas. Esta especie florece sin problemas y vale la pena como ejemplar de floración estival. Ambas especies crecen bien en suelos bien drenados de distinto tipo, sobre todo limosos y friables, aunque toleran los calizos. Se multiplica por semilla y por esquejes de raíz a finales de primavera.

	PRIMAVERA	VERANO	OTOÑO	INVIERNO	altura, 5 años (m)	altura, 10 años (m)	diámetro, 5 años (m)	diámetro, 10 años (m)	color de floración	
Chimonanthus praecox				● ● ●	2	3	1,5	3		Ideal junto a muros; en climas templados, solo
Cladrastis kentukea		●			4	6	3	5		Sinónimo de *Cladrastis lutea*
C. sinensis		●			3	5	3	5		Cuando está en flor da un toque lila a todo el jardín

● *floración*

Cornus

Cornejo

c: sanguinyol; *e*: zuandurra;
g: sangomiño

Se trata de un grupo de plantas que comprende numerosas especies. Aunque desde el punto de vista de la botánica son distintas, si bien emparentadas, en jardinería se suelen agrupar todas como *Cornus*.

Las especies tratadas en realidad corresponden a tres géneros: *Cornus*, estrictamente hablando, con flores que forman densas umbelas rodeadas por dos o más brácteas y que brotan antes que las hojas (por ejemplo, *Cornus mas*); *Swida*, cuyas flores se encuentran en grandes cabezuelas sin brácteas (*Cornus alternifolia, Cornus controversa*) y que comprende algunas especies arbustivas (*véase* el volumen *Flores*) y, finalmente, *Benthamidia*, con racimos de pequeñas flores subtendidas por cuatro (o seis) brácteas blancas o rojizas de gran tamaño.

El cornejo es un árbol recomendable para el jardín. *Cornus mas* es uno de los primeros indicadores arbóreos de la llegada de la primavera,

Cornus kousa var. *chinensis*

Cornus kousa var. *chinensis* «Satomi»

blanco. *C. alternifolia* «Argentea» es, quizás, la mejor variedad para espacios pequeños, ya que tiene una forma más arbustiva y multicaule o de varios tallos y alcanza unos 5-6 m de altura, al contrario que *C. controversa* «Variegata», que crece hasta los 6-10 metros, tiene un único tallo principal y es más apropiada para jardines más grandes. *C. mas* y sus variedades son ideales para parterres

ya que sus flores amarillas se abren a finales de invierno. *Cornus alterniflora* y *Cornus controversa* florecen a principios de verano. Una de sus características más curiosas es la forma de crecimiento escalonada del follaje, a modo de plataformas planas o ligeramente inclinadas de hojas que sustentan los racimos de flores, situados sobre las hojas.

Las tres especies tienen sus propias variedades; por ejemplo, *Cornus mas* «Variegata» tiene las hojas moteadas de color blanco o crema, mientras que «Aureoelegantissima» presenta hojas de bordes amarillos, a veces rosas o incluso completamente amarillas; *Cornus alternifolia* «Argentea» cuenta con hojas jaspeadas de blanco y *Cornus controversa* «Variegata» de amarillo y

suelo	Prefiere suelos que drenen bien, también calizos (excepto *C. florida*)
ubicación	Le gustan los lugares soleados o con poca sombra
poda	No es necesaria, a menos que se quiera reducir volumen o dar forma
cuidados	El cultivo y el mantenimiento son bastante sencillos. El acolchado aumentará la humedad del suelo en verano
plagas y enfermedades	No presenta grandes problemas. Las plagas y enfermedades no suelen afectarle

de arbustos, mientras que *C. alternifolia* y *C. controversa* quedan muy bien como especímenes en el césped. El fruto de *C. mas* es comestible; se trata de una drupa carnosa de color rojo intenso con una única semilla que se utiliza para hacer mermeladas. Los frutos de *C. alternifolia* son negros.

Cornus florida «Rainbow»

Cornus kousa var. chinensis

Los cornejos de flores más grandes son vistosos por las brácteas, que forman una especie de plataforma situada bajo las flores, que pasan bastante inadvertidas. Normalmente tienen cuatro brácteas, aunque *Cornus nuttallii* a menudo presenta seis. Las brácteas rodean las flores en el brote floral y se abren lentamente en primavera. Al principio son verdes y no se distinguen del follaje, pero a medida que las flores se abren se vuelven blancas o rosas. Puesto que derivan de las hojas, las brácteas suelen durar; antes de marchitarse regalan la vista entre tres y seis semanas.

En pleno apogeo, las ramas están tan engalanadas de flores que las hojas quedan casi ocultas. *Cornus kousa*, sobre todo la variedad *chinensis*, llega a ser un gran arbusto ancho y cónico o un arbolito de 8 a 10 m de altura al cabo de unos 20 o 30 años. Es la especie más versátil, ya que tolera la mayoría de suelos de jardín.

Cornus florida es un arbusto más pequeño que alcanza los 4 o 5 m en condiciones medias. En plena floración puede tener un aspecto espectacular, pero nunca llega a la altura de los ejemplares que crecen silvestres en el este de Norteamérica. No le gustan los suelos calizos. *C. nuttallii* llega a convertirse en un árbol alto (15-25 m) en su hábitat natural (oeste de Norteamérica), pero en el jardín lo normal es que llegue a unos 8 a 12 m. Crece mejor en suelos bien drenados que retengan bien la humedad, aunque también soporta los terrenos calizos.

Cornus «Eddie's White Wonder» es un híbrido de *C. florida* y *C. nuttallii*. Llega a ser un arbusto grande o un árbol de pequeño porte impresionante en primavera. *Cornus* «Norman Haddon» es un híbrido de *C. kousa* y *C. capitata* (de hoja perenne de flores amarillas). El género *Cornus* se multiplica a partir de semilla y, en verano, con esquejes tiernos.

	PRIMAVERA	VERANO	OTOÑO	INVIERNO	altura, 5 años (m)	altura, 10 años (m)	diámetro, 5 años (m)	diámetro, 10 años (m)	color de floración	
Cornus alternifolia «Argentea»		● ● 🌰			3	5	1,5	3	☐	Multicaule, crecimiento escalonado
C. controversa		● ●			3	7	2	4	☐	De un único tronco, crecimiento escalonado
C. controversa «Variegata»		● ●			3	6	2	4	☐	Hojas con márgenes de color blanco crema
C. mas		🌰		●	2	4	1,5	3	☐	Florece a finales de invierno; frutos rojo brillante
C. mas «Variegata»				●	2	4	1,5	3	☐	Florece a finales de invierno; hojas con margen blanco
C. «Eddie's White Wonder»	●				3	4	2	3	☐	Grandes flores blancas
C. florida	●				3	4	2	3	☐	Bonito color otoñal; no tolera los suelos calizos
C. florida «Cherokee Chief»	●				3	4	2	3	▨	Brácteas oscuras color rubí rosa
C. florida «Rainbow»	●				3	4	2	3	☐	Hojas con márgenes amarillo intenso; erectos
C. florida f. *rubra*	●				3	4	2	3	☐	Brácteas de color rosa
C. kousa		● ●			3	5	2	4	☐	Suelos no calizos ni superficiales; bonito en otoño
C. kousa var. *chinensis*		● ●			3	5	2	4	☐	Color púrpura en otoño, prefiere suelos calizos
C. kousa var. *chinensis* «China Girl»		● ●			3	5	2	4	☐	Hojas rojo oscuro-púrpura en otoño
C. kousa var. *chinensis* «Gold Star»		● ●			3	5	2	4	☐	Hojas con una mancha central amarillo dorado
C. kousa var. *chinensis* «Satomi»		● ●			3	5	2	4	▨	Hojas oscuras púrpura-rojas en otoño
C. «Norman Haddon»		● ● 🌰			3	5	2	4	☐	Semiperennifolio; frutos parecidos a fresas de 2,5 cm
C. nuttallii	● ● ●				3	6	2	4	☐	Grandes flores y seis brácteas

● floración 🌰 cosecha

Corylus

Avellano

c: avellaner; *e*: urr, urra, urraitz; *g*: avelaneiro, aveleira

El género *Corylus* engloba el avellano autóctono (*Corylus avellana*), una especie de gran importancia que vive en el sotobosque o en los márgenes de los bosques, y también *Corylus maxima*. Son las únicas dos especies que producen avellanas.

Todos los avellanos resultan atractivos por los amentos masculinos que se abren hacia finales de invierno y perduran hasta inicios de primavera. El color de los amentos varía; pueden ser desde amarillo limón hasta un amarillo más amarronado. Las flores hembra son modestas, formadas por unos 12-15 estambres rojo intenso de tan sólo 1 o 2 mm que sobresalen de un capullo de color verde.

Corylus avellana «Contorta» es una variedad que presenta las ramas tortuosas; se debe a una peculiaridad genética que le ha hecho perder la capacidad de crecer en línea recta. Es un árbol curioso en invierno; sus ramas forman una atractiva tracería cuando están repletas de amentos. *Corylus maxima* «Purpurea» es una variedad de hojas de color púrpura, con los amentos también del mismo color. Resulta útil en los arriates de arbustos como «pantalla» de protección para otras plantas, con la ventaja añadida del follaje de color morado.

C. avellana y *C. maxima* son arbustos que llegan a medir de 6 a 8 m y normalmente tienen múltiples tallos. Por contra, el avellano turco o de oriente, *Corylus colurna*, es de un único tronco y alcanza los 15 m en los jardines. Sus amentos son atractivos, pero también el color gris ceniza o beige amarronado de la corteza, que se desprende en finas escamas moteadas. Los avellanos crecen de semilla (mejor si se planta fresca) o por acodo.

Corylus avellana

Corylus avellana «Contorta»

Corylus maxima «Purpurea»

suelo	Cualquier tipo de suelo excepto los anegados; de ácidos a alcalinos
ubicación	Le gustan los lugares soleados o sólo moderadamente sombreados
poda	Responde muy bien a las podas drásticas; es mejor dejar brotar nuevos tallos cada cinco años, más o menos.
cuidados	De cuidado fácil. Las variedades que fructifican dan exquisitas avellanas, ¡pero hay que ser más rápido que las ardillas!
plagas y enfermedades	Al avellano le afectan numerosos insectos y ácaros, pero los daños no llegan a ser permanentes

	PRIMAVERA			VERANO			OTOÑO			INVIERNO			altura, 5 años (m)	altura, 10 años (m)	diámetro, 5 años (m)	diámetro, 10 años (m)	color de floración	
Corylus avellana	floración						cosecha	cosecha			floración	floración	3	6	3	6		Las variedades pueden producir avellanas comestibles
C. avellana «Contorta»	floración						cosecha	cosecha			floración	floración	2	4	2	4		Avellano de crecimiento tortuoso
C. colurna	floración						cosecha	cosecha				floración	4	7	2	3		Avellano de oriente, árbol robusto de gran crecimiento
C. maxima «Purpurea»	floración						cosecha	cosecha			floración	floración	3	6	3	6		Uno de los ejemplares de hojas púrpura más atractivas

floración *cosecha*

Cotinus

Árbol de
las pelucas,
fustete

c: sumac de Llombardia;
e: orikai

Su nombre común se debe al aspecto que tienen las inflorescencias cuando las flores caen y dejan al descubierto un penacho lleno de pedúnculos vellosos. Las flores son panículas expandidas con muchas flores estériles que crecen sobre un tallo largo de aspecto plumoso.

Los tallos florales persisten en el árbol a medida que el verano da paso al otoño y las flores a unos pocos frutos. A pesar de todo, vale la pena cultivarlo en el parterre de arbustos o como espécimen en los extremos de grandes zonas ajardinadas. La mayoría de las variedades cultivadas tienen las hojas de color púrpura, entre las que se alzan los tallos florales de color también ligeramente purpúreo, mientras que en estado silvestre empiezan siendo de color beige para acabar adquiriendo tonos grisáceos. El color otoñal es aún más bonito, normalmente rojo intenso o, en algunas variedades, rojo anaranjado.

El árbol de las pelucas prospera en suelos bien drenados, que retengan la humedad y que sean moderadamente fértiles. El exceso de abono debe evitarse, pues en suelos muy ricos el color otoñal deja bastante que desear. *Cotinus coggygria* crece bien en suelos calizos, pero la especie americana, *Cotinus obovatus*, requiere terrenos neutros o ácidos. Sin embargo, todos ellos coinciden en la necesidad de estar ubicados a pleno sol. El género *Cotinus* solía incluirse en el *Rhus*. Se multiplica en verano por esquejes semileñosos con talón, por acodo o a partir de semilla.

Cotinus coggygria «Royal Purple»

Cotinus «Grace»

suelo	Arbusto poco exigente. Crece en cualquier suelo siempre que drene bien
ubicación	Conviene situarlo en una zona del jardín que reciba mucho sol
poda	Sólo se poda para retirar las partes dañadas o los brotes de crecimiento antiestético
cuidados	Evite los suelos sobrefertilizados: provocan un gran desarrollo foliar en detrimento de las flores y el color otoñal
plagas y enfermedades	El oídio puede causar problemas en las variedades púrpura; *Verticillium*: a veces mata alguna rama

	PRIMAVERA	VERANO	OTOÑO	INVIERNO	altura, 5 años (m)	altura, 10 años (m)	diámetro, 5 años (m)	diámetro, 10 años (m)	color de floración
Cotinus coggygria		● ● ●	●		2	4	2	4	Excelente color rojo en otoño
C. coggygria «Notcutt's Variety»		● ● ●	●		2	4	2	4	Hojas granate púrpura
C. coggygria «Royal Purple»		● ● ●	●		2	4	2	4	Hojas más oscuras que las de la var. «Notcutt's Variety»
C. «Flame»		● ● ●	●		3	5	2	4	Híbrido de C. coggygria y C. obovatus
C. «Grace»		● ● ●	●		2	5	2	5	Híbrido de C. coggygria y C. obovatus
C. obovatus	●	● ● ●	●		2,5	5	2	5	Grandes hojas, porte alto

● *floración*

Cotoneaster

Guillomo, cornijuelo

c: cotonéaster

Las especies del género *Cotoneaster* aquí tratadas son las más altas, las que llegan a formar grandes arbustos o bien árboles de porte pequeño. Todas ellas producen muchas flores blancas que en conjunto ofrecen una magnífica visión también para las abejas, aunque por otros motivos.

Aunque existen especies caducifolias de mayor envergadura dentro del género, aquí sólo se considerarán las de hoja perenne. Son plantas muy útiles en el jardín, además de bonitas por el color de sus flores y frutos. Por ejemplo, las bayas que producen sirven de alimento invernal para los pájaros. Que se acerquen a comer depende de muchos factores. La ubicación de la planta es esencial, ya que si está en un lugar resguardado los pájaros se sentirán seguros y empezarán a alimentarse antes, al contrario de lo que sucede si está expuesta.

Los frutos de algunas especies maduran mucho antes que los de otras, lo que permite realizar una selección de especies (y de ubicaciones en el jardín) que proporcione

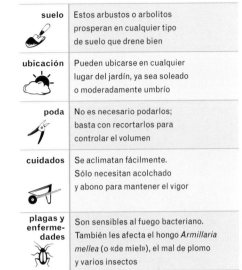

suelo	Estos arbustos o arbolitos prosperan en cualquier tipo de suelo que drene bien
ubicación	Pueden ubicarse en cualquier lugar del jardín, ya sea soleado o moderadamente umbrío
poda	No es necesario podarlos; basta con recortarlos para controlar el volumen
cuidados	Se aclimatan fácilmente. Sólo necesitan acolchado y abono para mantener el vigor
plagas y enfermedades	Son sensibles al fuego bacteriano. También les afecta el hongo *Armillaria mellea* (o «de miel»), el mal de plomo y varios insectos

comida natural a los pájaros durante buena parte del invierno. Las variedades de frutos rojos como «Cornubia» y «John Waterer» tienden a atraer antes a los pájaros que las de fruto amarillo («Exburyensis» y «Rothschildianus»).

Los ejemplares de mayor tamaño también son útiles: sirven para el parterre de arbustos como muros verdes perennes, como especímenes y, los más pequeños, forman además excelentes setos. *Cotoneaster lacteus* es ideal para formar muros verdes y junto a los muros. Crecen en prácticamente cualquier suelo que drene bien, aunque sea calizo o arenoso ácido. Se propagan por esquejes semileñosos obtenidos en verano y también a partir de semilla. Por desgracia, las semillas pueden tardar hasta cinco años en germinar (aunque la mayoría se abre en la segunda o tercera primavera).

Cotoneaster watereri «John Waterer»

Cotoneaster salicifolius

	PRIMAVERA	VERANO	OTOÑO	INVIERNO	altura, 5 años (m)	altura, 10 años (m)	diámetro, 5 años (m)	diámetro, 10 años (m)	color de floración	
Cotoneaster frigidus «Cornubia»		floración	cosecha cosecha cosecha		3	6	3	5		Grandes frutos rojos en otoño/principios de invierno
C. «Exburyensis»		floración	cosecha cosecha		3	5	3	5		Frutos amarillo albaricoque y después algo rosados
C. lacteus		floración	cosecha cosecha	cosecha	3	5	3	5		Perenne, racimos de más de cien flores
C. salicifolius		floración	cosecha cosecha cosecha		2	4	2	4		Arbusto perenne de hojas rugosas
C. salicifolius «Rothschildianus»		floración	cosecha cosecha cosecha		3	5	3	5		Frutos amarillentos en otoño; se ensancha mucho
C. watereri «John Waterer»		floración	cosecha cosecha cosecha		3	5	3	5		Semiperenne o perenne

floración   cosecha

Crataegus

Espino, acerdo

c: atzeroler; e: mapilondo;
g: azeroleira

El espino albar (*Crataegus monogyna*), en especial en su forma silvestre de flores blancas, es uno de los arbolitos de flor más atractivos. Tiene la copa redondeada y ramas péndulas repletas de pequeños racimos de flores blancas, a las que sigue un fruto rojo-granate en otoño que a veces resiste en el árbol hasta finales de invierno.

Las flores son perfumadas, aunque su aroma no satisfaga todos los olfatos. La variedad «Biflora» produce algunas flores en los momentos menos fríos del invierno, además de la floración «normal» a finales de primavera. Las variedades de *Crataegus laevigata* (*C. oxycantha* en muchos catálogos antiguos) tienen flores de color rosa o escarlata que pueden ser simples o dobles, pero que no resultan tan atractivas como las de *C. monogyna*, aunque ello no significa que no tengan su encanto.

Las hojas de *C. lavallei* «Carrierei» aguantan hasta mediados de invierno, y sus frutos anaranjados o rojizos permanecen en el árbol durante buena parte del invierno y pueden llegar incluso a la primavera. Por el contrario, una de las peculiaridades de *Crataegus persimilis* «Prunifolia» es que no conserva las hojas, pero éstas pasan del verde brillante característico al naranja, después al rojo y finalmente al rojo oscuro, un despliegue de color más vistoso que sus grandes frutos rojos, que caen a tierra en cuanto están maduros. Estos arbolitos sirven de especímenes y para formar excelentes setos, ya que resisten muy bien las podas y recortes. Todos ellos tienen espinas en mayor (*C. persimilis*, de hasta 2 cm) o menor (*C. lavallei* «Carrierei», de apenas 1,5 cm) medida. Para desplegar todo su esplendor necesitan estar en lugares soleados, aunque también crecen sin problemas (no tanto las flores) en lugares de sombra moderada. Toleran todo tipo de suelos, tanto arcillosos como calizos, excepto si son muy húmedos. Se multiplican a partir de semilla, que tarda al menos dos años en germinar, o por injerto.

suelo	Crecen en suelos pesados y bien drenados por igual, también en los calizos
ubicación	Si están al sol los resultados serán espectaculares; también toleran sombra moderada
poda	Resisten muy bien los recortes, pero no es necesario podarlos regularmente
cuidados	De cuidado fácil. Dicho esto, hay que tener cuidado con las espinas, que en algunas variedades son de tamaño considerable
plagas y enferme-dades	Son sensibles a ciertos insectos y hongos (entre ellos el fuego bacteriano), pero por lo general no se ven seriamente afectados

Crataegus laevigata «Rosea Flore Pleno»

	PRIMAVERA	VERANO	OTOÑO	INVIERNO	altura, 5 años (m)	altura, 10 años (m)	diámetro, 5 años (m)	diámetro, 10 años (m)	color de floración	
Crataegus laevigata «Crimson Cloud»	● ●		🍃		3	5	3	5	▨	Llamada a veces «Punicea»
C. laevigata «Paul's Scarlet»	● ●		🍃		3	5	3	5	▨	También conocida como «Coccinea Plena»
C. laevigata «Plena»	● ●		🍃		3	5	3	5	☐	Flores blancas dobles
C. laevigata «Rosea Flore Pleno»	● ●		🍃		3	5	3	5	☐	Flores dobles de color rosa
C. lavallei «Carrierei»	● ●		🍃 🍃 🍃 🍃		3	5	3	5	☐	Frutos amarillos o anaranjados, semiperenne
C. monogyna	● ●		🍃 🍃 🍃		3	5	3	5	☐	Común en la naturaleza, se usa mucho en setos
C. monogyna «Biflora»	● ●		🍃 🍃	●	3	5	3	5	☐	Algunas flores a medio invierno, mayoría en primavera
C. persimilis «Prunifolia»	● ●		🍃		3	4	3	6	☐	Excelente color otoñal, espinas de 2 cm

● floración   🍃 cosecha

Crinodendron

Las dos especies aquí estudiadas son arbustos de hoja perenne y gran tamaño. Las flores de *Crinodendron hookerianum* cuelgan sujetas por unos pedúnculos largos y rígidos. Tienen forma de jarrón y pétalos carnosos de color carmesí. Los pedúnculos se alargan hasta el otoño, pero las flores no aparecen hasta finales de primavera.

Crinodendron hookerianum

Crinodendron patagua tiene las flores más acampanadas, blancas y menos vistosas, aunque más perfumadas. Las dos especies necesitan protección, sobre todo en jardines fríos. Por ello, aguantan mejor si se plantan junto a bosques claros o protegidos contra un muro. No toleran en absoluto la presencia de cal en el suelo, que deberá ser ácido o neutro y drenar adecuadamente.

Se propagan por semilla y, en verano, por esqueje.

suelo	*Crinodendron*: suelos ácidos o neutros, nunca calizos. *Cydonia*: suelos ácidos y bien drenados
ubicación	*Crinodendron*: le gusta la sombra tenue. *Cydonia*: sol o poca sombra
poda	Ninguna de las dos especies la necesita. Pode sólo para dar forma o quitar volumen
cuidados	*Crinodendron*: debe protegerse de los vientos fríos. *Cydonia*: las semillas son venenosas. Si el suelo es ligero extienda una capa de acolchado
plagas y enfermedades	*Crinodendron*: no presenta problemas específicos. *Cydonia*: le afectan las plagas propias de los frutales

Cydonia
Membrillero

Cydonia oblonga es el membrillero de siempre, con cuyos frutos se elabora el típico dulce de membrillo. Es un árbol pequeño y de hoja caduca del que brotan flores grandes y solitarias.

Cydonia oblonga

Los membrillos siguen a las flores en otoño. Son frutas en forma de pera que al madurar adoptan tonos verdes a amarillos dorados y tienen una carne irresistiblemente perfumada. La corteza resulta atractiva: es lisa, de color púrpura grisáceo y se desprende a tiras que desvelan el color naranja. Y en otoño, las hojas se vuelven amarillas. El membrillero no debería cultivarse sólo en el huerto ni relegarse a mero portainjertos para perales. Necesita pleno sol para florecer y que los membrillos maduren, pero también crece con un poco de sombra. Prefiere los suelos bien drenados, aunque sean calizos. Se multiplica a partir de semilla, por injerto o separando los chupones de las raíces.

	PRIMAVERA	VERANO	OTOÑO	INVIERNO	altura, 5 años (m)	altura, 10 años (m)	diámetro, 5 años (m)	diámetro, 10 años (m)	color de floración	
Crinodendron hookerianum	●	●			1,5	3	1,5	3	▨	Hojas oscuras, perennes y lanceoladas
C. patagua	●	●			2	4	1,5	3	☐	Hojas oscuras, perennes y ovaladas; llega a los 6 m
Cydonia oblonga	●		🌰 🌰		3	4	3	4	☐	Excelente arbolito; puede llegar a los 8 m

✺ floración 🌰 cosecha

Davidia
Árbol de
los pañuelos

Las grandes brácteas blancas que distinguen a este árbol crecen en parejas que cuelgan tras los pequeños racimos de flores macho que sólo contienen estambres y una única flor hembra.

Las brácteas parecen palomas que descansan en el árbol. Se abren justo cuando las nuevas hojas verdes están casi extendidas por completo; cuando el árbol se encuentra en plena floración,

pueden verse casi tantas brácteas blancas como hojas verdes. Las hojas son parecidas a las del tilo y se vuelven amarillas en otoño. El fruto es una drupa verde oblonga y dura que cuelga de las ramas en otoño y a menudo dura hasta la primavera. La especie más típica, *Davidia involucrata*, tiene las hojas con pilosidades sedosas por el envés, a diferencia de la variedad *vilmoriniana*, que las tiene lisas y glaucas. Es un árbol atractivo pero de difícil aclimatación, ya

Davidia involucrata var. *vilmoriniana*

que a los ejemplares jóvenes les afectan las heladas primaverales.

Prefiere suelos pesados que retengan la humedad, incluso los formados por capas calcáreas, así como suelos ácidos. Le gusta estar a pleno sol o en el sotobosque luminoso. El género *Davidia* se propaga a partir de semilla (plante el fruto entero y deje que la naturaleza se encargue de romper la cáscara; pueden pasar entre dos y tres años antes de que germine) o por esquejes semileñosos en verano.

suelo	*Davidia*: suelos pesados o bien drenados, ácidos o alcalinos. *Decaisnea*: suelos que drenen bien
ubicación	*Davidia*: a pleno sol o sombra ligera. *Decaisnea*: ídem, aunque prefiere que la sombra venga de las alturas
poda	Ninguna de las dos especies necesita podarse
cuidados	*Davidia*: tarda un año o dos en afianzarse y requiere agua y acolchado. *Decaisnea*: colóquela en lugares que no se vean afectados por las heladas primaverales
plagas y enfermedades	Ni *Davidia* ni *Decaisnea* presentan problemas específicos de plagas y enfermedades

Decaisnea

El gran atractivo de *Decaisnea* es el fruto. Se trata de una resistente vaina de unos 7 a 10 cm de color azul metálico cubierta por una capa cerosa glauca.

Decaisnea fargesii

Dentro de la cápsula, que es comestible, se encuentran grandes cantidades de semillas aplanadas de color marrón oscuro o negro. Las flores aparecen en grandes panículas colgantes formadas por seis sépalos amarillo verdosos y ningún pétalo. Son un poco tempranas y, al igual que las hojas nuevas, sensibles a las heladas primaverales, por lo que resulta conveniente ubicar el árbol en un lugar resguardado por la parte superior

para reducir riesgos. Las llamativas hojas son pinnadas; todas alcanzan una longitud de 60 a 90 cm y tienen entre 13 y 25 foliolos. En los extremos de las ramas se acumulan seis o más hojas desplegadas. El follaje es suficientemente atractivo *per se*, aunque las heladas hayan quemado las flores. Requiere pleno sol o sombra moderada y suelos que retengan la humedad pero que drenen bien. Se propaga por semillas, que germinan enseguida.

	PRIMAVERA	VERANO	OTOÑO	INVIERNO	altura, 5 años (m)	altura, 10 años (m)	diámetro, 5 años (m)	diámetro, 10 años (m)	color de floración	
Davidia involucrata var. *vilmoriniana*	●		🌰		3	6	2	5	☐	Flores en dos brácteas desiguales de hasta 20 cm
Decaisnea fargesii	●		🌰 🌰		2	3	2	4	▨	Hojas pinnadas espectaculares que coronan las ramas

● floración   🌰 cosecha

Drimys

Canelo

Este género de hoja perenne tiene aromáticas hojas y se cultiva por las perfumadas flores de color blanco marfil que brotan en los extremos de las ramas a principios de verano. Existen ejemplares que sólo producen flores masculinas o femeninas.

Drimys winteri

El fruto del canelo es un carpelo carnoso que contiene las semillas, que se pueden utilizar como sustitutas de la pimienta. Estos arbustos deben plantarse en suelos no calizos y en lugares con protección lateral y cenital.

Se multiplican a partir de semilla o por esquejes a finales de verano.

suelo	*Drimys*: suelos bien drenados que retengan la humedad. *Elaeagnus*: ligeros/arenosos (evitar los suelos ricos)
ubicación	*Drimys*: sombra tenue. *Elaeagnus*: sol para los ejemplares caducifolios y sol/sombra para los perennes
poda	*Drimys*: si necesita podarlo, hágalo tras la floración (grupo I). *Elaeagnus*: sólo para dar forma
cuidados	*Drimys*: se planta en primavera cuando no hay riesgo de heladas. *Elaeagnus*: crecimiento vigoroso; puede requerir tutor
plagas y enfermedades	Tanto el género *Drimys* como el *Elaeagnus* no presentan problemas concretos de plagas y enfermedades

Elaeagnus

Árbol del paraíso, cinamomo

c: cinnamom, eleagne pungent

Este género está formado por especies caducifolias y de hoja perenne. Las perennes presentan vistosas motitas doradas o blancas en las hojas, mientras que las de hoja caduca tienen las hojas plateadas.

Elaeagnus ebbingei «Limelight»

Las flores no son especialmente bellas, pero desprenden buen olor. Los frutos son drupas oblongas que contienen una única semilla. La capa carnosa es dulce y jugosa. Toda la planta está recubierta de escamas plateadas o amarronadas. Es un género ideal para zonas costeras. Prefiere los suelos pobres, sobre todo las variedades caducifolias, pero bien drenados. Está en simbiosis con una bacteria fijadora del

nitrógeno atmosférico que le proporciona abono. Las especies de hoja caduca están mejor a pleno sol; las perennes toleran un poco de sombra. Se multiplica en verano por esquejes o a partir de semilla.

	PRIMAVERA	VERANO	OTOÑO	INVIERNO	altura, 5 años (m)	altura, 10 años (m)	diámetro, 5 años (m)	diámetro, 10 años (m)	color de floración	
Drimys lanceolata	● ●	◉			1,5	2,5	1	2	☐	Flores con estambres de color beige
Drimys winteri		● ◉			2	4	1,5	3	☐	Hojas aromáticas, glaucas y brillantes por el envés
Elaeagnus angustifolia		●	◉ ◉		3	5	3	5	▨	Hoja caduca; hojas estrechas verde oscuro
E. angustifolia «Quicksilver»		●	◉ ◉		3	4	3	4	☐	Crecimiento piramidal, hoja caduca, suelos no calizos
E. commutata	●		◉ ◉		1,5	3	1	2	☐	Hojas elípticas, caducas, escamas plateadas
E. ebbingei	◉ ◉		●		1	2,5	1	2,5	☐	Hojas verde oscuro o metálicas; perenne
E. ebbingei «Coastal Gold»	◉ ◉		●		1	2,5	1	2,5	☐	Hojas perennes verde oscuro con motas doradas
E. ebbingei «Gilt Edge»	◉ ◉		●		1	2,5	1	2,5	☐	Hojas perennes verde oscuro en el centro
E. ebbingei «Limelight»	◉ ◉		●		1	2,5	1	2,5	☐	Hojas perennes con el centro amarillo/verde claro
E. pungens «Maculata»	◉ ◉		●		1	2,5	1	2,5	☐	Perenne, hojas amarillo oscuro en el centro

● floración   ◉ cosecha

Embothrium
Notro

Las flores son cerosas y tubulares de color rojo vivo. Brotan a finales de primavera de las axilas terminales, donde cuelgan en forma de racimos muy vistosos. El notro es más arbóreo que arbustivo y suele ser de copa estrecha.

Embothrium coccineum

El notro es uno de los árboles perennes de flor más llamativos cuando está en su máximo apogeo. Pertenece a la familia *Proteaceae* y, al igual que otros de sus miembros, no le gustan los suelos con exceso de fosfatos ni fertilizantes artificiales. Prefiere los terrenos ácidos. Si el jardín es frío y está expuesto deberá protegerlo, pero si el clima es más templado florecerán a la intemperie.

Plántelo en un lugar destacado para que sorprenda con sus flores y hojas.

Se multiplica en verano mediante esquejes tiernos o semileñosos.

suelo	Ambos géneros prefieren suelos que retengan la humedad. *Embothrium*: ácidos/neutros. *Enkianthus*: no calizos
ubicación	*Embothrium*: sol o sotobosque claro. *Enkianthus*: sombra ligera; en zonas húmedas a pleno sol
poda	*Embothrium*: en caso necesario, pode tras la floración. *Enkianthus*: no la requiere
cuidados	*Embothrium*: protección frente a los vientos fríos secos. *Enkianthus*: acolchado para mantener el contenido de humus
plagas y enfermedades	Ni *Embothrium* ni *Enkianthus* presentan problemas específicos de plagas y enfermedades

Enkianthus

Enkianthus campanulatus

Estos arbustos caducifolios se cultivan por los racimos de flores acampanadas que brotan a finales de primavera de las ramas del año anterior.

El color de las inflorescencias varía del blanco al rosa. Las flores son pequeñas, pero el color otoñal suele ser un espectacular rojo escarlata. Crecen muy bien en arriates de arbustos protegidos o un poco umbríos y en el subpiso luminoso de los bosques. Al igual que otros miembros de la familia del brezo (*Ericaceae*), no toleran los emplazamientos calizos. Se propagan por esquejes semileñosos en verano, por acodo o a partir de semilla.

	PRIMAVERA	VERANO	OTOÑO	INVIERNO	altura, 5 años (m)	altura, 10 años (m)	diámetro, 5 años (m)	diámetro, 10 años (m)	color de floración	
Embothrium coccineum	✹				3	5	1	2		Perenne, flores vistosas
Enkianthus campanulatus	✹				1,5	3	1	3		Bonita forma; hojas otoñales doradas y rojas
E. campanulatus «Red Bells»	✹				0,15	0,25	0,15	0,25		Variedad enana, color rojo en otoño
E. cernuus f. rubens	✹				1	2	1	2		Color otoñal rojizo purpúreo intenso
E. perulatus	✹				1	2	1	2		Color otoñal escarlata

✹ *floración*

Eucalyptus

Eucalipto

c: eucaliptus; e: eukaliptua;
g: eucalito

Este género está formado, aproximadamente, por unas seiscientas especies de origen australiano. La mayoría no son resistentes, pero otras sí, así que las posibilidades son muchas.

En la mayoría de las especies resistentes, la corteza se exfolia y muestra tonos blancos, verdes o amarillos, según la época. Las hojas son perennes. En los ejemplares adultos son idénticas por ambos lados y normalmente penden del peciolo.

Cuando son jóvenes suelen ser sésiles; es decir, brotan directamente de la rama, y en pares opuestos. En algunos casos, el follaje de los eucaliptos jóvenes es de un color azul glauco brillante, muy apreciado para los arreglos florales. Las flores tienen una tapadera u opérculo que encaja a la perfección cuando todavía no se han abierto; deriva de los pétalos y cae al suelo tan pronto como la flor se abre. La época de floración varía en función del clima, pero normalmente tiene lugar hacia mediados de verano.

En el jardín, los eucaliptos se convierten en espléndidos especímenes de crecimiento rápido. Toleran suelos de diversos tipos, de ácidos a calizos; en cambio, son muy sensibles a los trasplantes. Plántelos a finales de primavera con una altura de 30 a 50 cm; si se trata de especies como *E. dalrympleana* y *E. gunnii* pueden plantarse cuando tengan una altura de hasta 2,5 m y en otoño. No intente nunca enderezarlos con un tutor; córtelos a media altura: si al rebrotar siguen sin crecer rectos, inténtelo una vez más, pero esta vez talando sólo un tercio de su altura. Se multiplican por semilla; páselos a macetas cuando las plántulas sean lo suficientemente grandes para manipularlas y trasplántelas al exterior en cuanto ya no haya peligro de heladas.

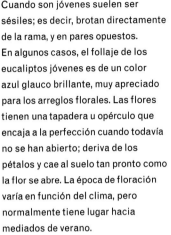

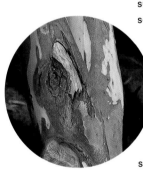
Eucalyptus niphophila

Eucalyptus «Debeuzevillei»

Eucalyptus glaucescens

	suelo	Tolera perfectamente cualquier suelo, incluso los arenosos ácidos y los calizos
	ubicación	Le encanta el sol. Si recibe sombra, aunque sea tenue, crecerá desgarbado
	poda	Se puede podar y recortar casi en cualquier época, ya que tiene una increíble capacidad de rebrotar
	cuidados	Trasplante los ejemplares jóvenes directamente de la maceta cuando aún sean pequeños; si no son estables puede someterlos a poda drástica
	plagas y enfermedades	La raíces son sensibles a la pudrición causada por la fitoftora. También puede afectarles el mal de plomo

E

Árboles y arbustos

	PRIMAVERA	VERANO	OTOÑO	INVIERNO	altura, 5 años (m)	altura, 10 años (m)	diámetro, 5 años (m)	diámetro, 10 años (m)	color de floración	
Eucalyptus archeri		●			2,5	5	1	2		Árbol pequeño de unos 8 m
E. coccifera		●			3	6	1	2		Crece hasta unos 10 m, corteza con olor mentolado
E. dalrympleana		●			6	10	2	5		La corteza cae en escamas; tolera suelos calizos
E. «Debeuzevillei»		●			2,5	5	2	5		Emparentado con *E. niphophila* (e igual de bonito)
E. glaucescens		●			4	8	2	4		Corteza blanca que se vuelve grisácea
E. gunnii		●			6	10	2	4		Llega a los 15-20 m en 25 años. Corteza verde claro
E. niphophila		●			2,5	5	2	5		Alcanza los 6 m por 6 m; el tronco se suele torcer
E. parvifolia		●			4	7	2	4		Corteza lisa, se vuelve grisácea; hojas verde oscuro
E. perriniana		●			3	6	2	4		Corteza gris y marrón

● floración

Eucryphia

Estos arbustos tienen grandes flores blancas de cuyo centro emergen numerosos y vistosos estambres entre mediados y finales de verano. *Eucryphia glutinosa* **es una especie caducifolia que adopta colores naranjas y rojos en otoño, por lo que resulta doblemente atractiva.**

Eucryphia glutinosa

Eucryphia glutinosa es un arbusto que alcanza un máximo de 4 o 5 m de altura y otros tantos de anchura. Las otras variedades también tienen dos temporadas: una de ellas dura todo el año, puesto que son de hoja perenne, con floración que puede prolongarse varias semanas. Estas variedades son arbóreas y de crecimiento puntiagudo, sobre todo *Eucryphia nymansensis*, que llega a medir 15 m al cabo de 30 años. *E. mulliganii* también tiene un hábito puntiagudo, pero es una especie enana, ya que sólo alcanza 6 m de altura y 1 m de anchura tras

30 años. El lugar más adecuado para *Eucryphia glutinosa* es un parterre de arbustos. *E. mulliganii* destaca entre otros arbustos más pequeños y tarda muy poco en empezar a florecer. *E. intermedia* y *E. nymansensis* pueden ser especímenes o arbustos de crecimiento erecto.

Todos prefieren sombra y temperaturas frescas en las raíces, pero necesitan tanta luz como sea

suelo	Ácidos o neutros que drenen bien y retengan la humedad. *E. nymansensis* tolera los suelos calizos
ubicación	Sol en la copa pero protección lateral y sombra en las raíces
poda	No la necesita, pero puede podarse para contener el crecimiento o darle forma
cuidados	Protéjalo de los vientos fríos y secos. Es mejor multiplicarlo por esqueje que a partir de semilla
plagas y enferme-dades	No presenta demasiados problemas. No es atacado por ninguna plaga ni enfermedad específica

posible en la copa. En climas más templados sólo requieren protección frente a los vientos fríos y secos. Les gustan los suelos limosos ácidos, bien drenados, fértiles y capaces de retener la humedad.

Se multiplican a partir de semilla, pero si cultiva más de una especie en el jardín se corre el riesgo de que salgan híbridos. Lo mejor son los esquejes, que deberán ser semileñosos y obtenerse a finales de verano. *E. glutinosa* produce chupones que se pueden separar y plantar en solitario.

Eucryphia intermedia «Rostrevor»

	PRIMAVERA	VERANO	OTOÑO	INVIERNO	altura, 5 años (m)	altura, 10 años (m)	diámetro, 5 años (m)	diámetro, 10 años (m)	color de floración	
Eucryphia glutinosa		● ●			1,5	3	1,5	3		Arbusto caducifolio, naranja y rojo en otoño
E. intermedia «Rostrevor»			● ●		2,5	4	1,5	2,5		Hojas perennes glaucas por el envés
E. mulliganii		● ●			1	2	0,5	1		Variedad enana, crecimiento lento
E. nymansensis «Nymansay»			● ●		2,5	4	1,5	2,5		Crecimiento rápido en forma de columna

● *floración*

Euonymus

Bonetero

c: evònim

Los boneteros son arbustos o pequeños árboles. El fruto es una cápsula dividida en cuatro o cinco compartimentos. Cuando madura adquiere tonos amarillo verdosos o rosas y las cápsulas se abren para mostrar las semillas, blancas pero con una capa carnosa de color naranja.

Las cápsulas son, en realidad, un reclamo para los pájaros, que las digieren sin dañar a las semillas, que atraviesan el sistema digestivo intactas y se «depositan» con una ración de abono incluida. Las especies aquí tratadas son caducifolias y muestran unos preciosos tonos otoñales, pero también las hay de hoja perenne.

suelo	Que drene bien y sea bastante o moderadamente fértil, sobre todo en el caso de suelos superficiales calizos
ubicación	Crecerán bien en un lugar soleado del jardín o con sombra tenue
poda	No la necesitan, pero pueden podarse para contener el crecimiento o darle forma
cuidados	Cultivo y mantenimiento bastante sencillos. Cubra el suelo de acolchado para mantener la proporción de humus en el suelo
plagas y enfermedades	A veces reciben la visita de las orugas, pero no provocan grandes daños; por lo demás, no presentan apenas problemas

Euonymus europaeus «Red Cascade»

Las flores son bastante insulsas, normalmente verdosas o amarillentas, aunque algunas tienen manchas púrpuras o blancas. En el jardín pueden plantarse en la zona de arbustos, en parterres mixtos o como ejemplares aislados entre el césped.

E. europaeus es un arbolito que se suele encontrar a menudo en setos vivos. Su tamaño es ideal para separar los jardines de las casas actuales sin miedo a que se descontrole el crecimiento.

El género *Euonymus* gusta de pleno sol o sombra moderada, aunque sin duda el sol contribuye al éxito de la fructificación. Crece en suelos bien drenados y resulta muy adecuado en terrenos donde una fina capa de suelo recubre material calizo. Se propaga por semilla (que se siembra cuando está madura) o por esquejes, que deberían obtenerse de brotes semileñosos a principios de verano. La madera es blanca y fácil de «trabajar». Antiguamente se empleaba mucho para elaborar husos para la industria textil.

 floración   cosecha

	PRIMAVERA	VERANO	OTOÑO	INVIERNO	altura, 5 años (m)	altura, 10 años (m)	diámetro, 5 años (m)	diámetro, 10 años (m)	color de floración	
Euonymus europaeus	●		🌰🌰		1,5	3	1,5	3		Arbusto/arbolito autóctono; crece en suelos calizos
E. europaeus «Red Cascade»	●		🌰🌰		1,5	3	1,5	3		Excelente variedad de ramas péndulas en los extremos
E. planipes	●		🌰🌰		1,2	2	1	2		Bonito color rojo otoñal, frutos escarlatas

Fagus

Haya

Las hayas resultan muy útiles en los jardines. Si se plantan como especímenes aportan su forma, colorido y textura. Las adultas forman copas redondeadas y en forma de cúpula y suelen ser tan anchas como altas. La variedad Dawyck (*Fagus sylvatica* «Dawyck») tiene porte columnar y copa acuminada que recuerda a la del álamo de Lombardía, aunque algo más ancha.

F

Árboles y arbustos

Las hojas a menudo contienen xantocianinos, que le dan ese aspecto purpúreo. Otro de los atractivos de las hayas son las hojas recién brotadas, de un bonito color verde y que al llegar el otoño adquirirán matices rojizos. La corteza es de color gris plateado y también resulta interesante. La mayoría de las células que conforman la corteza de los árboles apenas viven unos pocos años, mientras que las del haya pueden sobrevivir durante un siglo o más.

El sistema radicular superficial de las hayas es agresivo, por lo que pocas plantas subsisten al pie de un haya bien enraizada. En consecuencia, los bosques de hayas son abiertos y cubren el suelo con un atractivo manto de hojas secas.

Pero las hayas también sirven para formar setos. Se pueden podar a casi cualquier altura. La poda rejuvenece el follaje, por lo que los setos de haya retienen las viejas hojas muertas hasta su caída en primavera, cuando se abran las nuevas yemas. Las hayas crecen bien al sol o a media sombra. No son exigentes respecto al suelo, que puede ser ácido o alcalino (pero, eso sí, debe drenar bien).

Se propagan por semilla tan pronto como el hayuco está maduro, pero cuidado con los ratones. Algunas variedades seleccionadas pueden injertarse en primavera.

Fagus sylvatica «Dawyck Purple»

suelo	Que drene bien; no tolera los suelos anegados ni pesados
ubicación	Prefiere estar ubicada en lugares que reciban sol y sombra media (nunca densa)
poda	Recorte los setos a finales de verano. Los ejemplares más viejos no responden a las talas drásticas
cuidados	Enraíza superficialmente, por lo que compite con otras plantas. También proyecta una densa sombra
plagas y enfermedades	Las ardillas grises pueden dañar la corteza del tronco y de las ramas principales; el hongo *Schizophyllum commune* puede llegar a pudrir el duramen

	PRIMAVERA	VERANO	OTOÑO	INVIERNO	altura, 5 años (m)	altura, 10 años (m)	diámetro, 5 años (m)	diámetro, 10 años (m)	color de floración	
Fagus sylvatica					2	4	1	2		Árbol de gran tamaño o para setos
F. sylvatica «Asplenifolia»					2	4	1	2		Hojas estrechas y profundamente lobuladas
F. sylvatica f. atropurpurea					2	4	1	2		Abarca todas las variedades de follaje púrpura
F. sylvatica «Dawyck»					2	4	1	1,5		Hábito acuminado, hojas verdes
F. sylvatica «Dawyck Gold»					2	4	1	1,5		Hábito acuminado, hojas amarillo intenso al abrirse
F. sylvatica «Dawyck Purple»					2	4	1	1		Hábito acuminado, hojas púrpura
F. sylvatica «Pendula»					2	4	1	3		Follaje verde, ramas péndulas
F. sylvatica «Purple Fountain»					2	4	1	2		Variedad de hojas púrpura, copa acuminada
F. sylvatica «Purpurea Pendula»					2	2	1	2		Hojas púrpura, la copa recuerda a una mopa
F. sylvatica «Riversii»					2	4	1	2		Hojas púrpura intenso
F. sylvatica «Rohanii»					2	4	1	2		Hojas púrpura de profundas entalladuras

floración   cosecha

Fatsia

Aralia, fatsia

c: aràlia del Japó

y Fatshedera

Aralia trepadora

Fatsia japonica es oriunda del Japón, Corea y Taiwán. Con el cultivo ha acabado formando un híbrido con Hedera hibernica (o hiedra de Irlanda) llamado Fatshedera lizei.

Fatsia japonica es un arbusto perennifolio que con el tiempo alcanza de 2 a 5 m de altura. Las hojas son palmatilobadas de unos 30-40 cm de anchura y con nueve profundos segmentos. El peciolo llega a medir 30 cm de longitud. Las flores forman panículas color blanco lechoso en otoño, a las que siguen unas bayas negras en forma de guisante. Fatshedera lizei es un arbusto más pequeño que de algún modo ha heredado algunas características trepadoras de la hiedra y puede tutorarse. Tiene las hojas más pequeñas, de sólo 10 a 25 cm de anchura y cinco o siete lóbulos superficiales, además de los peciolos más cortos. Ambas especies presentan formas atractivas y

suelo	Fértil, buen drenaje, húmedo a pleno sol. Puede tolerar los suelos más secos si está a la sombra
ubicación	Extremadamente tolerante en ubicaciones soleadas y algo en las muy sombreadas
poda	No necesita ninguna poda especial, excepto para mantener el tamaño
cuidados	Bastante fácil de cuidar y cultivar. Mantenga la maceta en la que crezca algo seca durante el invierno
plagas y enferme-dades	Las heladas pueden dañar las hojas, pero aparte de éste no presenta especiales problemas

tienen la ventaja de florecer tarde. Toleran el sol y la sombra y, en el caso de Fatshedera lizei, incluso los lugares sombríos y secos. Ambas resisten muy bien el calor, sobre todo Fatshedera lizei, por lo que resultan útiles tanto en invernaderos como en espacios muy soleados y también en ambientes contaminados o zonas costeras expuestas. Ambas

especies cuentan con variedades, pero no son tan vigorosas y necesitan más sol.

Tanto Fatsia japonica como Fatshedera lizei se pueden propagar por esquejes tiernos a principios de verano. Los esquejes deben tener dos nudos pero una única hoja. F. japonica crece también a partir de semilla y esquejes de raíz.

	PRIMAVERA	VERANO	OTOÑO	INVIERNO	altura, 5 años (m)	altura, 10 años (m)	diámetro, 5 años (m)	diámetro, 10 años (m)	color de floración	
Fatshedera lizei			● ●		1	1,5	1	2		Estéril, hojas brillantes y perennes
F. lizei «Variegata»			● ●		1	1,5	1	2		Hojas gris verdoso con margen crema irregular
Fatsia japonica			● ◎		1,2	2,5	1,2	2,5		Frutos negros a principios de invierno; hojas lobuladas
F. japonica «Variegata»			● ◎		1,2	2,5	1,2	2,5		Hojas con margen blanco en la punta de los lóbulos

 floración   cosecha

Ficus
Higuera

Este vasto género incluye, principalmente, especies tropicales perennifolias, entra ellas varias plantas interior como el conocido ficus (*Ficus elastica*) y el baniano o higuera de bengala (*Ficus benghalens*

La higuera común (*Ficus carica*) es una especie resistente. Se trata de un arbusto de hoja caduca con grandes hojas profundamente lobuladas que crecen de gruesos brotes. Se suele cultivar junto a muros; así se facilita la maduración de los

higos. Con todo, es una especie resistente que, si el invierno es realmente crudo, puede talarse a nivel del suelo.

Los frutos pueden tardar más de un año en madurar. Normalmente aparecen en dos tandas. Los primeros brotan en verano y caen durante el invierno; los segundos, mucho más pequeños y resistentes, son los que engordan y maduran a finales de verano del año siguiente. Las higueras toleran cualquier suelo que drene bien, al sol o con un poco de sombra. Se multiplican a partir de chupones, por acodo o por esquejes leñosos.

Ficus carica «Brown Turkey»

Fraxinus
Fresno

Son árboles caducifolios de hojas pinnadas. Normalmente crecen hasta formar grandes ejemplares. Ideales como especímenes o como barreras verdes limitadoras.

Fraxinus ornus

El fresno común (*Fraxinus excelsior*) entra dentro de esta última categoría, ya que tiene mucho follaje y un hábito de crecimiento bonito, pero flores pequeñas y color otoñal amarillo sólo en los años buenos. Sin embargo, el fresno de flor

suelo	Ambos: bien drenados. *Ficus*: tolera los calizos. *Fraxinus*: preferentemente fértiles
ubicación	*Ficus*: lugares soleados o con poca sombra. *Fraxinus*: ubicación soleada
poda	*Ficus*: aclare el ramaje para que no sea demasiado denso. *Fraxinus*: no la requiere
cuidados	*Ficus*: brota profusamente, por lo que deberá aclararse. *Fraxinus*: atención a los chupones que compitan con las plantas seleccionadas
plagas y enferme-dades	*Ficus*: sensible a algunas plagas, pero no importantes. *Fraxinus*: los ejemplares viejos pueden sufrir ataques de hongos descomponedores de la madera

(*Fraxinus ornus*) produce infinidad de flores cuando es joven que ocultan el follaje.

Los fresnos viven en suelos ricos y bien drenados, aunque sean finos y calizos, pero también crecen en emplazamientos menos fértiles. Se propagan por semilla o injerto.

	PRIMAVERA	VERANO	OTOÑO	INVIERNO	altura, 5 años (m)	altura, 10 años (m)	diámetro, 5 años (m)	diámetro, 10 años (m)	color de floración	
Ficus carica «Brown Turkey»		🌰🌰			1,5	2,5	1,5	2,5		No tiene flores, en realidad. Llega a los 6-9 m
Fraxinus excelsior	●		🌰🌰		4	7	1	3		Flores apétalas poco vistosas
F. excelsior «Pendula»	●				2	3	2	5		Habito «llorón»; crece poco a partir del injerto
F. ornus	●		🌰🌰		3	5	1	2		Atractivas flores, fresno recomendable para el jardín
F. oxycarpa «Raywood»	●				4	7	2	5		Bonito color otoñal; las flores pasan desapercibidas

● floración   🌰 cosecha

Fremontodendron
Fremontia

Este pequeño género se cultiva por las flores de color amarillo vivo. No tienen corola, pero la forma del cáliz recuerda a los pétalos de cualquier otra flor.

Las flores son solitarias y brotan de las axilas. Las primeras en abrirse, hacia finales de primavera, crecen en los brotes del último verano, pero las posteriores floraciones surgen de los brotes anuales. La floración se prolonga hasta el verano y, en climas cálidos, puede prolongarse hasta el otoño, aunque el momento álgido es a finales de primavera o principios de verano.

La variedad que más representa al género *Fremontodendron* es la llamada «California Glory». Se trata de un híbrido obtenido de cruzar las dos especies y es más resistente que ambas. «Pacific Sunset» es una variedad parecida, pero tiene las flores de color amarillo aún más intenso. *Fremontodendron californicum* suele tener las flores más concentradas y abundantes.

Estas especies se utilizan como arbustos de pared, ya que son demasiado sensibles al frío, excepto en jardines más templados, sin la protección de un muro. Son de crecimiento rápido y enseguida llegan a medir 5-6 m. No deben abonarse en exceso ni plantarse en suelos demasiado fértiles, ya que en estas condiciones brotarán más hojas que flores. Por desgracia, estos arbustos tienen una vida corta.

Se multiplican por semilla o esquejes tiernos o semileñosos en verano. Es recomendable que enraícen en sustratos que drenen bien, de tipo arenoso.

Fremontodendron «California Glory»

suelo	Tolera cualquier suelo, incluso calizo, siempre que drene bien y no sea excesivamente fértil
ubicación	Resguardado por muros muy soleados que le aporten calor en verano y protección en invierno
poda	No requiere podas periódicas, sólo puntuales para dar forma o controlar el crecimiento
cuidados	Cultivo y mantenimiento sencillos. Como regla general, conviene atar las ramas largas y desviadas del tronco principal
plagas y enfermedades	No suele presentar problemas; las plagas y enfermedades normalmente no le afectan

	PRIMAVERA	VERANO	OTOÑO	INVIERNO	altura, 5 años (m)	altura, 10 años (m)	diámetro, 5 años (m)	diámetro, 10 años (m)	color de floración	
Fremontodendron «California Glory»					6	8	4	6		Arbusto perennifolio de crecimiento rápido
F. californicum					6	8	4	6		Semiperenne; flores en forma de plato
F. «Pacific Sunset»					6	8	4	6		Arbusto erecto y perenne

 floración

Garrya

Estos arbustos perennifolios se cultivan por los amentos que aparecen a mediados de invierno y hasta principios de primavera. Los amentos más bonitos son los de los ejemplares macho, que en la variedad *Garrya elliptica* «James Roof» llegan a medir 20 cm o más y adornan el jardín en un momento del año en el que éste presenta un aspecto apagado.

G

Árboles y arbustos

suelo	Suelos moderadamente fértiles que drenen bien, también calizos
ubicación	Le gusta los lugares soleados o sombreados, ideal para lugares templados
poda	No requiere poda, pero en caso necesario puede hacerse tras la floración
cuidados	Cultivo y mantenimiento sencillos. Las partes dañadas por el frío deben retirarse para devolverle el buen aspecto
plagas y enfermedades	No suele presentar problemas; las plagas y enfermedades normalmente no le afectan

Los amentos son verdes con anteras amarillas. En la variedad *Garrya issaquahensis* «Glasnevin Wine» son de color rubí en la base de las brácteas verdes. Su ubicación idónea es junto a la casa o en lugares donde pueda contemplarse la floración invernal. Otro motivo para plantarlos en estos emplazamientos es que se dañan con los vientos secos invernales y, al contrario, quedan resguardados junto a los muros en los climas fríos. Toleran muy bien la contaminación urbana y la exposición en zonas costeras.

Las variedades femeninas tienen amentos más cortos, de tan sólo 4 a 10 cm, y no son tan

Garrya elliptica

decorativas en invierno. Los amentos dan paso a los frutos, de color púrpura intenso-amarronado, que aportan atractivo otoñal al árbol. Sin embargo, quitando la floración, *Garrya* es un género de hoja perenne un tanto anodino. Alcanza los 4 m de altura y anchura, y crece en suelos de distinto tipo, incluidos los calizos. Las raíces se resienten con facilidad, por lo que el trasplante de la maceta al exterior debería tener lugar en primavera, una vez que hayan pasado los peores días del invierno.

Se multiplica mediante esquejes semileñosos con talón de la planta madre a finales de verano.

Garrya elliptica

	PRIMAVERA	VERANO	OTOÑO	INVIERNO	altura, 5 años (m)	altura, 10 años (m)	diámetro, 5 años (m)	diámetro, 10 años (m)	color de floración	
Garrya elliptica	●		⬦	● ● ●	1,5	3	1,5	3		Arbusto perennifolio
G. elliptica «James Roof»	●		⬦	● ● ●	1,5	3	1,5	3		Arbusto perennifolio, amentos muy largos
G. issaquahensis «Glasnevin Wine»	●		⬦	● ● ●	1,2	2	1,2	2		Crecimiento más apretado que el de *G. elliptica*

☀ floración   ⬦ cosecha

Genista

Genista, retama

Genista aetnensis

Genista aetnensis empieza siendo un arbusto, pero como no resiste bien los trasplantes debe crecer en la misma maceta hasta que llegue el momento de plantarlo definitivamente en el exterior. Con los años se convierte en un árbol de copa erecta y en forma de cúpula de entre 6 y 12 m de altura. Las hojas son efímeras y apenas resisten unos pocos días en el árbol. La fotosíntesis se realiza a través de los nuevos brotes de color gris verdoso. Las flores son pequeñas, amarillas y recuerdan a las del guisante; empiezan a salir entre mediados y finales de verano para luego dar paso a las pequeñas vainas.

Es una pena que sea un árbol poco común en los jardines, ya que es uno de los mejores árboles de flor, rebosante de colorido en un momento en que la mayoría de las plantas leñosas han dejado de florecer a la espera de la llegada de los colores otoñales. Resulta también atractivo si se planta en arriates junto con otros arbustos, a ser posible en la parte posterior. También tiene la ventaja de no proyectar sombra densa; al contrario, sólo tamiza la luz, lo que lo convierte en una especie idónea para pequeños jardines.

También es ideal si se utiliza de muro verde ligero. Crece bien en cualquier suelo que drene bien, aunque sea calizo o poco fértil.

Se multiplica a partir de semilla o esquejes semileñosos durante el verano.

suelo	Suelos bien drenados, ya sean ácidos, neutros o calizos
ubicación	Necesita estar a pleno sol; los lugares sombreados no le convienen
poda	No tolera la poda, sólo la retirada de las ramas dañadas o que estropeen la forma
cuidados	Crece mejor en suelos poco fértiles; fija el nitrógeno del aire y produce su propio abono
plagas y enferme-dades	No suele presentar grandes problemas; las plagas y enfermedades normalmente no le afectan

G

Árboles y arbustos

Gleditsia

Acacia de tres espinas

c: acàcia de tres punxes;
e: azcasi; g: acácia meleira

Este género de la familia de las leguminosas no cuenta con vistosas flores parecidas a las del guisante como *Genista* o *Robinia*, pero sí con la característica vaina o legumbre.

El follaje de la acacia de tres espinas puede variar. Normalmente es bipinnado y cada uno de los foliolos (pueden ser hasta ocho) se subdivide en once pares de foliolos muy pequeños. No obstante, si el ejemplar es menos vigoroso puede ser sólo pinnado con 7 a 18 pares de foliolos indivisos. Y, para confundir un poco más, a veces en una misma hoja pueden convivir ambos tipos de foliolos. El resultado general del follaje es magnífico, de una apariencia neblinosa a no ser que se contemple de muy cerca.

Las espinas de *Gleditsia triacanthos*, llamada así por las tres espinas características, son bastantes impresionantes, por lo que se ha dado prioridad a las especies sin espinas. Los cruces han dado lugar a las dos variedades aquí expuestas. «Sunburst» tiene las hojas de color amarillo dorado en verano, después verde lozano

suelo	Crece mejor en suelos arenosos ácidos o bien alcalinos, pero requiere un buen drenaje
ubicación	Prospera en lugares muy soleados y apenas tolera la sombra
poda	Pode las ramas a finales de verano para reducir el riesgo de que las heridas exuden savia
cuidados	Muy fácil de cultivar y mantener, siempre que disponga de sol abundante. A finales del período de crecimiento proyecta una sombra tenue
plagas y enfermedades	No suele presentar grandes problemas; las plagas y enfermedades normalmente no le afectan

Gleditsia triacanthos «Sunburst»

Ambas variedades crecen hasta convertirse en arbolitos o árboles de porte medio al cabo de 30 años o más. Sirven como especímenes y aportan colores frescos al jardín. El género *Gleditsia* crece en cualquier suelo que drene bien, ya sea calcáreo o arenoso ácido. Necesita estar a pleno sol o, como mucho, recibir sólo sombra ligera; nunca debe ubicarse en lugares sombríos.

Se multiplica por injerto, aunque las especies madre (y los portainjertos) deben crecer de semilla.

antes de volver a un cálido dorado otoñal y, finalmente, caer al suelo. Las hojas de «Rubylace» son rojo vino al abrirse, luego verdean a mediados de verano y, por último, adquieren tonos otoñales.

Las semillas están rodeadas de una dura capa que debe romperse por escarificación o bien mezclando las semillas a partes iguales con agua hirviendo y dejándolas enfriar.

	PRIMAVERA	VERANO	OTOÑO	INVIERNO	altura, 5 años (m)	altura, 10 años (m)	diámetro, 5 años (m)	diámetro, 10 años (m)	color de floración	
Gleditsia triacanthos «Rubylace»		●			3	5	2	4		Hojas rojo bronce hasta mediados de verano
G. triacanthos «Sunburst»		●			3	5	2	4		Hojas amarillo dorado que verdean en verano

● *floración*

Halesia

Estos dos árboles tienen flores acampanadas que brotan a finales de primavera, cuando las hojas empiezan a agrandarse. Luego permanecen en el árbol, colgando bajo el follaje del último verano. Por desgracia, son árboles y arbustos caducifolios poco empleados.

Halesia monticola es una opción interesante si tiene intención de plantar un pequeño árbol ornamental. Es la especie de mayor crecimiento; puede alcanzar alrededor de los 10 m en unos 30 años. Algunas variedades presentan flores con tonos rosáceos. *Halesia caroliniana* es un árbol más pequeño o un arbusto de crecimiento lateral que llega a medir 6 m al cabo de 30 años y el doble de anchura. Es mejor conservarlo en forma arbustiva. Los frutos aportan su atractivo cuando las flores se marchitan, un atractivo que en realidad dura hasta la siguiente floración, ya que suelen colgar de las ramas.

El fruto es duro y leñoso, dotado de cuatro alas en toda su longitud y una protuberancia puntiaguda en el extremo. Al principio es verde y luego se vuelve marrón claro al madurar. Las especies de *Halesia* son arbustos de ribera que prefieren suelos húmedos pero bien drenados. Por desgracia, no toleran los suelos calizos. Crecen bien a pleno sol o sombra moderada.

Las semillas pueden tardar en abrirse, ya que necesitan pasar por un período cálido en otoño y después por un invierno frío que estimule la germinación. Los esquejes obtenidos de los brotes nuevos (con talón) a finales de primavera han de enraizar, aunque la planta resultante deberá protegerse durante el invierno para que sobreviva hasta el año siguiente.

suelo	Húmedos y que drenen bien, ácidos o neutros
ubicación	Crece igual de bien a pleno sol que con sombra moderada
poda	No es imprescindible; si quiere reducir volumen, pode las ramas tras la floración
cuidados	De fácil mantenimiento. El acolchado aumenta el contenido de humus y mantiene la humedad del suelo
plagas y enfermedades	No suele presentar excesivos problemas; las plagas y enfermedades normalmente no le afecta

Árboles y arbustos

Halesia monticola f. vestita

	PRIMAVERA	VERANO	OTOÑO	INVIERNO	altura, 5 años (m)	altura, 10 años (m)	diámetro, 5 años (m)	diámetro, 10 años (m)	color de floración	
Halesia caroliniana	●		🌰🌰🌰🌰		2	4	3	5		Arbusto o arbolito, puede alcanzar los 8 m
H. monticola f. vestita	●		🌰🌰🌰🌰		3	6	2	5		Árbol de hasta 12 m

 floración   cosecha

Hamamelis

Nogal de las brujas

Hamamelis se utiliza para preparar lociones desmaquillantes y cosméticas, que se obtienen por destilación del tronco. En el jardín es un arbusto de floración invernal.

La especie *Hamamelis intermedia* puede llegar a florecer bastante antes de principios o mediados de invierno; la floración se prolonga hasta el inicio de la primavera. Las flores de *H. intermedia* y *H. mollis* aparecen en las ramas desnudas, desprovistas aún de hojas. Los pétalos son largos y muy finos y resisten condiciones climáticas extremas. Las flores son, además, perfumadas, sobre todo las de *E. mollis*. Suelen ser amarillas, pero en la variedad «Jelena» adquieren un tono naranja cobrizo debido a que la base del pétalo es de color rojo y la punta ocre.

El color otoñal del follaje, que recuerda al del avellano, suele ser amarillo vivo. Sin embargo, en la variedad *Hamamelis vernalis* «Sandra» las hojas se vuelven de color naranja, escarlata y rojo. Y las hojas nuevas tienen tonos púrpura ciruela que posteriormente se vuelven verdes con una mancha purpúrea en el envés. Tiene flores amarillas que se suelen abrir en los días soleados y permanecen cerradas en los más desapacibles.

Los arbustos del género *Hamamelis* alcanzan un tamaño considerable de 4 a 6 m de anchura y lo mismo o incluso más de longitud al cabo de unos 20 años. Su hábito de crecimiento es más bien abierto, lo que contribuye al despliegue floral. Les gustan los suelos neutros o ácidos, pero también crecen en suelos profundos sobre roca caliza. Protéjalos con acolchado para potenciar el humus del suelo. Crecen a partir de semilla, que a menudo tarda dos años en germinar, aunque las variedades seleccionadas se injertan en plántulas patrón de *Hamamelis virginiana*. También se pueden propagar por acodo.

Hamamelis intermedia «Pallida»

Hamamelis intermedia «Jelena»

suelo	Neutros o ácidos y ricos en humus o suelos profundos sobre roca caliza
ubicación	Sol o sombra moderada. Crece igual de bien a pleno sol que con sombra moderada
poda	No es imprescindible; si quiere reducir volumen, pode las ramas tras la floración
cuidados	De fácil mantenimiento. El acolchado aumenta el contenido de humus y mantiene la humedad del suelo
plagas y enfermedades	No suele presentar excesivos problemas; las plagas y enfermedades normalmente no le afectan

	PRIMAVERA	VERANO	OTOÑO	INVIERNO	altura 5 años (m)	altura 10 años (m)	diámetro 5 años (m)	diámetro 10 años (m)	color de floración	
Hamamelis intermedia «Arnold Promise»	●			● ●	2	4	2	4		Color otoñal rojizo
H. intermedia «Jelena»	●			● ●	2	4	2	4		Color otoñal naranja, rojo y escarlata
H. intermedia «Pallida»	●			● ●	2	4	2	4		Color amarillo en otoño
H. mollis	●			● ●	2	4	2	4		Flores perfumadas; color otoñal amarillo
H. vernalis «Sandra»	●			● ●	2	4	2	4		Bonito color otoñal naranja, rojo y escarlata

● *floración*

Árboles y arbustos

H

Hibiscus

Hibisco, altea

c: hibisc

Estos arbustos caducifolios se llenan de cientos de flores parecidas a la malva (con los estambres unidos al estilo) a finales de verano o principios de otoño, siempre, naturalmente, que se encuentren en un emplazamiento cálido y soleado del jardín.

Hibiscus syriacus «Hamabo»

En la principal especie, *Hibiscus syriacus* (que es originaria de India y China, no de Siria), las flores crecen de los brotes anuales, por lo que se puede podar drásticamente hasta la cruz en primavera para estimular la floración.

Así que si lo que persigue es lograr la máxima floración, deberá determinar una base a partir de la cual podar cada año. Las flores suelen ser azuladas, blancas o rosas. La típica flor tienen una única hilera de cinco pétalos que forman una especie de trompeta; personalmente me parece más atractiva que las flores dobles o semidobles. Todas las variedades que siguen son de flores sencillas: «Hamabo», una selección de flores blancas con pétalos ligeramente rosados y manchas de color bronce en el cuello; «Meehani», que tiene las flores de color lila-malva y, a pesar de su bajo porte, destaca por el bonito margen amarillo que bordea las hojas; las flores de «Oiseau Blue» son grandes, de color azul malva con la parte central más

Hibiscus syriacus «Pink Giant»

suelo	Cualquiera que drene bien, incluidos los calizos y arenosos ácidos
ubicación	Necesita cuanto más sol mejor. En climas fríos debe ubicarse junto a un muro cálido y soleado
poda	Pode hasta la cruz o la base los brotes del último año a finales de invierno
cuidados	Proteja las raíces mediante acolchado, sobre todo en zonas frías, de este modo conservará también el contenido de humus del suelo
plagas y enfermedades	Si se cultiva en invernadero pueden atacarle varias plagas de insectos; en el jardín no suele presentar problemas

hendida; «Woodbridge» tiene las hojas de color rojo rosado intenso, más oscuras por la parte del cuello y, finalmente, «Pink Giant», de flores rosa claro con la base de color rojo oscuro. Viven en numerosos tipos de suelo, pero todos deben drenar bien. Se multiplican en verano a partir de esquejes semileñosos.

	PRIMAVERA	VERANO	OTOÑO	INVIERNO	altura, 5 años (m)	altura, 10 años (m)	diámetro, 5 años (m)	diámetro, 10 años (m)	color de floración	
Hibiscus syriacus «Hamabo»		● ●	● ●	● ●		1,5	2,5	1,2	2		Mejor variedad blanca
H. syriacus «Meehani»		● ●	● ●	● ●		1	2	1,5	2		Hojas con un margen amarillo
H. syriacus «Oiseau Blue»		● ●	● ●	● ●		1,5	2,5	1,2	2		Variedad azul llamada también «Blue Bird»
H. syriacus «Pink Giant»		● ●	● ●	● ●		1,5	2,5	1,2	2		Grandes flores
H. syriacus «Woodbridge»		● ●	● ●	● ●		1,5	2,5	1,2	2		Excelente variedad de grandes hojas rosas

● floración

Hippophae

Espino amarillo

c: arç groc; e: elorri

Hippophae rhamnoides es un arbusto que ocasionalmente llega a formar arbolitos de copa estrecha. Se trata de una especie dioica; es decir, existen ejemplares macho y ejemplares hembra. Las atractivas bayas, jugosas pero ácidas, son características de las plantas hembra.

Por cada tres a cinco ejemplares hembra de *Hippophae rhamnoides* debe haber uno macho que asegure la correcta polinización de las flores. No obstante, los ejemplares macho tampoco carecen de atractivo, puesto que los capullos florales forman racimos de color bronce metálico en invierno.

Los frutos son de color naranja y miden un poco menos de 1 cm de diámetro. Permanecen en el árbol aunque hayan adquirido el color definitivo (lo que sucede a principios de otoño), a veces incluso hasta la primavera, sobre todo en espacios abiertos, ya que los pájaros no se atreven a acercarse a comer las bayas.

Las hojas son parecidas a las del sauce: de tonos grises verdosos por el haz y color

suelo	Cualquier suelo de jardín: calizo, arcilloso, arenoso o limoso. Ideal para zonas costeras y sobre arena
ubicación	A pleno sol se muestra en todo su esplendor, pero también tolera una moderada exposición a la sombra
poda	No la necesita, pero puede podarse para contener el crecimiento o darle forma
cuidados	Bastante fácil de cultivar y mantener. Arranque los chupones que broten donde no deban
plagas y enferme-dades	No suele presentar excesivos problemas. Las plagas y enfermedades normalmente no le afectan

gris plateado en el envés. Las ramitas tienden a terminar formando una espina.

Este arbusto crece estupendamente de forma natural en los climas costeros del hemisferio norte. En muchas zonas se utiliza como pantalla protectora frente al viento, para estabilizar las dunas y como seto protector, para lo que es especialmente útil, puesto que es una especie vigorosa que llega a alcanzar una anchura de 6 m. A pesar de lo dicho, *Hippophae rhamnoides* también crece en zonas interiores, muy alejadas del mar, de toda Asia y China occidental.

Tolera casi cualquier tipo de suelo, ya sea arenoso, arcilloso o calizo. Prefiere estar a pleno sol, aunque la sombra moderada no parece afectarle negativamente.

Se propaga por semilla, que debe recogerse tan pronto como esté madura. Suele formar chupones con facilidad, que se pueden separar de las raíces y trasplantar en solitario. Los esquejes leñosos en otoño o semileñosos a finales de verano deberían enraizar sin problemas. La ventaja de multiplicar *Hippophae rhamnoides* por esquejes y chupones es que ya se sabe de antemano el sexo que tendrá la planta y es posible asegurar que hay los suficientes ejemplares macho.

Hippophae rhamnoides

Hoheria

El género *Hoheria* se compone de arbolitos de hoja caduca o perenne de vistosas flores de color blanco y es una de las joyas de Nueva Zelanda. Las flores están llenas de delicados estambres en el centro, rodeados de pétalos blanco puro.

Las flores despiden, además, un olor que recuerda a la miel, lo que atrae a las mariposas, que a finales de verano se alimentan de su néctar. Salen de los brotes anuales y son cada vez más abundantes a medida que el árbol llega a la edad adulta. El follaje también varía en función de la edad del árbol; puede ser lobulado en los ejemplares jóvenes y carente de lóbulos en los adultos. Forman excelentes especímenes o grandes arbustos si

suelo	Neutro o alcalino, pero que drene bien. Lo ideal es un suelo rico en humus y moderadamente fértil
ubicación	Más apropiado para climas suaves, en los que prospera bien al sol o con sombra tenue
poda	No la necesita, pero puede podarse para quitar ramas muertas o darle forma
cuidados	Proteja el suelo con acolchado para que el frío no dañe el sistema radicular ni se pierda la materia orgánica
plagas y enfermedades	El hongo *Nectria cinnabarina* puede afectar si el crecimiento es desmesurado o hay brotes inmaduros, pero por lo demás no presenta problemas

Hoheria sexstylosa

se plantan en solitario en el césped, pero también se pueden colocar en los extremos de los parterres de arbustos o mixtos. Crecen mejor en climas suaves y necesitan la protección del bosque en los más fríos.

La especie caducifolia *Hoheria lyallii* es más resistente que la perennifolia *Hoheria sexstylosa*, pero ambas necesitan estar protegidas de los vientos fríos y secos. El género *Hoheria* tolera suelos neutros o alcalinos, entre ellos los calizos, siempre que tengan un buen drenaje. Con todo, las condiciones ideales son suelos profundos moderadamente fértiles con un elevado contenido de materia orgánica. Si crece en lugares con mucha sombra o en suelos muy fértiles, las ramas serán más sensibles al ataque del hongo *Nectria cinnabarina*, ya que necesitan el calor estival para que madure la parte leñosa.

Se multiplican a partir de esquejes semileñosos en verano y también por semillas, que deberían recogerse en cuanto madurasen en otoño.

	PRIMAVERA	VERANO	OTOÑO	INVIERNO	altura, 5 años (m)	altura, 10 años (m)	diámetro, 5 años (m)	diámetro, 10 años (m)	color de floración	
Hoheria «Glory of Amlwch»		● ●			1,8	3	1,5	2		Semiperenne, copa estrecha
H. lyallii		● ●			1,8	3	1,5	2		Caducifolio
H. sexstylosa		● ●			2	3	1,5	2		Perennifolio

 floración

Idesia

Idesia contribuye con sus muchos encantos a mejorar el atractivo del jardín. **En lo que más destaca es en las hojas, de gran tamaño y en forma de corazón. Son como las de *Catalpa*, pero más gruesas y, en consecuencia, más resistentes al azote de los vientos.**

Idesia polycarpa

Las flores son de color amarillo pálido y muy perfumadas. Brotan a principios o mediados de verano formando panículas erectas o péndulas. Siempre que haya un ejemplar macho cerca para polinizarlas, en las plantas hembra se desarrollan a continuación unas bayas de color naranja rojizo. Los frutos maduran en otoño y se mantienen en el árbol hasta después de la caída de las hojas. Con los años, *Idesia polycarpa* llega a ser un árbol de tamaño considerable, pero a pesar de todo empieza a florecer precozmente si se encuentra en un lugar cálido y soleado. Crece tanto en terrenos ácidos como alcalinos y soporta los suelos finos sobre roca caliza, aunque prefiere los fértiles, neutros y bien drenados. Los frutos contienen muchas semillas

suelo	*Idesia*: prospera en cualquier suelo que drene bien, aunque sea calizo y superficial
ubicación	Crece mejor si se planta en lugares soleados y cálidos
poda	No la necesita, pero puede podarse para quitar ramas muertas o darles forma
cuidados	Bastante fácil de cultivar y mantener. Para una buena fructificación es necesario que haya ejemplares macho y hembra
plagas y enfermedades	No suele presentar excesivos problemas. Normalmente no le afecta ninguna plaga ni enfermedad concreta

pequeñas que se pueden sembrar en primavera. También se multiplica por esquejes tiernos o semileñosos en verano.

Ilex

Acebo

c: boix grèvol; *e:* gorostia; *g:* xardo, xardón

Existen numerosas y variadas especies de acebo repartidas por los continentes, tanto caducifolias como de hoja perenne, además de algunos arbustos pequeños (que se incluyen en el volumen *Flores*, también de esta colección).

El acebo es doblemente atractivo: por sus hojas y por sus frutos. Las flores son pequeñas, blanquinosas o verdosas, y su principal utilidad es, simplemente, la de dar paso a los frutos, que sólo se desarrollan en los ejemplares hembra, aunque la variedad *Ilex aquifolium* «J. C. van Tool» es hermafrodita y florece sin intervención externa. Es necesario plantar plantas macho y hembra, pero no errará si planta *Ilex altaclerensis* «Golden King» junto a *Ilex aquifolium* «Golden Queen» o «Silver Queen» (curiosamente, la variedad «King», que significa rey en inglés, es femenina, mientras que la «Queen», reina, es masculina). La baya suele ser de color rojo, aunque en *Ilex aquifolium* «Bacciflava» son muy numerosas y amarillo vivo.

Ilex aquifolium «Golden Queen»

El género *Ilex* es muy apreciado por sus hojas, quizás más que por sus frutos, que sólo duran unos meses (el número de pájaros a los que sirvan de alimento), que además son perennes. En su hábitat natural, el acebo tiene las hojas verde oscuro, brillantes y con los limbos espinosos; entre las especies aquí presentadas sólo tienen hojas de este tipo *Ilex aquifolium* en su forma natural y la variedad «Pyramidalis Aureomarginata». Las hojas de *Ilex altaclerensis* «Camelliifolia» e *Ilex aquifolium* «J. C. van Tool» apenas tienen espinas. A partir de estas últimas

Ilex aquifolium «Pyramidalis Aureomarginata»

suelo	*Ilex*: no es en absoluto delicado. Crece en cualquier suelo de jardín
ubicación	Es una planta muy versátil, ya que crece tanto en lugares soleados como considerablemente umbríos
poda	Es mejor podar antes de que broten los nuevos tallos a finales de primavera, pero puede hacerse en cualquier época del año
cuidados	Muy fácil de mantener. La contaminación atmosférica y la exposición en zonas costeras no afecta al crecimiento
plagas y enferme-dades	Los minadores de las hojas pueden dar algún problema, pero normalmente no le afectan las plagas o enfermedades

se han obtenido numerosas variedades con hojas de color blanco crema, amarillo crema o dorado en mayor o menor grado.

El acebo se usa como espécimen. También es excelente como seto, ya que sólo hay que podarlo una vez al año. Además, tolera muy bien la sombra y está perfectamente aclimatado al sotobosque. Se propaga por esquejes obtenidos a finales de verano y enraizados en un lugar protegido (sin calefacción). Las especies crecen a partir de semilla, aunque tardan en germinar.

	PRIMAVERA	VERANO	OTOÑO	INVIERNO	altura, 5 años (m)	altura, 10 años (m)	diámetro, 5 años (m)	diámetro, 10 años (m)	color de floración	
Idesia polycarpa		● ●	⬭⬭⬭	⬭	2	5	2	4		Hojas largas y acorazonadas
Ilex altaclerensis «Belgica Aurea»	●		⬭⬭⬭	⬭⬭	1,5	3,5	1	2		Hojas verde oscuro con manchas claras/grises; hembra
I. altaclerensis «Camelliifolia»	●		⬭⬭⬭	⬭⬭	1,5	3,5	1	2		Hojas grandes verde oscuro brillante; hembra
I. altaclerensis «Golden King»	●		⬭⬭⬭	⬭⬭	1,5	3,5	1	2		Hojas verdes con borde amarillo intenso; hembra
I. altaclerensis «Lawsoniana»	●		⬭⬭⬭	⬭⬭	1,5	3,5	1	2		Hojas con manchas amarillas en el centro; hembra
I. aquifolium	●		⬭⬭⬭	⬭⬭	1,5	3,5	1	2		Hojas espinosas al pie y menos numerosas en la copa
I. aquifolium «Argentea Marginata»	●		⬭⬭⬭	⬭	1,5	3,5	1	2		Hojas con bordes blancos y brotes nuevos rosa; hembra
I. aquifolium «Bacciflava»	●		⬭⬭⬭	⬭⬭	1,5	3,5	1	2		Hojas típicas; hembra con frutos amarillo intenso
I. aquifolium «Ferox Argentea»	●				1,5	3,5	1	2		Hojas muy espinosas; macho
I. aquifolium «Golden Queen»	●				1,5	3,5	1	2		Hojas verde oscuro bordeadas de amarillo; macho
I. aquifolium «J.C. van Tol»	●		⬭⬭⬭	⬭⬭	1,5	3,5	1	2		Hojuelas verdes y brillantes casi sin espinas
I. aquifolium «Madame Briot»	●		⬭⬭⬭	⬭⬭	1,5	3,5	1	2		Hojas verde oscuro con muchas espinas; hembra
I. aquifolium «Myrtifolia Aureomaculata»	●				1	2	0,8	1,2		Porte denso y compacto; macho
I. a. «Pyramidalis Aureomarginata»	●		⬭⬭⬭	⬭⬭	1,5	3,5	1	2		Hojas verde brillante, hábito cónico; hembra
I. aquifolium «Silver Queen»	●				1,5	3,5	1	2		Hojas nuevas de color rosado; macho

 floración   cosecha

Juglans
Nogal

En jardinería, los nogales se cultivan en parte por sus frutos, que pueden recogerse enteros, siempre que se haga antes de que la corteza se vuelva dura y coriácea, lo que sucede aproximadamente entre mediados y finales de verano. Las nueces saben aún mejor si se dejan madurar en el árbol, pero son una tentación para las ardillas, que las devorarán en cuanto tengan la ocasión aunque se encuentren a media maduración.

La poda debe planificarse bien. Si se cortan ramas de gran tamaño en invierno o primavera (también en otoño, pero en menor medida), la herida exudará grandes cantidades de savia. Y, además de tener un aspecto antiestético, el árbol podría debilitarse seriamente, ya que la savia contiene reservas de azúcares. La poda debe llevarse a cabo siempre en verano, cuando la herida cicatriza de forma natural.

Los nogales crecen en todo tipo de suelos bien drenados, pero con cierta preferencia en los de naturaleza alcalina. *Juglans regia* requiere un drenaje excelente, mientras que *Juglans nigra* prefiere los suelos más húmedos.

Se multiplican a partir de semilla, que germina al llegar la primavera. Las variedades seleccionadas se pueden propagar por injerto, pero hay que evitar que en el portainjertos se abran heridas que impidan a los injertos prosperar.

La cáscara exterior de la nuez es verde, pero deja manchas amarillas persistentes en las manos. Las flores se abren a la par que las hojas nuevas a finales de primavera, y en este momento son sensibles a las heladas tardías. Los nogales también son atractivos por sus hojas largas y pinnadas y la corteza estriada de color gris brillante, en el caso de *Juglans regia*, o marrón oscuro, en la especie *Juglans nigra*. Producen una madera excelente, oscura en el duramen y a la vez finamente granulada.

En jardinería, los nogales sólo pueden plantarse como especímenes. Necesitan mucho espacio y luz, y si no reciben luz por los lados se vuelven larguiruchos. Las raíces producen sustancias químicas tóxicas, con lo que los árboles se aseguran el agua y los nutrientes necesarios.

suelo	Crece bien en cualquier suelo de calidad razonable, sea ácido o alcalino
ubicación	Sólo despliega toda su belleza cuando se encuentra en ubicaciones soleadas y cálidas
poda	Sólo debe llevarse a cabo en verano; de lo contrario, el árbol puede perder mucha savia
cuidados	No se asocia bien con muchas plantas de jardín, pues las raíces producen sustancias tóxicas
plagas y enfermedades	No suele presentar muchos problemas. Normalmente no le afecta ninguna plaga ni enfermedad concreta

	PRIMAVERA	VERANO	OTOÑO	INVIERNO	altura, 5 años (m)	altura, 10 años (m)	diámetro, 5 años (m)	diámetro, 10 años (m)	color de floración	
Juglans nigra	●		🌰		3	6	1	3		Color otoñal amarillo, frutos grandes y duros
J. regia	●		🌰		3	6	1	3		Excelentes nueces; no adopta tonalidades en otoño

● floración   🌰 cosecha

Koelreuteria

Jabonero
de la China

Sus flores forman una especie de gran paraguas de color amarillo que se despliega por encima de las hojas hasta quedar medio abiertos o adoptar forma cónica. Las inflorescencias están formadas por muchas flores amarillas, cada una con cuatro pétalos alargados. Las flores hacen que todo el árbol parezca amarillo.

Los frutos son cápsulas hinchadas que cuando maduran se vuelven finas como el papel y contienen tres semillas de color negro brillante. Las hojas son grandes y tienen entre 9 y 15 pares de foliolos que se tornan amarillos en otoño; en primavera tienen un toque rosáceo o amarillo verdoso pálido.

Koelreuteria paniculata se suele plantar como espécimen o en arriates de gran tamaño. Puede alcanzar los 12-15 m, pero lo normal es que ronde los 5 o 6 m. Crece en cualquier suelo que drene bien. Se propaga mediante esquejes de raíz y semilla.

Laburnum

Lluvia de oro,
codeso

Sus flores de oro también son amarillas; florece a finales de primavera o principios de verano y forma grandes racimos colgantes.

Laburnum watereri «Vossii»

Las flores y los frutos nos descubren que *Laburnum* forma parte de la familia de las leguminosas. A diferencia de muchas de éstas, sin embargo, sus semillas son venenosas si se ingieren (al igual que el resto de la planta). Aun así, hay muy pocos casos de envenenamiento. Las hojas son trifoliadas y de color verde brillante; a veces adoptan tonos amarillos en otoño. Son árboles de porte pequeño (5 a 8 m) que alcanzan una anchura similar.

suelo	*Koelreuteria*: suelos secos y bien drenados, también calizos. *Laburnum*: cualquier suelo de jardín
ubicación	*Koelreuteria*: prefiere el sol. *Laburnum*: sol o sombra ligera
poda	*Koelreuteria*: no tolera bien las podas drásticas; retire únicamente las partes antiestéticas. *Laburnum*: no la requiere
cuidados	*Koelreuteria*: forma horquillas débiles. *Laburnum*: elimine las semillas después de la floración
plagas y enfermedades	Ningún género suele presentar demasiados problemas. Tampoco les afecta ninguna plaga ni enfermedad en particular

Son útiles como especímenes o como arbustos de gran tamaño en parterres o arriates mixtos. También se pueden conducir en una pérgola para que las flores cuelguen y destaquen aún más.

Se multiplica por semillas, que germinan antes si se escarifican (es decir, si se quiebra artificialmente la capa protectora cerosa para que la semilla absorba agua y germine). Los esquejes leñosos obtenidos a finales de invierno suelen enraizar; también se pueden injertar en plántulas patrón.

	PRIMAVERA	VERANO	OTOÑO	INVIERNO	altura, 5 años (m)	altura, 10 años (m)	diámetro, 5 años (m)	diámetro, 10 años (m)	color de floración	
Koelreuteria paniculata		● ●	🌰 🌰		3	5	2	5	⬜	Florecimiento tardío, flores exóticas
Laburnum alpinum «Pendulum»		●			1,2	2	1,2	2	⬜	Ramas resistentes y péndulas; flores perfumadas
L. anagyroides	●	●	🌰		3	5	2	5	⬜	Pequeños racimos de hasta 20 cm
L. watereri «Vossii»	●	●			3	5	2	5	⬜	Abundante floración con racimos de hasta 60 cm

 floración   cosecha

Laurus nobilis

Laurus

Laurel

c: llorer; e: ereinotz;
g: loureiro

Las aromáticas hojas del laurel se emplean como especia para condimentar muchos platos. Es el mismo árbol que se utilizaba en la antigüedad para reconocer triunfos y rendir honores, y el más característico de la familia de los laureles. Éstos llegan a convertirse en árboles de hoja perenne de hasta 10 m de altura o más, sobre todo en lugares soleados, cálidos y fértiles de climas suaves.

En climas más fríos es posible mantener el laurel en forma arbustiva y cortarlo a matarrasa en los inviernos más duros, ya que rebrota con facilidad del tocón. Las flores son de color amarillento y aparecen a finales de primavera. Aportan cierto colorido, pero no son muy atractivas. Tras las flores se desarrollan unas bayas negras.

En jardinería, el laurel es una buena opción por sus hojas perennes y su hábito de crecimiento denso, sobre todo como «pared» posterior en los arriates o también cerca de la cocina. En países más templados se puede emplear también para formar setos y resulta ideal para zonas costeras. Crece bien en maceta y puede someterse a poda ornamental. Prospera a pleno sol y en cualquier suelo que drene bien, sobre todo en terrenos calizos.

Se multiplica por esquejes semileñosos o leñosos a mediados o finales de invierno, protegido pero sin calefacción. Las semillas germinan rápidamente y no es extraño encontrar plántulas de laurel junto a árboles que ya dan fruto.

suelo	Bien drenado, fértil y preferiblemente húmedo, también calizo
ubicación	Prefiere el sol o, como mucho, sombra lo más tenue posible
poda	No hace falta podarlo, pero resiste muy bien los recortes y las podas drásticas
cuidados	Del tocón brotan numerosos vástagos chupones que deberán eliminarse para que el laurel no tenga un aspecto antiestético
plagas y enfermedades	No suele presentar demasiados problemas ni le afecta ninguna plaga ni enfermedad en concreto

Laurus nobilis

	PRIMAVERA	VERANO	OTOÑO	INVIERNO	altura, 5 años (m)	altura, 10 años (m)	diámetro, 5 años (m)	diámetro, 10 años (m)	color de floración	
Laurus nobilis			🌰		2	3,5	1,5	2,5		Hojas perennes y aromáticas usadas para condimentar
L. nobilis «Aurea»	●		🌰		2	3,5	1,5	2,5		Hojas amarillo dorado, sobre todo por el extremo
L. nobilis f. *angustifolia*	●		🌰		2	3,5	1,5	2,5		Hojas parecidas a las del acebo; especie resistente

🌼	floración	🌰	cosecha

L

Árboles y arbustos

Ligustrum

Aligustre

c: troana; e: zuahin madarikatu; g: alfaneiro, filseira

El aligustre se utiliza, en especial, para formar setos, cometido que cumple a la perfección, aunque a veces pase desapercibido (si se podan formando un bloque cuadrado en vez de en forma de «A» son más frágiles).

Las variedades de *Ligustrum ovalifolium* son especialmente útiles para crear setos; el follaje semiperenne invernal aporta densidad al muro verde en invierno. Las flores de estas extendidas variedades son panículas cónicas terminales que aparecen a mediados de verano. Contienen un compuesto, la trimetilamina, que desprende un olor a pescado molesto para algunas personas.

La especie *Ligustrum lucidum* es completamente distinta. Forma árboles de porte pequeño o medio que pueden llegar a alcanzar, aproximadamente, 10 m y de hojas grandes y lustrosas. También es apreciado porque florece a principios de otoño.

En jardinería, *L. ovalifolium* se utiliza como seto y para crear pantallas visuales o para obtener variedades matizadas como «Argenteum», «Aureum» o *Ligustrum* «Vicaryi»; por cierto que las hojas son un excelente alimento para los insectos palo. *L. lucidum* se utiliza de espécimen arbóreo o para formar parte de muros verdes altos o arriates grandes para arbustos. «Excelsum Superbum» es una de las variedades perennofolias más atractivas y recomendables.

Se propagan por esquejes leñosos en parte enterrados en una zanja en invierno (*L. ovalifolium* y *L.* «Vicaryi») o bien a través de esquejes semileñosos en verano. En cualquier caso, también brotan de semilla.

Ligustrum lucidum «Excelsum Superbum»

suelo	Le conviene los suelos bien drenados o pesados, también calizos o arcillosos
ubicación	Tolera cualquier ubicación que reciba de sol directo a sombra moderada
poda	La poda y los recortes deben ser ligeros. Los setos de *L. ovalifolium* tienen que podarse dos o tres veces al año
cuidados	De fácil mantenimiento y cultivo. Las flores, sobre todo las de *L. ovalifolium*, desprenden cierto olor a pescado
plagas y enfermedades	Algunos insectos pueden atacar las hojas sin ocasionar grandes males; el verdadero peligro es el hongo *Armillaria mellea* (puede llegar a matar el seto)

Árboles y arbustos

	PRIMAVERA	VERANO	OTOÑO	INVIERNO	altura, 5 años (m)	altura, 10 años (m)	diámetro, 5 años (m)	diámetro, 10 años (m)	color de floración	
Ligustrum lucidum			● 🌰		1,5	3	1	2		Hojas perennes brillantes
L. lucidum «Excelsum Superbum»			● 🌰		1,5	3	1	2		Hojas verde brillante con el borde amarillo
L. ovalifolium		● ●	🌰		2	3,5	1,5	2		Semiperennifolio
L. ovalifolium «Argenteum»		● ●	🌰		2	3,5	1,5	2		Hojas bordeadas de tonos blanquinosos
L. ovalifolium «Aureum»		● ●	🌰		2	3,5	1,5	2		Hojas amarillo intenso, variedad «dorada»
L. «Vicaryi»		● ●	🌰		2	3,5	1,5	2		Hojas moteadas de amarillo en verano

 floración   cosecha

Liquidambar

Liquidámbar, estoraque

De este pequeño género de árboles se obtiene el estoraque, un bálsamo perfumado extraído de la corteza que se emplea en preparados cosméticos y medicinales. Se cultivan en los jardines por sus hojas, parecidas a las del arce, que adoptan espectaculares tonos otoñales naranjas, escarlatas, rojizos o rojo oscuro y duran dos o más semanas.

Las hojas crecen de forma alternada en las ramas, lo que distingue inmediatamente el liquidámbar de los arces (*Acer*). En realidad, están más

Liquidambar styraciflua «Silver Icing»

alcanza la madurez puede llegar a los 25 m de altura y tener una copa alta y redondeada, pero para que ello suceda tiene que transcurrir prácticamente un siglo.

No crece en suelos superficiales sobre roca caliza, en los que, en el mejor de los casos, contrae clorosis; prefiere los suelos profundos. Tenga mucho cuidado durante los trasplantes, pues las raíces podrían tardar en retomar el crecimiento.

Todas las especies indicadas se propagan a partir de semilla, que germina enseguida en primavera si se ha plantado en otoño (o si han pasado unas semanas en la nevera). Las variedades seleccionadas para jardinería pueden injertarse en plántulas patrón. También se puede intentar multiplicar en verano a partir de esquejes tiernos.

Liquidambar styraciflua «Lane Roberts»

suelo	Húmedo y pesado o limoso con buen drenaje. No apto para suelos superficiales sobre roca caliza
ubicación	Prefiere posiciones soleadas, puesto que es un árbol dominante
poda	No la necesita, pero puede podarse para contener el crecimiento o dar forma
cuidados	Mantenimiento y cultivo bastante fáciles. Puede multiplicarse a partir de las semillas sembradas en otoño
plagas y enfermedades	No suele presentar muchos problemas ni le afecta ninguna plaga ni enfermedad en concreto

emparentados con los plátanos (*Platanus*), con quienes comparten el fruto globular formado por varios frutos independientes con forma de maza medieval. Los troncos están profundamente agrietados como si fueran corcho.

El liquidámbar es un buen espécimen para jardines y grandes zonas verdes, pero necesita bastante espacio. Cuando

	PRIMAVERA	VERANO	OTOÑO	INVIERNO	altura, 5 años (m)	altura, 10 años (m)	diámetro, 5 años (m)	diámetro, 10 años (m)	color de floración	
Liquidambar formosana	●	🌰			2	3,5	1	2		Se suele cultivar la variedad «Monticola»
L. styraciflua «Lane Roberts»	●	🌰			3	5	1	2		Variedad de excelentes colores otoñales
L. styraciflua «Silver Icing»	●	🌰			3	5	1	2		Hojas pentalobuladas; color otoñal variable
L. styraciflua «Variegata»	●	🌰			3	5	1	2		Hojas jaspeadas y moteadas de amarillo

● *floración*   🌰 *cosecha*

Liriodendron
Tulipero de Virginia
c: tuliper de Virginia

Las flores del tulipero de Virginia son como tulipanes erectos. Tienen seis pétalos de color blanco verdoso con manchas naranjas basales y brotan en el extremo de los brotes foliares (formados a partir de las yemas del verano anterior), de las ramitas más externas de la copa.

Los frutos son infrutescencias leñosas formadas por numerosas sámaras y permanecen en el árbol durante buena parte del invierno hasta que posteriormente se abren para dispersar las semillas. Las flores tienen su particular atractivo, pero normalmente sólo aparecen en los ejemplares más altos y quedan fuera del alcance de la vista. Las hojas son más interesantes: están formadas por dos lóbulos laterales, pero tienen el extremo cortado como si una oruga gigante se hubiera comido las puntas una a una. En otoño, el follaje adopta un espectacular color amarillo dorado. Los tuliperos pueden convertirse en especímenes de gran tamaño y alcanzar los 25 m (al cabo de un siglo) si se encuentran en un emplazamiento idóneo. Los ejemplares jóvenes presentan una estrecha copa columnar o cónica; en los adultos las copas son columnares anchas o redondeadas. Sólo se emplean como especímenes aislados, ya que difícilmente tienen cabida en las distintas zonas del jardín.

El sistema radicular es un tanto carnoso, lo que complica el trasplante; deberá asegurarse de que no llegue a secarse y, posteriormente, de que retoma el crecimiento. La forma más fácil de propagación es a partir de semilla, que se siembra en otoño o primavera, aunque sólo aproximadamente un 10 % de ellas son viables. Las variedades más utilizadas en jardinería a menudo se injertan en plántulas patrón. También se puede intentar la propagación por acodo y por acodo aéreo.

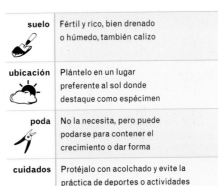

Liriodendron tulipiferum

Liriodendron tulipiferum «Aureomarginatum»

Árboles y arbustos

suelo	Fértil y rico, bien drenado o húmedo, también calizo
ubicación	Plántelo en un lugar preferente al sol donde destaque como espécimen
poda	No la necesita, pero puede podarse para contener el crecimiento o dar forma
cuidados	Protéjalo con acolchado y evite la práctica de deportes o actividades que puedan compactar el suelo alrededor del tronco
plagas y enfermedades	No suele presentar demasiados problemas; no le afecta ninguna plaga ni enfermedad específica

	PRIMAVERA	VERANO	OTOÑO	INVIERNO	altura 5 años (m)	altura 10 años (m)	diámetro, 5 años (m)	diámetro, 10 años (m)	color de floración	
Liriodendron chinense		●	✿✿		3	5	1,5	3		Hojas glaucas por el envés
L. tulipiferum		●	✿✿		4	7	2	3		Precioso color amarillo dorado en otoño
L. tulipiferum «Aureomarginatum»		●	✿✿		4	7	2	3		Hojas bordeadas de amarillo intenso
L. tulipiferum «Fastigiatum»		●	✿✿		4	7	2	3		Ramificación erecta, copa columnar

 floración   cosecha

Luma
Arrayán rojo

Este árbol perennifolio es tan espectacular que sólo por poderlo cultivar valdría la pena mudarse a un país de clima templado con elevada pluviometría. En los ejemplares adultos, la corteza de color naranja o canela se agrieta y deja al descubierto sorprendentes vetas de color blanco.

Luma apiculata

La corteza situada debajo de las grietas tiene una textura aterciopelada. Las hojas son de color verde brillante, pequeñas y apiculadas (provistas de una punta pequeña y corta), y si se rompen con la mano desprenden un olor agradable. Las flores son solitarias y aparecen entre finales de verano y principios de otoño en las axilas de las hojas situadas en los extremos de los brotes anuales. Curiosamente, como el arrayán suele desarrollar en las puntas de

suelo	Le convienen suelos bien drenados, húmedos y ricos en materia orgánica
ubicación	Posiciones soleadas o cobijadas entre el sotobosque
poda	No la necesita, excepto para retirar en primavera las partes muertas por el frío invernal
cuidados	Protéjalo con acolchado para mantener el contenido de humus del suelo y proteja también el sistema radicular antes de la llegada del frío intenso
plagas y enfermedades	No suele presentar demasiados problemas; no le afecta ninguna plaga ni enfermedad específica

Luma apiculata

las ramas una serie de cortas ramificaciones, las flores parecen formar un ramillete. Tienen cuatro pétalos blancos e innumerables estambres. El fruto es una baya globosa y carnosa de color púrpura oscuro cuando está madura.

Por desgracia, este encantador árbol no es resistente al invierno en regiones interiores. Incluso con la protección del sotobosque o la de los muros de la casa es imposible evitar que la devastación provocada por el frío sea fatal antes de que el arrayán crezca lo suficiente para lucir su atractiva corteza. En cambio, en climas más cálidos, llega a convertirse en un árbol o arbusto de copa estrecha de primera categoría. En estos climas puede incluso emplearse para formar setos en el jardín. El arrayán necesita suelos que drenen bien y sean fértiles. Crece a pleno sol o con sombra moderada.

Se multiplica fácilmente a través de esquejes semileñosos obtenidos en verano o bien leñosos (con talón de la planta madre) durante el invierno. Muchos libros aún lo incluyen como género *Myrthus*.

	PRIMAVERA	VERANO	OTOÑO	INVIERNO	altura, 5 años (m)	altura, 10 años (m)	diámetro, 5 años (m)	diámetro, 10 años (m)	color de floración	
Luma apiculata		●	● 🌰		2	4	1	2		Impresionante corteza naranja y aterciopelada
L. apiculata «Glanleam Gold»		●	● 🌰		1,5	2,5	1,5	2,5		Las hojas son ligeramente rosáceas inicialmente

● floración   🌰 cosecha

Luma apiculata

Magnolia

Magnolio

c: magnòlia

Magnolia stellata

Desde el punto de vista de la jardinería, los magnolios cultivados pueden dividirse en dos grupos: los que florecen directamente en las ramas desnudas antes de que aparezcan las hojas y los que presentan las flores al final de los brotes foliares anuales.

Los magnolios requieren suelos bien drenados, pero prosperan tanto en los arenosos ácidos como profundos sobre roca caliza. También crecen a la sombra, pero la floración es poco abundante. Las raíces son carnosas y deben manipularse con cuidado durante el trasplante. Se multiplican por varios métodos. Las semillas, que tienen un arilo naranja carnoso y oleoso, germinan enseguida. La reproducción sexual es más efectiva si las semillas se plantan en un lugar frío y resguardado en otoño.

Las especies de hoja perenne como *Magnolia grandiflora* y *Magnolia delavayi* se propagan mediante esquejes leñosos en otoño, en invernadero sin calefacción; deberían enraizar en los doce meses siguientes. Las variedades caducifolias y la mayoría de especies pueden enraizar a partir de esquejes tiernos o semileñosos obtenidos en cuanto estén maduros. Realice un corte en uno de los lados, aplique hormonas de enraizamiento en polvo, coloque el esqueje sobre el sustrato y manténgalo húmedo cubriéndolo

suelo	Ácido/neutro y bien drenado; la mayoría de magnolios crecen también en suelos profundos sobre caliza
ubicación	Prefiere el sol pero tolera la sombra ligera (por la parte superior) o moderada (por los lados)
poda	No es necesaria. Si necesita podar para dar forma o contener el crecimiento, hágalo tras la floración
cuidados	Protéjalo con acolchado y tenga cuidado cuando pise alrededor del árbol en un diámetro correspondiente al de la copa, ya que las raíces son tiernas y superficiales
plagas y enferme-dades	No suele presentar excesivos problemas; no le afecta ninguna plaga ni enfermedad específica

con una fina capa de politeno transparente. Las raíces deberían aparecer en pocas semanas. También responden bien a la técnica del injerto.

Magnolios de floración precoz

Magnolia campbellii

En estos magnolios las flores aparecen en las ramas aún desprovistas de hojas y se desarrollan sobre grandes yemas florales formadas en el último verano. Destacan mucho, pero son susceptibles a las heladas. Para evitarlo, conviene estudiar atentamente cuál va a ser la ubicación de la planta. Evite las hondonadas donde se suele acumular hielo y las orientaciones más frías.

En las variedades más altas las flores se encuentran muy por encima de la cabeza, de modo que los árboles son mucho más atractivos vistos desde arriba. El porte de los magnolios varía considerablemente, desde los apenas 3 m de altura por 4 m de anchura que alcanza la especie de crecimiento lento *Magnolia stellata* al cabo de 30 años hasta los 30 m de la especie *Magnolia campbellii* y sus variedades (que llegan a esta altura en unos 50 a 80 años).

Magnolia loebneri y *Magnolia kewensis* son especies de tamaño intermedio idóneas para el cultivo en jardines modernos. Estos árboles destacan también por su forma característica y sus interesantes flores, que nada tienen que envidiar a las de los mejores ejemplares de *Magnolia soulangeana*.

Magnolia «Iolanthe»

Árboles y arbustos

Magnolios de floración tardía

Estos magnolios pertenecen, en realidad, a varios grupos dispares, pero comparten una característica: florecen en los brotes foliares nuevos. La especie de este tipo más cultivada es *M. grandiflora* y sus variedades. Sus flores son enormes, blancas y perfumadas, y se abren desde principios de verano hasta que se registran las primeras heladas otoñales. Las hojas son perennes, brillantes y de un color amarillo verdoso, y tienen el envés piloso y color herrumbre. *M. delavayi* tiene las hojas, también perennes, todavía más grandes, aunque mates y de color verde mar por el haz. Las flores también son más perfumadas y, aunque sólo duran un día, se van sucediendo unas a otras desde finales de verano hasta principios de otoño. Ambas especies resultan excelentes para suelos calizos.

Magnolia tripetala es una especie caducifolia cuyas hojas pueden llegar a medir entre 30 y 50 cm de longitud por 18-25 de anchura. Las flores, de color crema, son muy fragantes y se acaban convirtiendo en atractivos frutos. *M. sieboldii* y *M. wilsonii* son dos especies arbustivas de gran tamaño y hoja caduca. Las flores, que recuerdan a tazas, están orientadas hacia fuera en el caso de *M. sieboldii* y cuelgan hacia abajo en la especie *M. wilsonii* y preceden a unos frutos péndulos, rojos y en forma de pepino que se abren y dejan al descubierto dos semillas naranjas en cada carpelo. *M. wilsonii* tolera los suelos ligeramente calcáreos.

Magnolia sieboldii

M

Árboles y arbustos

	PRIMAVERA	VERANO	OTOÑO	INVIERNO	altura, 5 años (m)	altura, 10 años (m)	diámetro, 5 años (m)	diámetro, 10 años (m)	color de floración	
[PRECOCES] Magnolia campbellii	●●		🌰		4	8	2	4	☐	No florece hasta >20 años, pero vale la pena esperar
M. campbellii ssp. mollicomata	●●		🌰		4	8	2	4	■	Florece a los 12-15 años, flores bonitas
M. denudata	●●				2,5	4	2,5	4	☐	Flores en forma de copa
M. «Galaxy»	●●				2,5	5	2	3	■	Flores en forma de copa
M. «Iolanthe»	●●				2,5	5	2,5	4	☐	Grandes flores en forma de taza
M. kewensis «Wada's Memory»	●				3	5	2	3	☐	Flores aromáticas
M. kobus	●		🌰		3	5	2	3	☐	Flores un poco perfumadas; florece a los 12-15 años
M. loebneri «Leonard Messell»	●●				2,5	4	2	3	▨	Capullos florales más profundos
M. loebneri «Merrill»	●●				2,5	4	2	3	☐	Flores perfumadas
M. soulangeana	●●				2,5	4	2,5	4	☐	Flores muy sensibles a las heladas primaverales
M. soulangeana «Lennei»	●●				2,5	4	2,5	4	■	Grandes flores en forma de copa; 2.ª floración en otoño
M. soulangeana «Rustica Rubra»	●●				2,5	4	2,5	4	■	Flores con forma de taza
M. stellata	●●				1,5	2,5	2	3	☐	Especie de crecimiento lento, flores perfumadas
[TARDÍOS] M. delavayi		●●	●		2	3,5	2	3	☐	Grandes hojas verde mar; flores perfumadas
M. grandiflora		●●●	●●		2	3,5	2	3	☐	Hojas perennes grandes y brillantes; flores perfumadas
M. grandiflora «Exmouth»		●●●	●●		2	3,5	2	3	☐	Flores fragantes que brotan en ejemplares jóvenes
M. sieboldii		●●●	● 🌰		2	3,5	2	3	☐	Flores fragantes; frutos ostentosos; caducos
M. tripetala		●●	🌰🌰		3	5	3	3	☐	Grandes hojas caducas
M. wilsonii		●●	🌰		2	3,5	2	3	☐	Flores en forma de platillo; prefiere la sombra ligera

● floración   🌰 cosecha

Mahonia

Las mahonias tienen grandes hojas pinnadas pero, a diferencia de sus parientes cercanos del género *Berberis*, no presentan espinas en los tallos. Por desgracia, las hojas son de textura muy dura y los foliolos ¡están llenos de afilados dientes! Las variedades de mayor crecimiento llegan a formar pequeños y magníficos árboles de flor o grandes arbustos al cabo de unos 15 o 20 años.

Las flores aparecen durante el invierno y destacan entre el follaje perennifolio. Las flores son pequeñas por separado, pero se agrupan en largos racimos. Los frutos son bayas azuladas o negruzcas y maduran en primavera. La corteza presenta profundas estrías y tiene una textura agradable.

Las mahonias crecen bien a pleno sol o sombra moderada. En jardinería son ideales para aportar su estructura a los arriates de arbustos o mixtos y también crecen bien en el sotobosque, que favorece la floración invernal, y como arbustos espécimen. También son útiles para crear impenetrables setos o pantallas visuales.

Crecen a partir de semillas, que se deben sembrar en cuanto maduran. Las variedades seleccionadas se suelen propagar por esquejes. La mejor técnica consiste en seleccionar tallos de una sola yema en invierno. Corte el tallo por encima y por debajo de la yema y conserve la hoja, aunque reduciéndola a tan sólo dos foliolos; coloque el esqueje en un lugar frío y resguardado para que enraíce o pulverícelo para mantener la humedad si el invernadero tiene calefacción. De cada tallo puede obtener varios esquejes. El crecimiento se inicia a partir de la yema situada en la axila de la hoja.

suelo	Crece bien en todo tipo de suelos bien drenados, aunque sean calizos
ubicación	Prefiere el sol, pero tolera la sombra moderada
poda	Pode únicamente para dar forma o contener el crecimiento; rebrota de forma natural
cuidados	De cultivo y mantenimiento sencillos. Elimine en primavera las hojas dañadas por el frío invernal
plagas y enferme-dades	No suele presentar excesivos problemas; no le afecta ninguna plaga ni enfermedad específica

Mahonia japonica «Bealei»

	PRIMAVERA	VERANO	OTOÑO	INVIERNO	altura, 5 años (m)	altura, 10 años (m)	diámetro, 5 años (m)	diámetro, 10 años (m)	color de floración	
Mahonia japonica	●	🌰🌰		●●●●	1,5	2,5	1	2		Perennifolia y de flores perfumadas
M. japonica «Bealei»	●	🌰🌰		●●●●	1,5	2,5	1	2		Flores en racimos más cortos; foliolos solapados
M. media «Buckland»		🌰🌰		●●●	1,5	2,5	1	2		Perennifolia; flores en largos racimos
M. media «Charity»		🌰🌰		●●●	1,5	2,5	1	2		Hojas grandes, de hasta 60 cm de longitud
M. media «Lionel Fortescue»		🌰🌰		●●●	1,5	2,5	1	2		Perennifolia, flores perfumadas, racimos erectos

 floración   cosecha

Malus

Manzano de flor

c: pomera; e: sagarrondoa;
g: maceira

Estos parientes de los manzanos son unos arbolitos de floración muy prolífica. Desde el punto de vista del paisajismo su mejor momento es a finales de primavera, cuando las innumerables flores apenas dejan entrever el follaje que brota. Se cultivan por sus flores, a menudo perfumadas, y por sus atractivos frutos comestibles, aunque hay que decir que los de algunas variedades son incomibles si no se cocinan previamente.

Malus «Katherine»

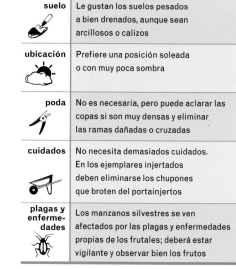

Los frutos normalmente son pequeños y sólo ornamentales, excepto en las variedades *Malus* «John Dawnie» y *Malus robusta* «Red Sentinel», donde alcanzan los 2,5-3 cm y pueden utilizarse para hacer mermelada. Algunas especies se cultivan por los colores otoñales, sobre todo *Malus tschonoskii*, cuyas hojas adoptan una mezcla de tonos dorados y escarlatas, y *Malus transitoria*, en la que se tornan de un color amarillo cálido. Las hojas nuevas también son bonitas; normalmente son de color verde fresco, excepto en la variedad *Malus moerlandsii* «Profusion», donde son de color cobrizo o rojo oscuro.

En el jardín, estos árboles despiertan interés durante buena parte del año. Son excelentes especímenes de porte pequeño, tanto aislados en el césped como en grandes arriates para arbustos. Se pueden podar y convertir en floridos setos. El género *Malus* vive en varios tipos de suelo, siempre que no sean demasiado húmedos o demasiado secos en verano, y resulta idóneo para suelos arcillosos pesados y terrenos calizos. Tolera cierta sombra, pero las flores, los frutos y el color otoñal serán mucho menos vistosos.

Se pueden propagar por semilla. Todas las especies aquí incluidas son apomícticas; es decir, genéticamente idénticas a las plantas madre. Las variedades no crecen directamente de semilla, sino que hay que propagarlas por esqueje (semileñoso en verano o leñoso tras la caída de las hojas) o injertarlas en un patrón.

suelo	Le gustan los suelos pesados a bien drenados, aunque sean arcillosos o calizos
ubicación	Prefiere una posición soleada o con muy poca sombra
poda	No es necesaria, pero puede aclarar las copas si son muy densas y eliminar las ramas dañadas o cruzadas
cuidados	No necesita demasiados cuidados. En los ejemplares injertados deben eliminarse los chupones que broten del portainjertos
plagas y enfermedades	Los manzanos silvestres se ven afectados por las plagas y enfermedades propias de los frutales; deberá estar vigilante y observar bien los frutos

	PRIMAVERA	VERANO	OTOÑO	INVIERNO	altura, 5 años (m)	altura, 10 años (m)	diámetro, 5 años (m)	diámetro, 10 años (m)	color de floración	
Malus «Evereste»	● ●		🌰		3,5	5	3	5	☐	Hábito cónico; fruto naranja o naranja-amarillo
M. floribunda	●		🌰		3,5	5	3	5	☐	Floribundo, frutos amarillos con un costado rojo
M. hupehensis	● ●		🌰		4	6	3	6	☐	Árbol vigoroso con copa redondeada (hasta 8-10 m)
M. «John Downie»		●	🌰		3,5	5	3	5	☐	Frutos cónicos naranja/escarlata (para mermelada)
Malus «Katherine»		●	🌰		3,5	5	3	5	☐	Crecimiento denso en forma globular
M. moerlandsii «Profusion»		●	🌰		3,5	5	3	5	▨	Frutos color rojo intenso; hojas nuevas purpúreas
M. robusta «Red Sentinel»		●	🌰 🌰	🌰	3,5	5	3	5	☐	Frutos duraderos, rojos y brillantes
M. transitoria		●	🌰		3	5	3,5	5	☐	Crecimiento abierto, frutos pequeños y amarillos
M. tschonoskii		●	🌰		4,5	6	2,5	4	☐	Hábito cónico; floración y fructificación escasas

Árboles y arbustos

M

● floración   🌰 cosecha

Malus «Evereste»

Mespilus
Níspero europeo

El níspero es un pequeño árbol originario de Europa central y oriental. Las flores aparecen en unos brotes foliares cortos; son solitarias, blancas y de entre 2,5 y 4 cm de diámetro. Son parecidas a las de un género menos común, *Crataegus*, y también tienen espinas, aunque en los brotes más vigorosos.

Cuando está en flor es bonito, pero no espectacular. El fruto, sin embargo, sí es curioso: tiene forma de manzana con un extremo plano y presenta cinco largos y persistentes apéndices de unos 2,5 cm de longitud. La carne del fruto es dura e incomestible hasta que sobremadura (es decir, hasta que el fruto parece empezar a marchitarse pero la parte carnosa se vuelve blanda y dulce). Es recomendable que los frutos permanezcan

Mespilus germanica «Nottingham»

M

Árboles y arbustos

suelo	Prospera en cualquier tipo de suelo bien drenado, aunque sea arcilloso o calizo
ubicación	Tolera un poco de sombra, pero el sol hace que las flores y los frutos sean mucho mejores
poda	No es necesaria, excepto para reducir el volumen o dar forma
cuidados	No necesita demasiado mantenimiento. Elimine los chupones que broten del portainjertos y tenga cuidado con las espinas
plagas y enfermedades	Un hongo que provoca manchas foliares puede dejar las flores estériles; las hojas pueden verse afectadas también por el mildíu

en el árbol hasta mediados de otoño o incluso más (las heladas contribuyen a la sobremaduración de los frutos). La variedad «Nottingham» produce frutos más sabrosos, tiene menos espinas y hojas, flores y frutos de mayor tamaño.

En jardinería, estos nísperos se emplean por su porte pequeño y achaparrado. Además de para el huerto de frutales, son interesantes especímenes aislados y prosperan en la parte más frondosa del jardín o en el parterre de arbustos. Prefieren estar a pleno sol, pero toleran la sombra moderada.

El género *Mespilus* crece bien en varios tipos de suelo, entre ellos los arcillosos y calizos. Se puede multiplicar por semilla pero normalmente se injerta en un patrón de membrillero o peral.

	PRIMAVERA	VERANO	OTOÑO	INVIERNO	altura, 5 años (m)	altura, 10 años (m)	diámetro, 5 años (m)	diámetro, 10 años (m)	color de floración	
Mespilus germanica	● ●		🌰		3,5	5	3	5	☐	Arbolito achaparrado; fruto comestible tardío
M. germanica «Nottingham»	● ●		🌰		3,5	5	3	5	☐	Grandes flores y frutos (especialmente sabrosos)

 floración   cosecha

Morus

Morera, moral

La especie _Morus alba_ es el alimento preferido de los gusanos de seda, de cuyo capullo se obtiene la seda. Las moreras se podan y sus hojas se cortan a mano para que les sirvan de alimento.

Cuando llegan a la madurez, los gusanos se construyen su propio capullo, donde se convierten en crisálidas y de donde se obtiene la seda. La morera tiene las hojas de color verde brillante; es un árbol de bonito porte pero con un valor limitado para la hortofloricultura. El fruto, de color blanquinoso o rosáceo cuando está maduro, es insípido.

La variedad «Pendula» tiene las ramas lloronas y hace una especie de montículo en forma de cúpula. La especie _Morus nigra_ es mucho más apreciada en jardinería, ya que sus árboles son pequeños y atractivos y enseguida adquieren un tronco de considerable grosor. El fruto también resulta sabroso, aunque un poco agrio; al madurar adquiere tonalidades púrpuras y rojizas a purpúreas

suelo	Prospera en la mayoría de suelos bien drenados, aunque sean calizos
ubicación	Estos árboles dan mucho mejor resultado si se plantan en una ubicación soleada
poda	Evítela en la medida de lo posible, porque las heridas cicatrizan con dificultades
cuidados	Tenga cuidado cuando el árbol esté afianzándose, ya que tiene las raíces quebradizas y necesita manipularse con precaución
plagas y enferme-dades	El hongo _Nectria cinnabarina_ y el mildíu pueden causar problemas ocasionales; por lo demás, son bastante fáciles de cultivar

negruzcas (entonces es jugoso y delicioso), entre mediados o finales de verano y principios de otoño.

Aparte de sus usos alimentarios, las moreras son especímenes de atractivo porte. Se multiplican tanto por acodo como por esquejes leñosos obtenidos de tallos de dos años y con talón de la planta madre. Los esquejes se entierran a finales de otoño en un lugar sombreado; sólo se deja que sobresalgan unos 5 cm del esqueje.

Morus alba «Pendula»

Morus nigra

Árboles y arbustos

	PRIMAVERA	VERANO	OTOÑO	INVIERNO	altura, 5 años (m)	altura, 10 años (m)	diámetro, 5 años (m)	diámetro, 10 años (m)	color de floración	
Morus alba	●				3	5	3	5		Hojas brillantes pero finas; frutos dulces e insípidos
M. alba «Pendula»	●				3	4	3	5		Ramas péndulas; forma de montículo
M. nigra	●				3	5	3	5		Hojas de textura basta/gruesa; fruto dulce

● floración ⊘ cosecha

Nothofagus

Este género, originario del hemisferio sur, está emparentado con el de las hayas. **Nothofagus dombeyi**, sin embargo, es una especie perennifolia, mientras que todas las hayas verdaderas son caducifolias. Es útil como espécimen, ya que llega a formar en poco tiempo grandes ejemplares de hoja perenne de hasta 15 m al cabo de treinta o cuarenta años.

Nothofagus antarctica es una especie caducifolia que a menudo forma impenetrables marañas de ramas. Las hojas, que cuando acaban de brotar tienen un olor balsámico, se vuelven de color amarillo en otoño. Es un árbol de porte pequeño,

es decir, de unos 6 a 10 m, que puede utilizarse como espécimen, y el único del género *Nothofagus* apropiado para jardines pequeños.

Nothofagus obliqua es un árbol de crecimiento rápido que enseguida llega a los 15 m en otros tantos años y alcanza una altura máxima de 25 m al cabo de, aproximadamente, medio siglo. La corteza es lisa y gris en los ejemplares jóvenes, aunque luego va adquiriendo un aspecto progresivamente lanudo, pues se desprende en forma de grandes tiras. Se utiliza por su madera y por su porte majestuoso. También se puede emplear para formar barreras visuales o de abrigo, al igual que la especie *Nothofagus dombeyi*.

Los ejemplares jóvenes del género *Nothofagus* necesitan estar a pleno sol o recibir sombra muy ligera. Crecen en suelos ácidos o neutros, pero no toleran los ácidos de turba o los alcalinos situados sobre roca caliza. Se multiplican por esquejes semileñosos en verano o a partir de semilla.

Nothofagus obliqua

suelo	Bien drenado, ácido o neutro, también limoso; *N. antarctica* tolera suelos muy húmedos o incluso pantanosos
ubicación	Estos árboles dan mucho mejor resultado si se plantan en una ubicación soleada
poda	No la necesitan, pero pueden podarse para darles la forma deseada o limitar el crecimiento
cuidados	Protéjalos de los vientos fríos. *N. dombeyi* debe trasplantarse con cuidado, ya que las hojas se marchitan si se somete a estrés hídrico
plagas y enfermedades	Normalmente no presentan problemas de plagas y enfermedades, aunque las ardillas pueden llegar a dañar la corteza

	PRIMAVERA	VERANO	OTOÑO	INVIERNO	altura, 5 años (m)	altura, 10 años (m)	diámetro, 5 años (m)	diámetro, 10 años (m)	color de floración	
Nothofagus antarctica	●				2,5	5	2	4		Hojas perfumadas, verde brillante
N. dombeyi	●				4	7	2	4		Perennifolio; crecimiento rápido y copa densa
N. obliqua	●				5	8	2	5		Árbol caducifolio de crecimiento rápido

● floración

Nyssa
Tupelo

Para bien o para mal, los tupelos se cultivan únicamente por un período concreto del año que apenas dura dos o tres semanas: otoño, cuando las hojas adoptan tonalidades de color rojo vivo, dorado y escarlata para deleite de quien las contempla. *Nyssa sylvatica* **tiene las hojas verde brillantes y alcanza un porte medio (unos 15 m al cabo de, aproximadamente, cuarenta años).**

Nyssa sylvatica presenta un atractivo hábito de crecimiento y resulta encantador junto a la orilla de un estanque, desde donde pueda verse reflejado en el agua. Se adapta bien a condiciones bastante húmedas, pero prefiere suelos que drenen bien y retengan la humedad. El ejemplar que aparece en la fotografía es enorme y sublime, quizá más adecuado para jardines palaciegos.

Nyssa sinensis despliega colores más atractivos en otoño y tiene las hojas más grandes, pero no son brillantes como las de *N. sylvatica*. Al crecer presenta forma redondeada y varios tallos principales, al contrario que *N. sylvatica*, que es monocaule. Además de su mayor atractivo otoñal, la ventaja de *N. sinensis* desde el punto de vista de la jardinería es la versatilidad que le confiere su reducido tamaño, que lo hace apto para los jardines modernos. Crece hasta los 8 o 10 m a lo largo de 40 años. Las flores son verdosas y carecen de interés; a partir de ellas se desarrollan una bayas de color azulado negruzco cuyo principal interés es que permiten obtener nuevos ejemplares.

El género *Nyssa* prefiere estar a pleno sol o, como máximo, recibir sombra ligera o tenue. Son principalmente árboles espécimen. No les gustan los suelos alcalinos; se adaptan bien a los suelos arenosos ácidos y neutros, pero no a los calizos.

Se multiplican a partir de semilla y, en verano, por esquejes tiernos o semileñosos.

Nyssa sylvatica

suelo	Crecen mejor si es ácido o neutro; evite los suelos calizos
ubicación	Crecen bien a pleno sol o sombra ligera. Magníficos junto al agua
poda	No la necesitan, pero pueden podarse para darles la forma deseada o limitar el crecimiento
cuidados	A veces tardan en enraizar, por lo que es recomendable comprar ejemplares crecidos en maceta de entre 30 y 50 cm de altura
plagas y enferme- dades	No suelen presentar demasiados problemas; no les afecta ninguna plaga ni enfermedad en concreto

	PRIMAVERA	VERANO	OTOÑO	INVIERNO	altura, 5 años (m)	altura, 10 años (m)	diámetro, 5 años (m)	diámetro, 10 años (m)	color de floración	
Nyssa sinensis	●		🥜		2	4	1,5	2		Excelente color otoñal; porte arbustivo
N. sylvatica	●		🥜		2,5	5	2	2		Bonito color otoñal; árbol de porte medio

● floración   🥜 cosecha

Olea
Olivo

Los olivos quizá son los árboles que mejor caracterizan los paisajes mediterráneos; además, de sus frutos se obtiene el aceite de oliva. Pero no es una especie realmente resistente a las heladas, por lo que no suele cultivarse en climas más fríos.

En los climas más fríos los olivos suelen plantarse en maceta, pero también pueden trasplantarse al exterior, si el clima es más benigno o si cuentan con la protección de un muro. Los olivos son perennifolios, con las hojas de color verde grisáceo en el haz y glaucas por el envés.

Olea europaea

Las flores salen en racimos axilares a finales de verano. Son pequeñas, blancas y perfumadas. Las aceitunas cambian del color verde al negro a medida que maduran en invierno.

suelo	Los dos toleran suelos de cualquier tipo, siempre y cuando drenen bien
ubicación	Ambos prefieren las ubicaciones más soleadas del jardín
poda	*Olea*: para reducir tamaño. *Ostrya*: no la requiere, salvo para contener el crecimiento o el volumen
cuidados	El género *Olea* no necesita cuidados especiales. En la naturaleza ambos toleran los lugares calurosos y secos
plagas y enfermedades	*Olea*: puede verse afectado por las cochinillas y *Verticillium*. *Ostrya*: no presenta problemas específicos

Ostrya
Carpe negro

Está emparentado con el género *Carpinus* (carpe), si bien los amentos masculinos están al descubierto cuando aún son capullos y las semillas se encuentran encerradas en involucros de aspecto parecido al papel. Son de porte entre cónico ancho por la base o columnar, con un único tallo principal y ramas rectas.

Ostrya virginiana

La particular forma de este árbol lo convierte en auténtico escaparate para los amentos de color amarillo. El género *Ostrya* da lugar a atractivos especímenes ideales para grandes jardines o zonas verdes. El follaje también merece la pena en otoño, cuando adopta atractivos tonos amarillos.

Necesita estar a pleno sol y no es exigente con el suelo, que puede ser arenoso ácido o alcalino y calizo, aunque, eso sí, debe drenar bien. Se puede propagar por semilla, que se siembra en otoño, en cuanto madura. También se puede injertar, ya sea en patrones de su misma especie o de *Carpinus betulus*.

O

Árboles y arbustos

	PRIMAVERA	VERANO	OTOÑO	INVIERNO	altura, 5 años (m)	altura, 10 años (m)	diámetro, 5 años (m)	diámetro, 10 años (m)	color de floración	
Olea europaea		☀		🌰🌰🌰🌰	1,5	3	1,2	2,5		Árbol perennifolio; requiere un lugar abrigado
Ostrya carpinifolia	☀		🌰🌰🌰		4	6	2	4		Árbol de atractivas hojas y excelente color otoñal
Ostrya virginiana	☀	🌰🌰🌰			3	5	2	4		Bonito color otoñal, aunque a veces demasiado precoz

☀ floración   🌰 cosecha

Oxydendrum

Oxydendrum arboreum es un árbol de hoja caduca emparentado con el género _Pieris_, de flores blancas, perfumadas y acampanadas. Florece pronto, a finales de verano o principios de otoño; las panículas, que crecen de los extremos de los brotes anuales, pueden alcanzar una longitud de 15 a 25 cm.

Oxydendrum arboreum

El fruto es una pequeña cápsula que destaca por la gran cantidad de semillas, pero no por su atractivo. Las hojas adoptan tonalidades rojizas y escarlatas en otoño, a menudo cuando las flores todavía conservan cierto color. Las hojas tienen un sabor ácido y agradable que recuerda a la acedera.

Crece a pleno sol o con sombra moderada. No tolera bien los terrenos calizos y requiere suelos ácidos que drenen bien. Algunos ejemplares pueden llegar a los 15 m de altura al cabo de unos 50 a 80 años, pero sólo en condiciones idóneas, amparados por el sotobosque.

Por desgracia, en los centros de jardinería normalmente se venden como plántulas de vivero, y su crecimiento es relativamente lento. Así que no espere llegar a ver un árbol de más de 5-8 m de altura y, mientras crece, disfrute de su contribución colorista al jardín durante el otoño. El mejor emplazamiento es bajo la protección del bosque o en un arriate de arbustos, donde destacará entre los rododendros y las azaleas por su porte más elevado y aportará un toque de color cuando estas variedades hayan dejado de florecer.

Se propagan a partir de semilla, que se siembra directamente sobre la superficie de un sustrato ácido y húmedo. También se multiplica mediante esquejes tiernos en verano.

Parrotia
Árbol del hierro

Florece sobre las ramas aún desnudas, a finales de invierno o principios de primavera. Las flores son apétalas, pero vistosas por sus numerosos estambres de color rojo intenso. También en esta época la corteza muestra su atractivo al desprenderse y dejar a la vista tonos beige rosados y amarillos que se oscurecen y se vuelven gris verdoso o gris amarronado.

Parrotia persica

suelo	_Oxydendrum_: suelos ácidos con buen drenaje. _Parrotia_: que drenen y retengan la humedad bien
ubicación	_Oxydendrum_: al sol producen flores más bonitas y los tonos otoñales son más bellos. _Parrotia_: sol o sombra ligera
poda	Ninguno de los dos géneros necesita someterse a poda
cuidados	_Oxydendrum_: proteja con acolchado el contenido de humus y la acidez del suelo. _Parrotia_: pode las ramas que afean el tronco principal
plagas y enfermedades	Ni _Oxydendrum_ ni _Parrotia_ presentan problemas específicos de plagas y enfermedades

El follaje de este árbol es espeso, verde y brillante, y desvela sus encantos en otoño, cuando adopta tonalidades rojas, naranjas y carmesíes antes de caer, ya de color rojo intenso. El árbol del hierro es útil como espécimen y puede plantarse también en arriates de arbustos o formar muros verdes. Crece bien al sol o con poca sombra y en suelos bien drenados. Se puede multiplicar por semilla (que quizá no germine hasta la segunda primavera) o por esquejes tiernos en verano.

	PRIMAVERA	VERANO	OTOÑO	INVIERNO	altura, 5 años (m)	altura, 10 años (m)	diámetro, 5 años (m)	diámetro, 10 años (m)	color de floración	
Oxydendrum arboreum		● ● ●			1,5	3	1	2		Hojas brillantes; rojas o escarlatas a inicios de otoño
Parrotia persica	●			● ● ●	1,8	3,5	2	4		Árbol de porte ancho y crecimiento lento

 floración

Paulownia

Paulonia

Este árbol tiene flores de color lila delicadamente perfumadas que se abren a finales de primavera, aunque los capullos florales se forman a finales de verano en los extremos de los gruesos tallos. Las flores en sí son de forma tubular, como un dedal o las flores de la dedalera.

Las flores son sensibles a las heladas primaverales tardías. Las hojas son grandes, llegan a medir 60 cm de extremo a extremo en ejemplares jóvenes o sometidos a poda drástica, aunque lo normal es que oscilen entre los 15 y los 35 cm por unos 10-25 cm de anchura. Tienen forma aovada, son pegajosas debido a unos pelillos glandulares situados en el envés y muy finas; los fuertes vientos causan estragos en ellas. Permanecen verdes hasta que la primera helada las seca y caen del árbol. Su sombra es bastante ligera o moderada, y las hojas tardan en rebrotar, lo que hace que resulte una especie sobre todo útil en jardinería, ya que se puede utilizar como árbol dominante sobre arbustos que florecen en primavera. (*Véase* fotografía de pág. 14).

En el jardín son excelentes especímenes; lo ideal es ubicarlos donde se pueda apreciar el aroma de las flores o frente a alguna ventana que permita contemplar las inflorescencias desde arriba. Otra alternativa es plantarlos como plantas de follaje ornamental. Para ello, corte hasta la cruz el ramaje de una planta bien afianzada y que crezca en un suelo bien estercolado y pode los nuevos brotes de modo que sólo quede una rama principal. De este modo

suelo	Crece bien en suelos que drenen bien, aunque sean arcillosos o calizos
ubicación	En posiciones soleadas y cálidas muestra todos sus encantos
poda	No la necesita, aunque las ramas rotas o dañadas por el invierno deberán retirarse
cuidados	El tronco de los brotes jóvenes tiende a ser esponjoso y puede morir a causa del frío invernal
plagas y enfermedades	No suele presentar demasiados problemas; no le afecta ninguna plaga ni enfermedad en especial

conseguirá que en otoño alcance los 2,5 m y tenga hojas de hasta 60 cm de longitud. Crece por igual en cualquier suelo que drene bien, incluido el calizo.

Se multiplican a partir de semillas, que se siembran superficialmente sobre el sustrato de una maceta; también se propagan a partir de esquejes tiernos en verano o esquejes de raíz.

Paulownia tomentosa (rebrotando)

Paulownia tomentosa (inflorescencia)

P

Árboles y arbustos

97

Phellodendron

Árbol de Amur

El principal interés de este árbol son sus hojas pinnadas y la corteza, muy corchosa en los ejemplares adultos. Las hojas son aromáticas y de color amarillo claro a principios de otoño.

Las flores son de color amarillo verdoso y aparecen a principios de verano en grandes panículas terminales. En los árboles hembra les siguen unos frutos negros del tamaño de un guisante que a veces resisten hasta bien entrado el invierno, si no es especialmente duro; tienen un intenso olor cítrico. Los ejemplares más viejos adoptan un patrón de crecimiento muy abierto y son pintorescos especímenes para grandes zonas ajardinadas.

El árbol de Amur crece bien en cualquier suelo bien drenado, sobre todo si es calizo.

Se propagan a partir de semilla, esquejes tiernos o semileñosos en verano o esquejes de raíz en invierno.

Phellodendron amurense

suelo	Ambos géneros gustan de suelos bien drenados, sobre todo calizos. *Phillyrea*: suelos calizos superficiales
ubicación	*Phellodendron*: sol o sombra ligera. *Phillyrea*: preferentemente al sol
poda	*Phellodendron*: no la requiere, salvo para eliminar partes dañadas. *Phillyrea*: se puede someter a poda drástica en caso necesario
cuidados	*Phellodendron*: para que fructifique se necesitan ejemplares macho y hembra. *Phillyrea*: elimine los brotes dañados
plagas y enfermedades	Ni *Phellodendron* ni *Phillyrea* presentan problemas concretos de plagas o enfermedades

Phillyrea

Labiérnago

Se trata de un arbusto perennifolio con copa redondeada o en forma de cúpula, hojas verdes oscuras y estrechas y copa frondosa.

Las flores son fragantes y de color blanquinoso; se desarrollan a finales de primavera o principios de verano sobre los capullos de las ramas crecidas el año anterior. El fruto madura a finales de verano y es de color negro azulado; de todas maneras, el labiérnago sólo fructifica de forma fiable en regiones de climas suaves.

El género *Phillyrea* forma atractivos arbustos de hoja perenne idóneos para el jardín, donde destacará y prosperará. También puede podarse y recortarse para crear setos. Necesita mucha luz solar y crece bien en suelos bien drenados, en especial calcáreos y superficiales. Se propaga en verano mediante esquejes semileñosos.

Phillyrea decora

Árboles y arbustos

	PRIMAVERA	VERANO	OTOÑO	INVIERNO	altura, 5 años (m)	altura, 10 años (m)	diámetro, 5 años (m)	diámetro, 10 años (m)	color de floración	
Phellodendron amurense		☀	🌰🌰🌰	🌰	4	6	2	4	▨	Hojas pinnadas de aroma cítrico
Phillyrea decora	☀	☀	🌰		1,5	3	1,2	2,5	▢	Interesante perennifolio de flores fragantes

☀ floración   🌰 cosecha

Photinia

Fotinia

c: fotínia

Este género destaca por los grandes corimbos de flores blancas parecidas a las del espino albar y por las pequeñas bayas, que son como manzanas en miniatura. La mayor parte de las especies son de hoja perenne, si bien muestran algunos de los colores foliares más atractivos. Las hojas de *Photinia davidiana* (o *Stranvaesia davidiana*) son de color verde mate y la mayoría de ellas resisten el invierno.

Unas pocas hojas de *Photinia davidiana*, sin embargo, sí llegan a caer en otoño y adoptan colores rojos o anaranjados. También caen algunas hojas más durante el invierno y muchas más, la mayor parte de ellas, en primavera. Así que, aunque no sea una especie que destaque por los colores otoñales,

aporta al jardín su propio colorido durante casi todo el año. La variedad «Palette» tiene manchas en las hojas de un color blanquinoso que tira a rosado cuando acaban de brotar. *Photinia fraseri* «Red Robin» presenta tonalidades rojo vivo que contrastan con el verde brillante del follaje del año anterior. El color de las hojas recién brotadas es tan bonito como el del género *Pieris*, pero con la ventaja de que *Photinia* tolera los suelos calizos y otros de tipo alcalino, además de los neutros y

ácidos. *Photinia serrulatifolia* (*Photinia serrulata*) llega a formar grandes árboles con los años y es una especie perennifolia muy apreciada. De joven resulta un tanto sensible al frío. Las nuevas hojas son a menudo de color bronce o rojo durante cierto tiempo, durante el cual contrastan notablemente con las más antiguas, que son brillantes. La corteza es de color gris amarronado y al desprenderse deja a la vista tonos rojizos y marrones. *Photinia davidiana* y *Photinia fraseri* «Red Robin» son una buena opción para los arriates de arbustos y para formar setos. *Photinia serrulatifolia*, en cambio, debe emplazarse como espécimen aislado.

El género *Photinia* prefiere estar expuesto a pleno sol o sombra ligera y crece en numerosos tipos de suelos, incluidos los calizos, siempre que no tengan problemas de drenaje. Se propaga a partir de semilla o de esquejes semileñosos en verano.

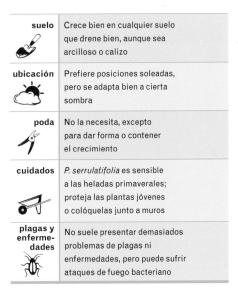

suelo	Crece bien en cualquier suelo que drene bien, aunque sea arcilloso o calizo
ubicación	Prefiere posiciones soleadas, pero se adapta bien a cierta sombra
poda	No la necesita, excepto para dar forma o contener el crecimiento
cuidados	*P. serrulatifolia* es sensible a las heladas primaverales; proteja las plantas jóvenes o colóquelas junto a muros
plagas y enfermedades	No suele presentar demasiados problemas de plagas ni enfermedades, pero puede sufrir ataques de fuego bacteriano

	PRIMAVERA	VERANO	OTOÑO	INVIERNO	altura, 5 años (m)	altura, 10 años (m)	diámetro, 5 años (m)	diámetro, 10 años (m)	color de floración	
Photinia davidiana	●	●	cosecha		2	4	2	4		Perennifolia con cierto color otoñal
P. davidiana «Palette»	●	●	cosecha		2	4	2	4		Hojas manchadas y jaspeadas de tonos blanquinosos
P. fraseri «Red Robin»	●		cosecha		2	4	2	4		Hojas nuevas color bronce-rojo, perennifolia
P. serrulatifolia	● ●	●	cosecha		2,5	5	2,5	4		Árbol perennifolio que alcanza los 15 m en 50-80 años

 floración   cosecha

Pittosporum
Pitosporo

Este género llega a todos los rincones del planeta. Las especies que lo forman son árboles y arbustos de hoja perenne. En los climas más fríos pueden verse afectados por los inviernos crudos, en cambio resultan excelentes para las zonas costeras. *Pittosporum tenuifolium*, originaria de Nueva Zelanda, es la especie más cultivada, aunque también es habitual la especie de procedencia china *Pittosporum tobira*.

También se encuentran en el mercado ocasionalmente otras especies menos resistentes, pero lo más probable es que no superen el primer invierno, a no ser que el clima sea más benigno. Las principales bazas de este género son sus perfumadas flores y el follaje. Las flores son de color chocolate-púrpura en la especie *Pittosporum tenuifolium*, pero blanquinosas en *Pittosporum tobira*. *Pittosporum tenuifolium* ha dado lugar a numerosas variedades de atractivas hojas de colores que van del bronce purpúreo de «Purpureum» al follaje variegado blanquinoso de «Irene Paterson» o dorado de «Warnham Gold». También hay especies de crecimiento lento, entre las cuales quizá «Tom Thumb» sea la más pequeña.

En jardinería, las variedades más pequeñas resultan útiles para los arriates de arbustos, donde se pueden colocar delante de las más grandes. Pueden ubicarse junto a los muros de la casa, sobre todo en los climas más fríos, y también forman buenos setos. Se multiplican por semilla, que se siembra en primavera y, las variedades de color, por esquejes semileñosos en verano o mediante acodo.

Pittosporum tenuifolium «Tom Thumb»

Pittosporum tenuifolium «Abbotsbury Gold»

suelo	Prefiere los suelos fértiles que drenen bien, tanto ácidos como alcalinos
ubicación	Crece bien a pleno sol, pero tolera una exposición moderada a la sombra
poda	No la necesita, excepto para dar forma o contener el crecimiento
cuidados	En los jardines de climas fríos es preferible colocar los pitosporos junto a los muros o alguna pared de la casa
plagas y enfermedades	A veces sufre mildíu o costra negra, pero no suele ocasionar graves problemas

	PRIMAVERA	VERANO	OTOÑO	INVIERNO	altura, 5 años (m)	altura, 10 años (m)	diámetro, 5 años (m)	diámetro, 10 años (m)	color de floración	
Pittosporum «Garnetii»	● ●	●			1,5	3	1	2		Crecimiento erecto de joven, después arqueado
P. tenuifolium	● ●	●			1,5	3	1	2		Crecimiento columnar de joven, después porte ancho
P. tenuifolium «Abbotsbury Gold»	● ●	●			1,5	3	1	1,5		Hojas nuevas amarillas con borde verde irregular
P. tenuifolium «Irene Paterson»	● ●	●			1	2	1	2		Crecimiento lento, hojas blanquinosas en primavera
P. tenuifolium «Silver Queen»	● ●	●			1	2	1	2		Hojas gris verdoso con bordes blancos irregulares
P. tenuifolium «Tom Thumb»	● ●	●			0,5	1	0,3	0,6		Follaje bronce purpúreo
P. tenuifolium «Warnham Gold»	● ●	●			1	2	1	2		Hojas nuevas color amarillo verdoso
P. tobira	● ●	●			1	2	1	2		Hojas correosas; flores en grandes racimos
P. tobira «Variegatum»	● ●	●			1	2	1	2		Hojas gris verdoso con borde blanquinoso

❀ *floración*

Platanus
Plátano

Los plátanos son grandes árboles que se encuentran en las zonas verdes de muchas ciudades. Como ejemplares aislados pueden llegar a medir 25 m o más al cabo de un siglo y tener inmensos troncos al cabo de varios siglos de crecimiento.

Platanus hispanica

Sólo son apropiados como especímenes para grandes jardines. Con todo, se les puede dar otro uso: puesto que las ramas son flexibles, se pueden «trenzar» hasta formar una estructura a la que se recorte cada año el crecimiento anual. De esta forma rebrota con mucha fuerza y forma una densa pantalla de hojas que proyecta una agradable sombra desde principios de verano. Los plátanos deben ubicarse a pleno sol.

Se multiplican por semilla o por esquejes leñosos obtenidos a principios de primavera.

suelo	Ambos requieren buen drenaje. *Platanus*: gravilla, arena, arcilla. *Poncirus*: suelos ácidos o alcalinos
ubicación	*Platanus*: prospera a pleno sol. *Poncirus*: lugares soleados o con sombra tenue
poda	*Platanus*: se desmocha completamente en invierno. *Poncirus*: recorte las ramas tras la floración o fructificación
cuidados	*Platanus*: las hojas vellosas provocan dermatitis a algunas personas. *Poncirus*: ¡cuidado con las espinas!
plagas y enfermedades	*Platanus*: la antracnosis puede provocar la muerte del follaje nuevo en primaveras húmedas, aunque el crecimiento posterior no se ve afectado

Poncirus
Naranjo trifoliado

El principal encanto de este arbusto son sus grandes flores primaverales, blancas y muy perfumadas. Los frutos son bayas globosas como pequeñas naranjas que maduran en otoño.

Poncirus trifoliata

Los frutos resultan terriblemente amargos. Las hojas son trifoliadas y nacen de brotes verdes dotados de espinas de gran tamaño. En el jardín destaca por el aroma de sus flores y por los brotes, que permanecen verdes durante todo el año. Al tener muchas espinas, se puede emplear también para formar barreras. Puesto que es un naranjo resistente a las heladas, se utiliza como portainjertos para naranjos y limoneros (*Citrus* sp). Crece en numerosos tipos de suelo y necesita estar a pleno sol. Se multiplica por semilla, que se siembra en primavera, o mediante esquejes semileñosos obtenidos a finales de verano y protegidos con calefacción inferior.

	PRIMAVERA	VERANO	OTOÑO	INVIERNO	altura, 5 años (m)	altura, 10 años (m)	diámetro, 5 años (m)	diámetro, 10 años (m)	color de floración	
Platanus hispanica	●		◷		4	7	3	5		Grandes hojas palmeadas; la corteza se desprende
P. orientalis	●		◷		3	6	2	4		Las hojas están más profundamente lobuladas
Poncirus trifoliata	● ●		◷		1,5	2,5	1	2		Magnífico rojo otoñal, frutos escarlata

 floración   cosecha

Populus
Álamo o chopo

Los álamos, llamados chopos en algunos casos, forman un género de grandes árboles. Son de crecimiento vigoroso y toleran varios tipos de suelos, aunque en los calizos superficiales su crecimiento es menos satisfactorio. En jardinería se emplean por sus bonitas y variadas hojas, ya sean las de los chopos temblones (*Populus tremula*), que susurran con el viento a causa del peciolo aplanado, las hojas de envés plateado de las distintas variedades del álamo blanco (*Populus alba*) o las grandes hojas acorazonadas de la especie oriental *Populus lasiocarpa*.

Los álamos gustan de suelos muy húmedos, pero en realidad no se adaptan bien a los suelos de tipo pantanoso. Dado su rápido crecimiento y sus enormes necesidades hídricas, pueden provocar problemas en terrenos que se hinchen y encojan si la construcción no está bien cimentada. El problema se debe a que ciertos suelos, sobre todo los arcillosos, se encogen y expanden en función de la humedad que contienen. Si la casa se ha construido sobre cimientos inapropiados, el suelo puede llegar a hundirse al encogerse o, por el contrario, su hinchamiento al expandirse puede provocar el desmoronamiento de la estructura.

No se trata de un problema exclusivo de los álamos; existen otros árboles que también provocan hundimientos, aunque los chopos son los que se llevan la fama. Si el suelo de su jardín es arcilloso y se contrae y encoge, una solución sería plantar árboles grandes como los álamos alejados, a una distancia equivalente a su altura, de las construcciones. De todas maneras, si el suelo no es arcilloso sino arenoso o limoso difícilmente se colapsará.

El chopo blanco y el temblón se propagan por esquejes de raíz en invierno. La especie *Populus lasiocarpa* crece mejor directamente de semilla, que madura a principios de verano y debe sembrarse enseguida en una superficie húmeda. Los demás chopos o álamos suelen enraizar rápidamente a partir de esquejes leñosos de unos 25 cm obtenidos a finales de invierno y clavados en el suelo hasta que sólo quede al descubierto la yema superior.

Populus lasiocarpa

suelo	Crece bien en cualquier suelo, excepto en los muy húmedos o pantanosos
ubicación	Tiene especial preferencia por los emplazamientos cálidos a pleno sol
poda	Aunque no es necesario someterlo a podas, responde muy bien a ellas
cuidados	De fácil cultivo y mantenimiento. Las hojas son quebradizas y pueden sucumbir a los fuertes vientos
plagas y enferme-dades	Los chancros pueden afectar a la variedad *P. jackii* «Aurora»; el género sufre también el ataque de varios hongos e insectos, sin mayores consecuencias

P

Árboles y arbustos

	PRIMAVERA	VERANO	OTOÑO	INVIERNO	altura, 5 años (m)	altura, 10 años (m)	diámetro, 5 años (m)	diámetro, 10 años (m)	color de floración	
Populus alba	●				4	7	2	4		Hojas plateadas de envés piloso; alcanza más de 20 m
P. alba «Raket»	●				4	7	1	2		Copa columnar estrecha o cónica
P. alba «Richardii»	●				4	7	2	4		Hojas amarillo dorado por el haz, plateadas por el envés
P. «Balsam Spire»	●				6	11	2,5	5		Híbrido de crecimiento rápido, hojas de aroma balsámico
P. jackii «Aurora»	●				4	6	2	4		Muy sensible al chancro
P. lasiocarpa	●	🌰			4	6	2	4		Forma grandes ejemplares de 20 m en lugares cálidos
P. nigra «Italica»	●				4	7	1	2		Chopo lombardo, copa estrecha
P. tremula	●				4	6	1,5	3		También llamado chopo temblón

● floración 🌰 cosecha

Prunus

Cerezo

c: cirerer; *e*: gereziondoa;
g: cerdeira

El género *Prunus* es muy amplio y se extiende desde los bosques tropicales húmedos hasta las especies cultivadas en jardines de climas más fríos. A menudo se subdivide en varios géneros. Los cerezos pertenecen a *Cerasus*, el primero género que aquí se trata. Las otras especies pertenecen al grupo de los ciruelos, que conserva el nombre genérico de *Prunus*, a *Padus* (cerezo aliso), *Amygdalus* (almendro) y *Laurocerasus* (laurel cerezo).

El rasgo que caracteriza a este género diverso es el fruto: una drupa en la que la semilla está protegida por una capa muy dura rodeada de otra carnosa. La mayoría de hojas de *Prunus* tienen de una a tres glándulas situadas hacia el extremo del peciolo o en la base del limbo que segregan azúcares que sirven de alimento a las hormigas, a las que el árbol intenta atraer para que mantengan a raya los áfidos y orugas. Se multiplican por semilla, que normalmente no germina hasta la segunda primavera. Tradicionalmente también se han propagado por injertos o injertos de yema. La mayor parte de híbridos y especies de menor tamaño se propagan por esquejes semileñosos a principios de verano.

Prunus avium

Prunus lusitanica

suelo	Prosperan en cualquier suelo que drene bien, especialmente si es limoso y profundo
ubicación	Toleran bien tanto el sol como la sombra ligera
poda	Es mejor llevarla a cabo a mediados de verano para reducir el riesgo del mal de plomo
cuidados	La clorosis puede afectarles en suelos calizos; para mejorar el color foliar utilice sulfato de magnesio en el riego
plagas y enferme-dades	El mal de plomo puede matar los cerezos; hay varios hongos que afectan a las hojas y/o pétalos y pueden diezmarlos; los áfidos (pulgón negro) también son problemáticos

Cerasus

Las verdaderos cerezos (*Cerasus*) son árboles o arbustos de flores solitarias o dispuestas en umbelas. Se cultivan por sus hermosas flores primaverales y también, en algunos casos, por el color de las hojas en otoño. Los tonos más bonitos son los de *P. sargentii* (a principios de otoño). El cerezo tibetano (*P. serrula*) se cultiva por su corteza lisa y pulida parecida a la caoba. La variedad *P. subhirtella* «Autumnalis» florece desde mediados de otoño hasta finales de

invierno, lo que depende de la temperatura; las flores no se abren todas a la vez, de modo que esta especie resulta vistosa no tanto por la cantidad de flores, sino por su larga floración.

Este grupo también incluye los cerezos japoneses, los más floribundos de todos, como la variedad púrpura rosácea «Kanzan», la blanca «Shirotae», la inmensa «Taihaku» o la estupenda amarillo verdosa «Ukon».

P

Árboles y arbustos

103

En este apartado se incluye el almendro (*Prunus dulcis*), de flores rosas que aparecen sobre ramas aún desprovistas de hojas a principios de primavera. La almendra es comestible en los almendros dulces, pero las almendras amargas contienen una elevada concentración de ácido prúsico que puede llegar a ser mortal si se ingieren demasiadas.

Este ácido también está presente en las hojas y los frutos del laurel cerezo (*P. laurocerasus*). Este arbusto perennifolio puede convertirse en un árbol de porte medio, pero hay que tener en cuenta que en suelos calizos superficiales tiene problemas de clorosis. El loro o *P. lusitanica* también es una especie perennifolia, pero normalmente sólo llega a formar arbolitos; tolera los suelos superficiales sobre roca caliza y los terrenos más ricos por igual. El ciruelo rojo (*Prunus cerasifera*) es uno de los que antes florecen. Las flores empiezan a abrirse entre mediados de invierno y mediados de primavera, en función de las condiciones climáticas; además, fructifica ocasionalmente. *P. cerasifera* también se emplea como seto informal.

Los cerezos alisos forman racimos de flores al final de los brotes foliares en primavera. *P. padus* «Watereri» es una buena variedad, y «Colorata» destaca por sus brotes de color púrpura oscuro, hojas nuevas de tonos púrpuras y flores de colores pálidos.

Prunus lusitanica «Variegata»

Árboles y arbustos

		Primavera	Verano	Otoño	Invierno	altura 5 años (m)	altura 10 años (m)	diámetro 5 años (m)	diámetro 10 años (m)	color de floración	
[CERASUS]	Prunus «Amanogawa»	floración				4	6	1	3	gris	Crecimiento erecto y estrecho, abierto con los años
	P. avium	floración	cosecha			5	7	4	6		Color otoñal claro, flores solitarias
	P. «Kanzan»	floración				4	6	3	5	gris	Crecimiento erecto de joven, bonitos tonos otoñales
	P. «Okame»	floración				3	5	3	5	gris	Buen color otoñal; flores simples
	P. «Pink Perfection»	floración				4	6	3	5		Hojas nuevas color bronce, flores dobles
	P. sargentii	floración	cosecha			4	6	4	6	gris	Interesante color a principios de otoño
	P. serrula	floración	cosecha			4	6	3	5		Corteza color caoba; porte pequeño y flores blancas
	P. «Shirotae»	floración				4	6	4	6		Grandes flores solitarias o semidobles
	P. «Shogestsu»	floración				4	6	4	6		Flores dobles, hojas nuevas color verde
	P. «Spire»	floración	cosecha			4	6	2,5	4		Hábito erecto y flores solitarias
	P. subhirtella «Autumnalis»	floración		floración	floración	4	6	3	5		Las flores se abren antes de que caigan las hojas
	P. «Ukon»	floración				4	6	3	5	gris	Flores de color inusitado, semidobles
	P. yedoensis	floración	cosecha			4	6	4	6		Flores muy abundantes y perfumadas
[OTROS GRUPOS]	P. cerasifera	floración	cosecha		floración	4	6	3	5		Flores blancas tempranas; se confunde con el endrino
	P. cerasifera «Pissardii»	floración	cosecha		floración	4	6	3	5	gris	Hojas rojo oscuro de jóvenes, luego púrpura insulso
	P. dulcis	floración	cosecha			4	6	3	5		Almendro común
	P. laurocerasus	floración		cosecha		3	5	2	4		Grandes hojas perennes
	P. lusitanica		floración / cosecha			2,5	4	2,5	4		Flores fragantes; resistente especie perennifolia
	P. lusitanica «Variegata»		floración			2	3	2	3		Hojas moteadas
	P. padus	floración	cosecha			5	7	4	6		También llamado cerezo aliso

 floración   cosecha

Ptelea

Son árboles pequeños y arbustivos que rara vez superan los 8 m (lo normal son 6 m) al cabo de unos 30 años. Pertenecen a la familia *Rutaceae*, la misma que los naranjos y los limoneros, además del árbol de Amur (*véase* pág. 98) y Choisya (*véase* el volumen *Flores* de esta misma colección).

Todos los miembros de esta familia presentan unas pequeñas glándulas traslúcidas en las hojas que desprenden un agradable olor al romperse con la mano. *Ptelea* y sus variedades son caducifolios y de

Ptelea trifoliata «Aurea»

suelo	Prospera en cualquier suelo que drene bien, aunque sea calizo o arenoso
ubicación	Prefiere estar ubicado en lugares donde dispongan del máximo sol
poda	No la necesita, pero puede podarse para contener el crecimiento o dar forma
cuidados	De cultivo y cuidado muy sencillos. Tolera tanto suelos fértiles como rocosos y pobres
plagas y enferme-dades	No suele presentar excesivos problemas; no le afecta ninguna plaga ni enfermedad específica

hojas trifoliadas. Las flores, de color blanco grisáceo, son normalmente muy perfumadas. Tras ellas aparecen unos frutos alados y aplanados, parecidos a los del olmo. Son amargos y en ocasiones sustituyen al lúpulo al elaborar cerveza.

Crece bien en suelos bien drenados, mejor limosos y fértiles, aunque también prospera en suelos no tan fértiles. Son arbustos para zonas abiertas del jardín y con el tiempo se convierten en arbolitos. También se pueden plantar en arriates para arbustos, pero responden mejor como ejemplares aislados. La variedad «Aurea» tiene las hojas de color amarillo suave y contrasta vivamente con las habituales hojas color púrpura (sobre todo de arbustos de espectacular follaje nuevo que enseguida «madura» y adquiere tonos verdes púrpura al empezar a pudrirse), ya que *Ptelea* suele tardar antes de completar el follaje. Pueden propagarse por semilla, que se siembra una vez esté madura en otoño o bien en la primavera siguiente. También pueden multiplicarse mediante injertos tiernos o semileñosos a principios de verano.

P

Árboles y arbustos

	PRIMAVERA	VERANO	OTOÑO	INVIERNO	altura, 5 años (m)	altura, 10 años (m)	diámetro, 5 años (m)	diámetro, 10 años (m)	color de floración	
Ptelea trifoliata		● 🌰	🌰 🌰		2	3,5	1,5	2,5		Hojas aromáticas al romperlas; flores perfumadas
P. trifoliata «Aurea»		● 🌰	🌰 🌰		2	3,5	1,5	2,5		Hojas amarillo pálido

 floración   cosecha

Pterocarya
Nogal
del Cáucaso

Estos parientes del género *Juglans* (nogal) y *Carya* (pecán) son árboles de crecimiento rápido y hojas pinnadas. Los frutos son demasiado pequeños para ser comestibles y están dotados de dos alas. El follaje es digno de ver y los amentos también resultan atractivos. Son largos, de hasta 50 cm de longitud, y cuelgan bajo las ramas.

Prosperan en numerosos suelos, aunque sean muy húmedos. De las raíces de *Pterocarya fraxinifolia* brotan chupones que forman matorrales si se dejan crecer. *P. stenoptera* no produce chupones, pero sus frutos tienen largas alas erectas. Son especies apropiadas para parques y grandes jardines, sobre todo junto a lagos y ríos, donde podrán disfrutar de un suelo permanentemente húmedo.

Pterocarya fraxinifolia

Crecen de semilla o a partir de esquejes semileñosos, aunque *P. fraxinifolia* se propaga más fácilmente a través de chupones o esquejes de raíz.

suelo	*Pterocarya*: suelos muy húmedos o bien drenados. *Pterostryax*: suelos que drenen bien, pero no calizos
ubicación	Tanto *Pterocarya* como *Pterostryax* prefieren emplazamientos soleados o escasamente sombreados
poda	No la necesitan, pero pueden podarse para contener el crecimiento o darles forma
cuidados	*Pterocarya*: suele desarrollar copas bajas y abiertas, a menos que se conduzca para que el tronco se unifique. *Pterostryax*: fácil de cuidar
plagas y enferme-dades	Ninguno de los dos géneros suele presentar excesivos problemas; no les afecta plagas ni enfermedades concretas

Pterostyrax

Este género es próximo a otros dos, *Styrax* y *Halesia*, pero tiene las flores más pequeñas y menos vistosas, aunque destacan porque forman racimos mucho más largos, además de ser perfumados.

Los *Pterostyrax* son atractivos árboles tanto para zonas ajardinadas a pleno sol como para arriates de arbustos de gran tamaño o para el sotobosque claro; crecen en cualquier suelo, siempre que no sea superficial sobre roca caliza.

Crece a partir de semilla, que se siembra en otoño y debería germinar en primavera. Si se siembra en primavera, la germinación se retrasará y difícilmente se producirá antes de la primavera siguiente. También puede propagarse por esquejes semileñosos a principios de verano.

Pterostyrax hispida

	PRIMAVERA	VERANO	OTOÑO	INVIERNO	altura, 5 años (m)	altura, 10 años (m)	diámetro, 5 años (m)	diámetro, 10 años (m)	color de floración	
Pterocarya fraxinifolia	●	🌰 🌰			4	7	3	5	☐	Gran árbol, le brotan chupones
P. stenoptera	●	🌰 🌰			4	6	3	4	☐	No desarrolla chupones si no se injerta en *P. fraxinifolia*
Pterostyrax corymbosa	● ●				2	4	1	2	☐	Gran arbusto/arbolito de flores perfumadas
P. hispida	● ●				2	4	1	2	☐	Gran arbusto/arbolito de hasta 8-10 m

● floración   🌰 cosecha

Pyracantha
Espino de fuego
c: piracant

Los espinos de fuego se emplean a menudo como arbustos junto a muros, una función que cumplen perfectamente, pero también pueden cultivarse como arbustos solitarios o en arriates de arbustos. Muestran sus atractivos dos veces al año: a principios de verano y en otoño.

Al inicio del verano, las ramas de los espinos de fuego resultan apenas visibles entre unos grandes racimos de flores parecidas a las del espino albar. Posteriormente, en otoño, aparecen las bayas, que son como manzanas en miniatura y atestiguan el parentesco de *Pyracantha* con otros miembros de la familia del manzano. Los frutos adquieren al madurar colores rojos, naranjas o amarillo dorado. En algunas variedades llegan a sobrevivir hasta bien entrado el invierno.

Son especies que soportan bien los recortes y se pueden podar tanto como arbustos ornamentales que flaquean la entrada de casa o como setos. No son exigentes con el suelo; crecen bien en los arenosos ácidos y en los calizos, aunque prosperan mejor en suelos limosos y fértiles.

Son perennifolios y les afectan los vientos invernales fríos y secos, así que agradecerán estar

suelo	Son arbustos poco exigentes que se adaptan bien a cualquier suelo que drene bien
ubicación	Prefieren estar ubicados en lugares al sol o con sombra parcial
poda	Las podas drásticas no son necesarias. Recórtelos para darles forma o contener el crecimiento después de la floración
cuidados	Si las hojas empiezan a morir, observe si se han visto atacadas por los insectos, pero ¡cuidado con los afilados pinchos!
plagas y enfermedades	Son sensibles a plagas y enfermedades habituales de los manzanos como las costras, el fuego bacteriano, las cochinillas y los áfidos

protegidos cuando soplen. Son sensibles, por otra parte, a las enfermedades habituales de los manzanos, como las costras o el fuego bacteriano, así como a plagas omnipresentes como las cochinillas y los áfidos.

Se pueden propagar a partir de semilla, pero a menudo producirán híbridos de menor calidad. Son fáciles de esquejar. Tradicionalmente los esquejes se obtienen a principios de verano, pero también enraízan en otoño. Los esquejes de una longitud de unos 30 cm obtenidos a principios de otoño florecerán en la primavera siguiente y tendrán un tamaño considerable hacia otoño, lo que no sucederá si se emplean esquejes más pequeños obtenidos a principios de verano.

Pyracantha «Teton»

	PRIMAVERA	VERANO	OTOÑO	INVIERNO	altura, 5 años (m)	altura, 10 años (m)	diámetro, 5 años (m)	diámetro, 10 años (m)	color de floración	
Pyracantha coccinea «Red Column»		floración	cosecha	cosecha	2	4	1	2		Frutos escarlata de maduración temprana
P. «Golden Charmer»		floración	cosecha	cosecha	2	4	1,5	3		Frutos naranja-amarillo de maduración temprana
P. «Mohave»		floración	cosecha	cosecha	2	4	1,5	3		Bayas naranja-rojo intenso de maduración temprana
P. «Orange Charmer»		floración	cosecha	cosecha	2	4	1,5	3		Frutos naranja intenso, aplanados y duraderos
P. «Orange Glow»		floración	cosecha	cosecha	2	4	1,5	3		Frutos naranja-rojo duraderos
P. rogersiana		floración	cosecha	cosecha	2	4	1,5	3		Frutos rojizos-anaranjados
P. rogersiana «Flava»		floración	cosecha	cosecha	2	4	1,5	3		Frutos amarillo vivo
P. «Teton»		floración	cosecha	cosecha	2	4	1,5	3		Resistente al f. bacteriano, frutos amarillo-naranja

 floración   cosecha

Pyrus

Peral

c: perera;
e: udareondoa; g: pereira

Los perales se cultivan por sus frutos en vergeles (huertos de frutales) o en espaldera, aprovechando las vallas del huerto. Sin embargo, cuando están en flor son muy atractivos y hay varias especies que vale la pena plantar como árbol ornamental. El peral común, *Pyrus communis*, tiene unas mil variedades registradas, desde las que producen frutas para la mesa hasta las que dan peras para hacer sidra.

La variedad «Beech Hill» procede del peral común y produce frutos de unos 3 cm de diámetro; tiene ramas erectas que forman una copa estrecha y hojas verde brillante que en otoño se vuelven amarillo naranja. *Pyrus calleryana* «Chanticleer» también es de porte columnar y copa estrecha. Las hojas verde brillante duran hasta bien entrado el otoño. Si el invierno es suave puede que no empiece a cambiar de color hasta principios de invierno y que incluso a mediados de invierno aún no haya perdido todas las hojas. Las flores aparecen a principios de primavera y son blancas. Estos árboles se usan ampliamente en las calles de las ciudades, pero las mismas características de constitución robusta, forma ovoide estrecha y flores coloridas lo convierten en un candidato ideal para jardines más pequeños.

El peral ornamental que más se suele ver es *Pyrus salicifolia*, sobre todo la variedad de ramas colgantes «Pendula». Tiene hojas estrechas de color gris plateado y por su hábito de reducido tamaño resulta un arbolito encantador. Las flores blancas suelen pasar desapercibidas entre el follaje.

Los perales prosperan en gran variedad de suelos, incluidos los arcillosos y calizos, siempre que tengan un drenaje correcto. Se suelen propagar por injerto sobre patrones (la mayoría de las variedades comerciales se injertan sobre portainjertos de membrillero). Las especies naturales pueden reproducirse por semillas.

Pyrus calleryana «Chanticleer»

suelo	Bien drenado y con humedad, pero no excesiva. Preferentemente suelos fértiles, incluidos los arcillosos y calizos
ubicación	Prefiere los lugares más soleados del jardín
poda	No la requiere, excepto para contener el crecimiento o modificar la forma; corte las ramas dañadas o cruzadas
cuidados	Bastante fácil de cultivar y mantener. Es importante arrancar los chupones que broten de los portainjertos
plagas y enfermedades	Puede infectarse con costra, fuego bacteriano y otras enfermedades propias de los frutales pero, en general, se mantiene sano

Pyrus salicifolia «Pendula»

	PRIMAVERA	VERANO	OTOÑO	INVIERNO	altura, 5 años (m)	altura, 10 años (m)	diámetro, 5 años (m)	diámetro, 10 años (m)	color de floración	
Pyrus calleryana «Chanticleer»	● ●		🌰		4	7	1	2,5	☐	Copa recta y ovoide, puede alcanzar los 10-12 m
P. communis	●		🌰 🌰		4	7	2	4	☐	Peral de vergel, poco colorido en otoño
P. communis «Beech Hill»	●		🌰		4	7	2	3	☐	Largas ramas erguidas, buen color otoñal
P. salicifolia «Pendula»	●		🌰		3	5	2	5	☐	Follaje gris plateado y ramas péndulas

● floración 🌰 cosecha

Quercus
Roble

Los robles son, principalmente, árboles de gran crecimiento y pocos resultan adecuados para jardines pequeños. El género comprende varios cientos de especies, algunas de las cuales son arbustos de sólo 1 m de altura, como *Quercus sadleriana*, pero no se cultivan de forma habitual.

Los robles de menor crecimiento que más se cultivan son dos variedades de roble común, *Quercus robur*: *Q. robur* «Concordia» y el roble piramidal, *Q. robur* «Fastigiata». Las hojas de «Concordia» tienen un color verde dorado durante la primavera y el verano. Es de crecimiento lento, pero puede alcanzar los 10 m en 50 años o más. *Q. robur* «Fastigiata» presenta ramas erectas y forma un árbol de copa estrecho, aunque puede ser tan alto como cualquier otra variedad de *Q. robur*.

Los demás robles aquí mencionados pueden llegar a convertirse en grandes árboles. Esto es especialmente cierto en el caso del roble de Turquía (*Q. cerris*), el roble escarlata (*Q. coccinea*), el roble húngaro (*Q. frainetto*), el encino de los pantanos (*Q. palustris*), el roble albar (*Q. petraea*), el roble común (*Q. robur*) y el roble americano (*Q. rubra*).

Los robles deben estar a pleno sol para poder desarrollarse bien.

Crecen muy bien en terrenos arcillosos pesados, pero hay que ir con cuidado por el riesgo de hundimiento. Normalmente se propagan por bellotas, que no deben dejarse secar. Lo mejor es plantarlas en cuanto estén maduras en macetas profundas. Algunas variedades como el roble común se injertan al final del verano.

Quercus rubra

suelo	Estos árboles se desarrollan especialmente bien en suelos muy arcillosos y bien drenados
ubicación	Prefieren lugares muy soleados en el jardín
poda	No es necesaria, excepto para darles forma o contener el crecimiento; deben eliminarse las ramas dañadas y cruzadas
cuidados	De cuidado fácil. Árboles de gran crecimiento que extraen agua de los suelos arcillosos
plagas y enfermedades	El mildiu puede provocar la pérdida de hojas, pero sólo resulta grave en zonas con mucha sombra. Varios insectos se comen las hojas, pero pocas veces provocan daños

	PRIMAVERA	VERANO	OTOÑO	INVIERNO	altura, 5 años (m)	altura, 10 años (m)	diámetro, 5 años (m)	diámetro, 10 años (m)	color de floración	
Quercus cerris	●		🌰		4	7	2	3		De joven tiene la copa estrecha
Q. cerris «Argenteomarginata»	●				2	3	1	2		Normalmente sólo disponible como arbusto pequeño
Q. coccinea	●				4	6	3	4		Hojas de color escarlata en otoño; color variable
Q. coccinea «Splendens»	●				4	6	3	4		La mejor variedad en cuanto al color otoñal
Q. frainetto	●		🌰		4	7	3	4		Excelente follaje que adquiere tonos rojizos en otoño
Q. hispanica «Lucombeana»	●				4	6	3	4		Semiperenne, corteza gruesa y corchosa
Q. ilex		●	🌰		2	3,5	1	2		Perennifolio; crece y florece a principios de verano
Q. palustris	●				4	6	3	4		Aspecto menos desgarbado que el del roble escarlata
Q. petraea	●		🌰		4	6	3	4		Crece en emplazamientos muy bien drenados
Q. phellos	●				2,5	4	1,5	2,5		Conserva algunas hojas en invierno
Q. robur	●		🌰		4	6	3	4		Crecimiento no tan lento si se atajan las malas hierbas
Q. robur «Concordia»	●				1,5	2,5	1	2		Follaje suave, amarillo verdoso; crecimiento lento
Q. robur «Fastigiata»	●				4	6	1	2		Hábito de crecimiento columnar con ramas erectas
Q. rubra	●				4	6	3	4		Escoja las variedades más atractivas por el color otoñal
Q. rubra «Aurea»	●				4	6	2	3		Necesita un emplazamiento protegido
Q. suber	●				1,5	2,5	1	2		Perennifolio, con corteza corchosa y gruesa

 floración   cosecha

Q

Árboles y arbustos

Rehderodendron

Rehderodendron forma parte de la familia Storax, que tienen flores con forma de embudo que cuelgan de las ramas a finales de primavera, al igual que Styrax y Halesia.

Rehderodendron macrocarpum

El fruto, sin embargo, es una estructura leñosa de hasta unos 7 cm. *Rehderodendron* es un árbol pequeño utilizado por sus hermosas flores. Le gusta estar a pleno sol, pero se adapta a la sombra parcial y es muy adecuado para el subpiso de jardines boscosos. Se desarrolla en varios tipos de suelos, preferiblemente ácidos o neutros y bien drenados. No le convienen los lugares expuestos y es preferible que esté protegido de los vientos fríos. El mejor método de propagación son los esquejes semileñosos a principios de verano. También puede crecer a partir de semilla, pero el fruto tarda en romperse y liberar las semillas; algunas de las que recogí en el norte de Vietnam en 1992 no germinaron hasta 1999, ¡y acabaron siendo pasto de las babosas!

suelo	*Rehderodendron* y *Rhododendron*: ácidos y bien drenados, pero húmedos. *Rhus*: cualquiera
ubicación	*Rehderodendron* y *Rhododendron*: sol o sombra ligera. *Rhus*: prefiere estar a pleno sol
poda	*Rhododendron*: la eliminación de las flores marchitas le favorece. *Rehderodendron* y *Rhus*: no la requieren
cuidados	*Rehderodendron*: evite los lugares expuestos. *Rhododendron*: protéjalo con acolchado de mantillo o turba. *Rhus*: la savia puede provocar alergia
plagas y enfermedades	Ninguno de los tres géneros presenta grandes problemas. No suelen afectarles ni las plagas ni las enfermedades

Rhododendron
Rododendro

Este género está compuesto por una gran cantidad de hermosos arbustos y árboles, quizá unas ochocientas especies e innumerables híbridos.

El género *Rhododendron* incluye desde árboles codominantes en la selva hasta arbustos de llanuras alpinas. Los rododendros tratados aquí pueden convertirse en grandes arbustos perennifolios o en pequeños árboles de hasta 4 o 5 m de altura. Todos ellos requieren suelos ácidos.

Algunas de las especies, como *R. falconeri* y *R. fulvum*, tienen una bonita pelusa de color marrón rojizo en el envés de las hojas y una atractiva corteza papirácea. Ambas necesitan el cobijo del sotobosque ligero; en cambio, *R. makinoi*, que tiene hojas estrechas con el envés blanco o blanco parduzco, se desarrolla mejor a pleno sol. También necesitan protección las variedades pertenecientes al grupo de híbridos «Loderi». Son grandes arbustos de flores aromáticas muy llamativas, de color blanco o rosa pálido; la floración se produce a finales de primavera o principios de verano. La variedad «Polar Bear» es bastante similar, pero florece hacia mediados o finales de verano.

Los híbridos más viejos, que son el cruce de varias especies afines y se obtuvieron en el siglo XIX, son más resistentes y aguantan a pleno sol. «Gomer Waterer» tiene flores blancas manchadas de malva en los bordes de los pétalos. «Loder's White» tiene pétalos blancos con los bordes de color rosa. «Mrs G. W. Leak» cuenta con flores rosadas. «Pink Pearl», con sus inflorescencias cónicas de tonos lilas rosáceos intensos, resulta especialmente atractiva y, desde luego, llamativa; se marchita cuando maduran las flores. «Purple Splendour» exhibe

Rhododendron «Pink Pearl»

flores de un hermoso azul púrpura que en la variedad «Susan» son de color malva azulado.

El grupo alpino de *Rhododendron* está constituido por plantas normalmente pequeñas, pero dos de ellas tienen la altura suficiente como

R

Árboles y arbustos

para ser mencionadas aquí. Se trata de *R. augustinii*, que presenta muchas flores azules y constituye un excelente arbusto en el sotobosque, y «Lady Alice Fitzwilliam», de flores blancas manchadas de rosa con un penetrante aroma; esta variedad necesita la protección del subpiso del bosque.

Aunque pueden ser grandes arbustos, su ritmo de crecimiento es lento y ronda los 20 o 30 cm anuales. Pueden propagarse por esquejes y acodos. En general, cuanto más grandes son las hojas, más tiempo les cuesta enraizar a los esquejes, por lo que es mejor el acodo en las especies de grandes hojas.

	PRIMAVERA	VERANO	OTOÑO	INVIERNO	altura, 5 años (m)	altura, 10 años (m)	diámetro, 5 años (m)	diámetro, 10 años (m)	color de floración	
Rhododendron falconeri	●				1,2	2	1	2		Hojas marrones rojizas por el envés, corteza papirácea
R. fulvum	● ●				1,2	2	1	2		Hojas color canela por el envés
R. «Gomer Waterer»	●	●			1,2	2	1	2		Tolera los emplazamientos secos
R. «Lady Alice Fitzwilliam»	●	●			1,2	2	1	2		Sensible al frío, flores aromáticas
R. «Loder's White»		● ●			1,2	2	1	2		No corresponde al grupo de híbridos «Loderi»
R. makinoi		●			1,2	2	1	2		Hojas estrechas, blancas o beige
R. «Mrs G.W. Leak»	●	●			1,2	2	1	2		Color rosado, compacto
R. «Pink Pearl»	●	●			1,2	2	1	2		Las plantas viejas tienden a perder las ramas bajas
R. «Polar Bear»		● ●			1,5	2,5	1,2	2		Excelente floración tardía, flores aromáticas
R. ponticum		●			1,2	2	1	2		Ideal para formar setos en suelos ácidos
R. «Purple Splendour»	●	●			1,2	2	1	2		Híbrido de colores muy intensos
R. «Susan»	●	●			1,2	2	1	2		Flores de color malva azulado, vigorosa

Rhus

Zumaque de Virginia, zumaque de Tenerías

c: sumac americà; e: zumakea

Este género de árboles y grandes arbustos es apreciado por su color otoñal, normalmente rojo y amarillo o naranja.

Rhus typhina

El zumaque de Virginia (*Rhus typhina*) forma una capa vellosa en las ramas nuevas que recuerda a la cornamenta aterciopelada del ciervo. También es interesante por las grandes cabezuelas de flores rojas que aparecen por separado en los ejemplares

macho y hembra. Otros zumaques son mucho menos habituales, pero se convierten en árboles mucho más grandes, como *Rhus verniciflua*, árbol del que se obtiene barniz.

Todos los zumaques tienen una savia densa, irritante y venenosa en contacto con la piel, sobre todo *R. verniciflua*, pero a algunas personas también les causa alergia *R. typhina*. Otro problema, sobre todo de *R. typhina*, es que forman chupones. No tiene mayor importancia mientras el árbol se desarrolle a su aire, pero a la que se elimina uno surgen tal cantidad de chupones que amenazan con invadir la zona. En jardinería se emplean en arriates de arbustos, donde pueden colocarse en la parte trasera, o como árboles aislados. La forma más fácil de propagarlos es a partir de esquejes de la raíz o de los vástagos que brotan de las raíces.

R

Árboles y arbustos

	PRIMAVERA	VERANO	OTOÑO	INVIERNO	altura, 5 años (m)	altura, 10 años (m)	diámetro, 5 años (m)	diámetro, 10 años (m)	color de floración	
Rhus typhina		●	🌰		2,2	5	2,5	5		Precioso color otoñal en las nuevas ramas vellosas
R. typhina «Dissectum»		●	🌰		2,2	5	2,5	5		Foliolos muy divididos; sólo en árboles hembra

 floración   cosecha

Robinia

Acacia, falsa acacia

c: falsa acàcia; e: sagiarkazia;
g: acacia

Robinia pseudoacàcia

Robinia pseudoacacia «Lace Lady»

Se trata de un género de grandes arbustos o árboles con hojas imparipinnadas y vistosas flores como las del guisante. Normalmente son blancas, pero en *Robinia hispida* son de un rosa intenso. Los brotes suelen tener dos espinas curvadas, una a cada lado del brote foliar o floral.

Es un árbol excelente para emplazamientos secos y arenosos, pues precisamente se utiliza para estabilizar dichos suelos. Se propaga por los chupones que brotan del sistema radicular, lo cual es muy útil cuando se quiere estabilizar el suelo, pero no en el jardín. Resiste bien en ambientes urbanos y *R. pseudoacacia* forma rápidamente un árbol de tamaño medio con un tronco retorcido que le da un aspecto mucho más viejo de lo que en realidad es. Las hojas caen sin adoptar ningún color especial en otoño.

Otro defecto es que las ramas son muy quebradizas. Los árboles jóvenes desarrollan demasiado pronto ramas densas y pesadas que luego sucumben a los vientos fuertes. Por ello vale la pena podar los árboles jóvenes a finales de verano para eliminar o acortar las ramas que broten de horquetas estrechas y así aligerar la densidad de la copa.

En jardinería, el atractivo follaje de *R. pseudoacacia* «Frisia» la convierte en un excelente árbol amarillo dorado. Otras variedades de *R. pseudoacacia* resultan excelentes tanto por las flores como por la copa abierta y ligera, y son buenos especímenes para plantar aislados. La falsa acacia rosa *R. hispida* es atractiva por las flores de color rosa intenso y por sus tallos vellosos.

Las especies se multiplican por semillas o chupones, pero las variedades tienen que injertarse en plántulas patrón.

Robinia pseudoacacia «Frisia»

suelo	Cualquier suelo bien drenado. No crece bien en los calizos superficiales, pero es excelente para los arenosos
ubicación	Amante del sol, no le gusta en absoluto la sombra
poda	No requiere poda alguna, pero se puede recortar para controlar el crecimiento
cuidados	Los tallos son muy frágiles y se pueden quebrar si soplan vientos fuertes cuando están cargados de hojas
plagas y enfermedades	Tiene relativamente pocos problemas: no le afecta ninguna plaga ni enfermedad en especial

R

Árboles y arbustos

	PRIMAVERA	VERANO	OTOÑO	INVIERNO	altura, 5 años (m)	altura, 10 años (m)	diámetro, 5 años (m)	diámetro, 10 años (m)	color de floración	
Robinia hispida	●	●			2	3,5	2	3,5	▦	Arbusto con interesantes tallos vellosos
R. pseudoacacia		●			4	7	2	5	☐	Flores fragantes; desarrolla vigorosos chupones
R. pseudoacacia «Frisia»		●			4	7	2	5	☐	Follaje amarillo dorado
R. pseudoacacia «Lace Lady»		●			1	2	1	2	☐	Hábito de crecimiento retorcido
R. pseudoacacia «Tortuosa»		●			2,5	4	1,5	3	▦	Variedad de crecimiento lento con ramas tortuosas
R. slavinii «Hillieri»		●			3	5	2	4	▦	Árbol de porte pequeño

● *floración*

Salix
Sauce

c: salze; *e:* zumerika;
g: sinceiro

El género *Salix* está muy extendido –en páramos, montes bajos y bosques–, e incluye especies que alcanzan desde menos de 3 cm de altura hasta 30 m o más. Suelen crecer cerca del agua, y el sauce llorón, *Salix sepulcralis* «Chrysocoma», queda muy bien reflejado en un lago de gran tamaño.

Para que germinen sus semillas, el género *Salix* requiere un suelo húmedo, pero después crece con bastante facilidad en suelos normales e incluso secos. Tolera muy bien la poda, aunque sea drástica, lo que permite controlar el crecimiento del sauce llorón en jardines pequeños y dejar al descubierto el color de las ramitas de *Salix alba* ssp. *vitellina* «Britzensis»; los brotes anuales sólo adoptan tonos naranjas y escarlatas brillantes a mediados de invierno.

Para facilitar la aparición de brotes coloridos, los árboles se pueden desmochar a 3-4 m o cortar

suelo	Les gusta cualquier tipo de suelo que no esté demasiado seco
ubicación	Prefieren estar situados en una parte cálida y soleada del jardín
poda	Pueden podarse drásticamente, sobre todo a fin de obtener mimbre para trabajos de cestería
cuidados	En general son muy fáciles de mantener y de cultivar; se suelen valer por ellos mismos
plagas y enfermedades	En primaveras lluviosas pueden sufrir antracnosis, una enfermedad producida por hongos que mata las hojas nuevas, pero se suelen recuperar

a matarrasa anualmente, aunque es mejor hacerlo cada dos o tres años. Los amentos pueden ser atractivos, pero cada árbol tiene su sexo; los machos, con las anteras cargadas de polen, suelen ser más vistosos que los amentos de las hembras, de color verde, sobre todo en la época en que tienen una textura más pilosa y sedosa. Los de *Salix gracillistyla* «Melanostachys» son casi negros, con anteras de color rojo teja y polen amarillo. Las especies más pequeñas pueden llegar a ser muy llamativas por su follaje, sobre todo *Salix fargesii* y *Salix magnifica*.

Los sauces necesitan mucha agua, por lo que pueden causar problemas en subsuelos arcillosos con tendencia a contraerse si se colocan demasiado cerca de estructuras de cimientos inapropiados. Se propagan muy bien a partir de esquejes leñosos, que es preferible obtener a finales de invierno. Enraízan en botes de vidrio llenos de agua, que puede colocar en el alféizar de la ventana. Esta capacidad para crecer en el agua puede provocar problemas en las tuberías; si se produce un escape, las raíces pueden penetrar por la grieta en busca del agua.

Salix fargessii

	PRIMAVERA	VERANO	OTOÑO	INVIERNO	altura, 5 años (m)	altura, 10 años (m)	diámetro, 5 años (m)	diámetro, 10 años (m)	coloramentos	
Salix acutifolia «Blue Streak»	●				4	7	2	4	☐	Tallos color púrpura negruzco; recubrimiento ceroso
S. alba ssp. *vitellina* «Britzensis»	●				5	9	4	6	☐	Se cultivan por el naranja-escarlata de las ramitas
S. alba var. *sericea*	●				4	8	4	6	☐	Hojas con recubrimiento piloso y sedoso
S. caprea	● ●				4	6	4	6	☐	Sauce cabruno; amentos machos de s. blanco
S. daphnoides	● ●				5	8	4	6	☐	Retoños púrpura y violeta con flores blancas cerosas
S. elaeagnos	● ●				4	6	3	5	☐	Excelente si se planta junto el agua
S. exigua	● ●				3	4	3	5	☐	Amentos con las hojas nuevas de color gris verdoso
S. fargesii	●				3	4	3	4	☐	Hojas verdes y brillantes de color marrón rojizo
S. gracillistyla «Melanostachys»	● ●				4	6	3	5	■	Color de los amentos atractivo
S. magnifica	●				3	4	3	5	☐	Hojas grandes como el magnolio
S. sepulcralis «Chrysocoma»	●				5	9	4	6	☐	En los más viejos cuelgan ramitas amarillas o doradas

 floración

Sambucus

Saúco común

c: saüc; e: intsusa, sauko;
g: sabugueiro, bieiteiro

Los saúcos son apreciados por sus flores y frutos, que se utilizan para elaborar cordiales. Si recoge las flores, asegúrese de que no contengan pulgón negro ni otros áfidos.

Las flores crecen en racimos de gran tamaño, normalmente planos por arriba, y son blancas o de color marfil. Los frutos son de color púrpura o rojo; al igual que otras partes de la planta, producen irritación si están crudos, pero no después de cocidos. Las hojas son pinnadas y en otoño caen sin cambiar de color. Sin embargo, hay algunas variedades, las más apreciadas, con el follaje amarillo dorado, como *Sambucus nigra* «Aurea», *Sambucus racemosa* «Plumosa Aurea» y *Sambucus racemosa* «Sutherland Gold». *Sambucus nigra* «Guincho Purple» y *Sambucus nigra* «Black Beauty» presentan hojas de color púrpura negruzco y flores rosadas.

Las especies naturales de *Sambucus* son muy resistentes; florecen en suelos yermos, ya sean ácidos o formados por una fina capa superior de suelo sobre tierra caliza. Alcanzan porte de arbusto mediano o árbol pequeño. Los vigorosos brotes anuales son un tanto esponjosos y gruesos al principio, pero posteriormente la madera se vuelve compacta y dura.

En el jardín se utilizan para formar arriates de arbustos o como especímenes. Toleran la sombra y su follaje dorado alegra los rincones oscuros. Se multiplican por semillas, esquejes leñosos y esquejes tiernos obtenidos en verano.

suelo	Crecen en cualquier suelo bien drenado, ya sea ácido y arenoso o calizo y superficial
ubicación	Prefieren el sol, pero también toleran la sombra moderadamente densa
poda	No la necesitan, pero pueden podarse drásticamente para limitar la anchura
cuidados	Son fáciles de mantener. El color del follaje es más atractivo si están expuestos a sombra tenue
plagas y enfermedades	No suelen presentar demasiados problemas. No les afectan ni las plagas ni enfermedades concretas

Sambucus racemosa «Plumosa Aurea»

Sambucus racemosa «Sutherland Gold»

Sambucus nigra «Black Beauty»

	PRIMAVERA	VERANO	OTOÑO	INVIERNO	altura, 5 años (m)	altura, 10 años (m)	diámetro, 5 años (m)	diámetro, 10 años (m)	color de floración	
Sambucus nigra «Aurea»		● ●	🌰		3	5	3	5		Hojas amarillas y doradas
S. nigra «Black Beauty»		● ●	🌰		3	5	3	5		Hojas púrpura negruzco, flores fragantes
S. nigra «Guincho Purple»		● ●	🌰		3	5	3	5		Hojas verdes al nacer; luego púrpura negruzco a rojo
S. nigra forma *laciniata*		● ●	🌰		3	5	3	5		Folíolos de múltiples divisiones
S. racemosa «Plumosa Aurea»	● ●		🌰		3	5	3	5		Hojas muy lobuladas, doradas
S. racemosa «Sutherland Gold»		● ●	🌰		3	5	3	5		Hojas más toscas que las de «Plumosa Aurea»
S. racemosa «Tenuifolia»		● ●	🌰		1,2	2	1,2	2		Arbusto pequeño similar al arce japonés

● floración   🌰 cosecha

Sassafras
Sasafrás

Sassafras albidum forma árboles de porte pequeño a mediano, con copa ovoide y erguida, y resulta ideal para sotobosques o grandes jardines. La mayoría de las hojas, ovadas u obovadas, presentan el limbo entero, pero algunas contienen uno o dos senos profundos y redondos y lóbulos pronunciados, con frecuencia en el mismo brote.

Sassafras albidum

Las hojas adquieren en otoño un intenso color amarillo, naranja o rojo. Si se aplastan con los dedos despiden un fuerte aroma, al igual que los brotes tiernos; al masticarlas, pican y entumecen la boca. Las flores brotan en primavera con el nuevo follaje; son amarillas y discretamente vistosas. Sólo fructifican si se plantan ejemplares macho y hembra conjuntamente; los frutos son de color azul oscuro y cuelgan de un pedúnculo rojo.

El árbol del sasafrás tiene varias aplicaciones medicinales. La corteza de la raíz se utiliza para elaborar una bebida y aromatizar la cerveza. Alrededor del árbol suelen brotar chupones, que nacen del sistema radicular.

Sassafras albidum

suelo	Prefiere suelos entre ácidos y neutros
ubicación	Le gusta el sol directo o la sombra ligera
poda	No requiere podas periódicas, sólo puntuales para dar forma o controlar el crecimiento
cuidados	Es bastante fácil de cultivar y mantener, aunque su desarrollo mejora si está protegido por los lados
plagas y enfermedades	Apenas presenta problemas. No le afecta ni las plagas ni enfermedades concretas

En jardinería, _S. albidum_ sirve como espécimen, aunque también puede plantarse en el subpiso de los bosques. Prefiere lugares resguardados y suelos sin cal, de fertilidad y drenaje medios. La especie natural germina a partir de semillas sembradas en primavera y puede propagarse por esquejes obtenidos en invierno. También se pueden arrancar y replantar cuidadosamente los chupones por separado.

Sophora
Sófora

Se trata de un género muy amplio formado, principalmente, por plantas leñosas. Entre las cultivadas, dos especies proceden del hemisferio sur, *Sophora microphylla* y *Sophora tetraptera*, y una de Asia oriental, *Sophora japonica*. Hoy día, esta última se suele incluir en un género aparte, *Styphnolobium*.

Sophora microphylla y *Sophora tetraptera* tienen pequeñas hojas perennes compuestas de numerosos y diminutos foliolos; puede llegar a haber entre 10 y 40 pares por hoja. Las flores de

pares de foliolos; la base del pecíolo esconde la yema que brotará al año siguiente y que queda al descubierto en otoño, cuando la hoja se vuelve amarilla y se desprende. Las flores, fragantes y blancas, aparecen a finales de verano o a principios de otoño en los extremos de los brotes anuales.

Sophora microphylla y *Sophora tetraptera* se utilizan en arriates de arbustos, como arbustos especímenes o como arbustos de pared. *Sophora japonica* se emplea de árbol espécimen en grandes jardines de césped o en espacios grandes.

Sophora microphylla y *Sophora tetraptera* se propagan a partir de esquejes semileñosos en verano u otoño. *Sophora japonica* se multiplica mejor por semilla, aunque vale la pena intentarlo a partir de esquejes. Algunas variedades se pueden injertar en plántulas patrón.

Sophora microphylla

ambas especies son amarillas y brotan en pequeños racimos a finales de invierno o en primavera. Se consideran arbustos o árboles pequeños y alcanzan hasta 6 m de altura. *Sophora japonica* es un árbol mucho más alto y, en condiciones óptimas, puede llegar a crecer hasta 20 m de altura y envergadura. Las hojas, de color verde oscuro, presentan ocho

suelo	Crece bien en cualquier tipo de suelo bien drenado, incluido el arenoso
ubicación	Agradece que se le coloque en lugares que reciban mucho sol
poda	No requiere podas periódicas, sólo para dar forma o controlar el crecimiento
cuidados	Como miembro de la familia de las leguminosas, produce abono aprovechando el nitrógeno del aire
plagas y enfermedades	No suele presentar problemas. No le afectan ni las plagas ni enfermedades concretas

	PRIMAVERA	VERANO	OTOÑO	INVIERNO	altura, 5 años (m)	altura, 10 años (m)	diámetro, 5 años (m)	diámetro, 10 años (m)	color de floración	
Sophora japonica		● ●			3	5	1	2,5		Conocido como sófora o acacia del Japón
S. microphylla	● ●			●	2,5	5	2,5	5		Arbolito o arbusto con tendencia a ensancharse
S. microphylla «Sun King»	● ●			●	2,5	5	2,5	5		Variedad seleccionada procedente de Chile
S. tetraptera	●			●	2,5	5	2,5	5		Orientación sudoeste y al abrigo de un muro

● floración

Sorbaria

El nombre en latín de este género está formado por la combinación de _Sorbus_ y _Aria_. Sus hojas pinnadas se parecen a las del serbal (_Sorbus_), pero en realidad está más emparentado con _Spiraea_. Es muy apreciado en el jardín por sus grandes panículas de pequeñas flores blancas. Cada flor se compone de cinco pétalos estrellados.

Las panículas culminan la temporada de crecimiento entre mediados y finales del verano, cuando se acaban las flores de primavera y los racimos alcanzan una longitud máxima de unos 30 cm. Al igual que en muchas plantas de flor blanca, las flores adquieren un tono marrón menos atractivo cuando se marchitan, pero se pueden eliminar durante la poda.

El género _Sorbaria_ incluye arbustos vigorosos cuyos brotes pueden crecer entre 1 y 2 m al año; algunas variedades pueden llegar a medir entre 4 y 6 m de altura. Prosperan en suelos entre ligeramente ácidos y ligeramente alcalinos, y prefieren suelos fértiles que drenen bien. En la naturaleza se encuentran en bosques claros y riberas soleadas.

Como plantas de jardín son adecuados para plantar en la parte posterior de los arriates, donde aportan frondosidad y flores tardías. También crecen en jardines boscosos o silvestres. Por su tamaño resultan útiles para crear barreras que no crecen muy altas, siempre y cuando se disponga de suficiente anchura para su plantación.

Este género produce chupones que pueden separarse de las raíces y plantarse en solitario. Las semillas son pequeñas y deben sembrarse en primavera sobre un sustrato húmedo. También se multiplica a partir de esquejes semileñosos en verano.

suelo	Prefiere el suelo entre ligeramente ácido y ligeramente alcalino
ubicación	Le gusta principalmente el sol, pero crece bien expuesto a sombra moderada
poda	Elimine los brotes viejos y deje los más vigorosos después de la floración o en primavera
cuidados	Bastante vigoroso, pero fácil de cultivar y cuidar
plagas y enfermedades	Apenas presenta problemas. No le afectan ni las plagas ni enfermedades concretas

Sorbaria sorbifolia

	PRIMAVERA	VERANO	OTOÑO	INVIERNO	altura, 5 años (m)	altura, 10 años (m)	diámetro, 5 años (m)	diámetro, 10 años (m)	color de floración	
Sorbaria sorbifolia	● ● ●				1,5	2	1,5	2,5	☐	Le brotan chupones
S. tomentosa var. angustifolia	● ● ●				1,8	3	1,8	3	☐	Produce chupones; la típica S. tomentosa es más grande

 floración

Sorbus

Serbal

c: server

Los serbales y los serbales blancos forman parte del grupo de los manzanos de la familia *Rosaceae*. Suelen clasificarse dentro del mismo género, *Sorbus*, pero desde el punto de vista de la botánica se trata de una clasificación artificial compuesta por diferentes géneros.

En sentido estricto, el nombre *Sorbus* corresponde a los serbales. Los serbales blancos constituyen otro gran grupo aparte y están más emparentados con los manzanos (*Malus*) que con los serbales. El género *Sorbus* incluye otros grupos más pequeños, en concreto el acerolo (*Sorbus domestica*) y el mostajo (*Sorbus torminalis*). Si los grupos se mantuvieran puros, sería fácil reconocer los distintos géneros. Sin embargo, con la excepción de *S. domestica*, el resto tiende a hibridarse, por lo que es habitual referirse a todos ellos empleando el genérico *Sorbus*.

Produce grandes racimos de flores pequeñas de las que maduran pequeños frutos. Desde el punto de vista de la jardinería, la especie presenta tres atractivos principales: flores llamativas, sobre todo a finales de primavera o principios de verano; frutos de colores vivos al madurar en la mayoría

de las especies y color decorativo en otoño también en la mayoría de los casos. Crecen a partir de semillas, que pueden no germinar hasta la segunda primavera. A menudo se injertan. Conviene utilizar portainjertos de la misma familia: injertos de serbal con patrones de serbal y de serbal blanco con patrones de serbal blanco. Los esquejes de algunos serbales también enraízan a partir de esquejes semileñosos a principios de verano. *S. torminalis* se propaga a partir de esquejes de raíz.

Serbal

Los serbales (*S. aucuparia*) tienen unos frutos rojos que maduran a mediados de verano y que en regiones de clima suave suelen devorar los pájaros antes de la llegada del otoño. En otoño las hojas amarillean, pero no resultan muy decorativas y muchas veces caen sin haber adquirido colores espectaculares. Los frutos de la variedad «Fructu Luteo» son entre naranjas y amarillos y duran hasta más entrado el otoño.

suelo	Bien drenado. Los serbales prefieren suelos ácidos o neutros, mientras que los serbales blancos prosperan en tierras calizas
ubicación	Le gustan los lugares soleados o como mucho de sombra tamizada
poda	No requiere podas periódicas; sólo son necesarias para dar forma o controlar el crecimiento
cuidados	Cultivo y mantenimiento sencillos. Si se injerta, conviene eliminar los chupones del sistema radicular
plagas y enferme-dades	Puede afectarle el fuego bacteriano y otras enfermedades comunes, pero no suele presentar muchos problemas de plagas

Sorbus commixta y su variedad «Embley» presentan colores más bonitos en otoño, que van del amarillo o púrpura al escarlata brillante. Los frutos son naranjas o rojos, y normalmente resultan poco abundantes. *Sorbus* «Joseph Rock» combina hábito erecto y bayas de color ámbar que duran hasta mucho después de que las hojas se hayan teñido de rojo oscuro y púrpura y hayan caído. Le afecta el fuego bacteriano, pero se adapta bien a espacios pequeños. Los serbales de fruto blanco conservan las bayas durante mucho más tiempo, ya que los pájaros tardan más en comérselas. Algunos las conservan hasta comienzos de año, en función de la población de pájaros del lugar. Entre ellos, los mejores son los que se venden en centros de jardinería como *Sorbus hupehensis*, aunque en

Sorbus aucuparia

Sorbus cashmiriana

realidad este nombre pertenece a otra especie; también se encuentran con nombres más pertinentes como *Sorbus glabrescens* o *Sorbus oligodonta*. Las hojas son de color verde azulado, y las bayas, duras y blancas. Son árboles de porte entre pequeño y mediano: alcanzan unos 8 m de altura. *Sorbus forrestii* es parecido, pero con bayas blancas ligeramente más grandes y un tamaño menor, mientras que *Sorbus cashmiriana* apenas supera el porte arbustivo. Sus frutos son de mayor tamaño, de casi 1,5 cm, pero no resultan tan atractivos como los de las dos especies anteriores.

Sorbus domestica es muy diferente en numerosos aspectos. Tiene la corteza escamosa y frutos con forma de pera o manzana de mayor tamaño, de entre 2,5 y 3 cm, que al madurar adquieren tonos rojizos o verdes tirando a rojo. Prefiere terrenos calizos más pesados que los serbales auténticos.

Serbal blanco

Los serbales blancos reciben este nombre por el color plateado que sus hojas exhiben por el envés. El árbol que más se ajusta a esta descripción es *Sorbus aria*. De copa muy densa, resulta atractivo por el color plateado de las hojas más tiernas –sobre todo en la variedad «Lutescens»–, así como por sus frutos rojos. Le gustan sobre todo los suelos calizos y otros suelos alcalinos, pero también crece correctamente en suelos ácidos.

Todavía más espectacular es el follaje del *Sorbus thibetica* «John Mitchell», de hojas grandes, porte medio y copa ancha. El haz de las hojas se torna rojizo en otoño, mientras que el envés conserva su tono plateado, lo que le da un aspecto muy llamativo bajo la luz invernal si no se recogen las hojas. *Sorbus intermedia* tiene las hojas pilosas y de color grisáceo. Su mayor ventaja es su gran resistencia: tolera suelos pobres y la exposición en zonas costeras. El mostajo, *Sorbus torminalis*, presenta atractivas hojas lobuladas, pero son de color verde y enseguida pierden la textura aterciopelada. Las bayas son rojizas, igual que el color otoñal de las hojas. Le brotan chupones y se cultiva a partir de esquejes de raíz.

		PRIMAVERA	VERANO	OTOÑO	INVIERNO	altura, 5 años (m)	altura, 10 años (m)	diámetro, 5 años (m)	diámetro, 10 años (m)	color de floración	
[SERBALES]	Sorbus aucuparia	●	🌰🌰🌰	🌰		3,5	5	2	3		Fruto rojo, crece mejor en suelos húmedos
	S. aucuparia «Asplenifolia»	●	🌰🌰🌰	🌰		3,5	5	2	3		Fruto rojo, hojas similares a las del helecho
	S. aucuparia «Fructu Luteo»	●	🌰🌰🌰	🌰		3,5	5	2	3		Fruto naranja-amarillo, más duradero que el rojo
	S. cashmiriana	● ●		🌰🌰	🌰 🌰	3	4	1,5	2,5		Fruto blanco, dura hasta entrado el invierno
	S. commixta	●		🌰🌰		4	6	2	3		Bonito color otoñal, cantidad de frutos variable
	S. commixta «Embley»	●		🌰🌰		4	6	2	3		Espectacular color otoñal, pocos frutos rojos-naranjas
	S. domestica	● ●		🌰		4	6	2	3		Árbol de gran tamaño, color insulso en otoño
	S. forrestii	●		🌰🌰	🌰	3	5	2	3		Fruto blanco, puede durar hasta entrado el invierno
	S. hupehensis	●	🌰🌰🌰	🌰		3,5	5	2	3		Fruto blanco, hojas verdes y azuladas
	S. «Joseph Rock»	●	🌰🌰			4	6	2	3		Bayas ámbar y espectacular color otoñal
[SERBALES BLANCOS]	S. aria	● ●		🌰🌰🌰		4	6	3	5		Envés plateado y color otoñal rojizo
	S. aria «Lutescens»	● ●		🌰🌰🌰		4	6	3	5		Hojas tiernas muy plateadas
	S. aria «Magnifica»	● ●		🌰🌰🌰		4	6	3	5		Hojas de hasta 15 x 9 cm
	S. intermedia	● ●		🌰🌰🌰		4	6	2	4		Envés de las hojas gris verdoso, fruto rojo
	S. thibetica «John Mitchell»	● ●		🌰🌰🌰		4	6	3	5		Hojas grandes de 25 x 15 cm
	S. torminalis	● ●		🌰🌰🌰		3,5	5	2,5	4		Hojas verdes lobuladas, fruto rojizo, produce chupones

 floración 🌰 cosecha

Spartium

Gayomba,
retama de olor

c: ginesta; *e:* isats
espainiarra; *g:* giesteira

La gayomba o retama de olor es un arbusto grande que mide entre 3 y 5 m, lo que casi la convierte en un arbolito. Al igual que la mayoría de retamas, presenta pequeñas hojas efímeras y realiza la fotosíntesis a través de los tallos verdes.

La gayomba es una excelente planta floral. Las flores aparecen entre mediados y finales de verano en grandes cantidades; son amarillas y olorosas, parecidas a las del guisante. Resiste condiciones muy variadas, pero es ideal para zonas costeras y tierras calizas secas. En el jardín debe ubicarse en arriates de arbustos y lugares cálidos y soleados. Puede podarse para controlar el crecimiento a principios de primavera, pero es importante cortar sólo hasta los tallos verdes; hágalo con cuidado para no cortar ramas viejas, ya que podría dañar la planta. Se multiplica por semilla y se siembra en primavera u otoño.

Spartium junceum

suelo	*Spartium:* que drene bien, ácido o alcalino. *Stewartia:* suelos ácidos o neutros (no calcáreos)
ubicación	*Spartium:* a pleno sol; no tolera la sombra. *Stewartia:* lugares húmedos y resguardados con sol o sombra tamizada
poda	*Spartium:* a principios de primavera; sólo las ramas del último año. *Stewartia:* no necesita poda
cuidados	*Spartium:* cultivo sencillo. *Stewartia:* se resiente del trasplante y conviene plantarlo de maceta cuando todavía es pequeño
plagas y enferme- dades	Ninguno de los dos presenta especiales problemas de plagas o enfermedades

Stewartia

Stewartia

Esta planta puede encontrarse en libros y viveros con el nombre de *Stewartia* o *Stuartia*, ya que el nombre ha sufrido variaciones con el tiempo.

Stewartia malacodendron

Este género está emparentado con *Camellia*. Las flores blanquinosas de hasta 8 cm de diámetro nacen de los tallos cortos del crecimiento anual. Las flores duran poco, pero al brotar de manera continuada el árbol (o arbusto grande) conserva su atractivo durante varias semanas a lo largo del verano. En otoño las hojas adquieren colores bonitos, principalmente amarillos o rojos. La especie natural presenta también una corteza interesante, en particular *S. sinensis*; es lisa, de color entre rosa y gris o naranja cremoso y, al desprenderse, forma pequeñas tiras traslúcidas con forma espiral. Debe plantarse en terrenos húmedos y sotobosques no muy densos o en lugares en los que la planta quede resguardada por los lados. Se multiplica por semillas, sembradas en otoño, por acodo o a partir de esquejes tiernos o semileñosos en verano.

	PRIMAVERA	VERANO	OTOÑO	INVIERNO	altura, 5 años (m)	altura, 10 años (m)	diámetro, 5 años (m)	diámetro, 10 años (m)	color de floración	
Spartium junceum		● ●			2	4	1,5	3,5		Retoños verdes; flores aromáticas
Stewartia malacodendron		● ● ●			2	3,5	1,5	3		Floribundo y capaz de alcanzar los 5 m de altura
S. pseudocamellia		● ● ●			2	4	2	3		Árbol pequeño o mediano; corteza papirácea
S. sinensis		● ● ●			2	4	2	3		Corteza increíblemente bonita

 floración

Styrax
Estoraque

Este amplio género se compone, principalmente, de árboles pequeños a medianos, aunque algunas especies poco habituales, como *Styrax wilsonii*, no pasan de arbustos. Destacan por su profusión de flores acampanadas de tamaño mediano que brotan de los brotes foliares.

suelo	Ácido o neutro, húmedo pero bien drenado. No tolera los calizos
ubicación	Muestra todo su esplendor en lugares con sombra tenue o soleados y con protección lateral
poda	No requiere podas periódicas, sólo para dar forma o controlar el crecimiento
cuidados	Plántelo junto al camino, donde las flores puedan observarse por debajo y por los lados
plagas y enfermedades	No suele presentar demasiados problemas. No le afectan ni las plagas ni enfermedades concretas

Las flores son blancas con anteras amarillas, aunque algunas variedades de *Styrax japonicus* las tienen rosas. En *S. japonicus* las flores cuelgan de las ramas a mediados de verano y se ven mejor desde abajo, en contraste con el verde fresco e intenso de las hojas. En conjunto, es un árbol pequeño muy bonito. *Styrax obassia* y *Styrax hemsleyana* producen flores en enormes racimos y tienen las hojas mucho más grandes. Alcanzan más altura y destacan entre los mejores árboles de porte mediano y floración estival. Las plantas pequeñas, al menos de *S. obassia*, son un manjar para las babosas.

Los estoraques prefieren sotobosques poco densos, cierta protección y suelos húmedos, pero gustan del pleno sol siempre y cuando el terreno no se seque. Por desgracia, su aspecto en otoño es bastante mediocre.

Se multiplican por semilla. El fruto es una drupa verde con una sola semilla, dura y de color marrón claro. Para poder romper la dura coraza y germinar requiere tres meses cálidos seguidos de tres meses fríos para salir del aletargamiento. Para ello, puede colocarla junto al depósito de agua caliente (mezcle las semillas con sustituto de turba húmedo o mantillo) y luego en la bandeja para verduras de la nevera. Si lo prefiere, puede sembrar la semilla en primavera y esperar a la primavera siguiente. También se reproducen a partir de esquejes tiernos o semileñosos en verano.

Styrax japonicus

	PRIMAVERA	VERANO	OTOÑO	INVIERNO	altura, 5 años (m)	altura, 10 años (m)	diámetro, 5 años (m)	diámetro, 10 años (m)	color de floración	
Styrax hemsleyana		● ●			3	5	2	4		Flores en racimos largos y laxos
S. japonicus		● ●			3,5	5	2	4		Flores en racimos pequeños, cerca de las hojas verdes
S. obassia		● ●			3	5	2	4		Flores fragantes en racimos largos y laxos

● *floración*

Syringa

Lilo

c: lilà

El lilo se utiliza en jardinería por la agradable fragancia de sus flores a finales de la primavera o principios del verano. Florece en las yemas formadas durante el verano anterior, sobre todo en las terminales.

Existen unas 20 especies de lilo y numerosos híbridos, con variedades de una sola flor o de dos. El nombre común del género corresponde al color natural de la flor de *Syringa vulgaris*, pero hay muchos más colores, sobre todo blancos y púrpuras. Cuando no tienen flores, son plantas verdes y con muchas hojas, pero sin un atractivo especial. Por ello se pueden usar como soporte para las trepadoras estivales, como *Clematis* o *Eccremocarpus scaber*, que no proyectan una sombra demasiado espesa. También se pueden plantar bulbos de crecimiento primaveral en los alrededores.

Están especialmente adaptados a los suelos calcáreos. Deben evitarse las zonas con tendencia acumular hielo, ya que las heladas primaverales tardías pueden destruir las yemas terminales de las flores. Se suelen situar en arriates para arbustos, o bien como arbustos aislados o pequeños árboles espécimen, y se usan para formar setos altos.

Pueden multiplicarse a partir de esquejes tiernos a principios del verano o injertarse si tienen más dificultades para enraizar. También se pueden acodar.

Syringa vulgaris

suelo	Que drene bien, especialmente suelos calizos, pero también ácidos
ubicación	Sol o sombra ligera; no florecerá adecuadamente si está expuesto a sombra densa
poda	Hay que retirar las ramas viejas después de la floración. Se puede podar drásticamente para rejuvenecerlo
cuidados	Evite las zonas donde se acumule el hielo. No deje que los chupones de una planta injertada supriman la variedad deseada
plagas y enfermedades	Puede afectarle el chancro del lilo, además de otros problemas comunes como el hongo *Armillaria mellea*

	PRIMAVERA	VERANO	OTOÑO	INVIERNO	altura, 5 años (m)	altura, 10 años (m)	diámetro, 5 años (m)	diámetro, 10 años (m)	color de floración	
Syringa josiflexa «Bellicent»	● ●				1,8	3	1,5	2,5		Flores perfumadas en grandes panículas sueltas
S. meyeri var. spontanea «Palibin»	● ●				1	1,5	1	1,5		Lilo de crecimiento reducido, alcanza hasta 2,5 m
S. pubescens ssp. *microphylla*	●		●		1,2	1,5	1,2	1,5		Arbusto de pequeñas hojas y flores fragantes
S. pubescens ssp. *patula* «Miss Kim»	● ●				1,2	1,8	1,5	2		Fragante; hojas de márgenes ondulados
S. vulgaris «Andenken an Ludwig Späth»	●				1,8	3	1,5	2,5		Flores sencillas
S. vulgaris «Charles Joly»	●				1,8	3	1,5	2,5		Flores dobles y tardías
S. vulgaris «Katherine Havemeyer»	● ●				1,8	3	1,5	2,5		Flores dobles

● *floración*

Tamarix
Tamarisco, taray
c: tamariu; e: tamariza;
g: tarai

Estos arbustos se suelen ver en zonas costeras templadas, pues prosperan realmente bien en ambientes salinos y toleran perfectamente el viento.

El género *Tamarix* se adapta también al cultivo en zonas alejadas de la costa. Sus credenciales son un follaje pequeño, parecido al del ciprés, y brotes vigorosos y repletos de flores minúsculas (casi hay que mirar con lupa por separado), tan numerosas que forman una especie de plumero terminal. Las flores son siempre de algún tono rosa. En jardinería son excelentes en arriates para arbustos o como especímenes. También sirven para crear setos. Además de tolerar muy bien la intemperie, también prosperan en suelos pobres y salinos. En los jardines que quedan junto a carreteras y que hay que proteger de la sal empleada para deshacer la nieve o el hielo, en lugar de los típicos cipreses se puede plantar un seto de tamariscos. Los únicos suelos en los que no crecen bien son los superficiales sobre piedra caliza.

Algunas especies, incluida *Tamarix ramosissima*, florecen a finales de verano sobre las ramas nuevas, que se pueden podar drásticamente en primavera. Otras, como *Tamarix tetrandra*, florecen en primavera sobre brotes foliares cortos de las ramas del verano anterior; éstas deberían podarse tras la floración, ya que de lo contrario crecen muy desordenadamente. Se propagan por esquejes leñosos obtenidos en invierno o semileñosos en verano. También se pueden sembrar a partir de semillas en cuanto estén maduras.

Tamarix ramosissima

Tamarix gallica

suelo	Cualquiera bien drenado, especialmente arenoso, pero no superficial sobre piedra calcárea
ubicación	Le gustan los lugares muy soleados; excelente en zonas costeras
poda	Las especies que florecen en verano/otoño: (grupo II); las que florecen en primavera: después de la floración (grupo I)
cuidados	Arbusto de cultivo sencillo. En zonas interiores necesita protección frente a los vientos fríos y secos
plagas y enfermedades	No presenta grandes problemas. Las plagas y las enfermedades no suelen afectarle

	PRIMAVERA	VERANO	OTOÑO	INVIERNO	altura, 5 años (m)	altura, 10 años (m)	diámetro, 5 años (m)	diámetro, 10 años (m)	color de floración	
Tamarix ramosissima		●	●		1,8	3	1,5	2,5		Ramas marrón rojizo; grupo de poda II
T. ramosissima «Pink Cascade»		●	●		2	3	2	3		De crecimiento vigoroso
T. ramosissima «Rubra»		●	●		1,8	3	1,5	2,5		Floración muy abundante
T. tetrandra	● ●				1,8	3	1,5	2,5		Arbusto de ramas abiertas, grupo de poda I

● floración

Tilia
Tilo de hoja pequeña

Estos tilos pueden llegar a ser árboles muy grandes. En estado natural necesitan amplios espacios, pues la mayoría alcanza entre 15 y 25 m de altura. Hay algunos más pequeños, sobre todo el raro *Tilia kiusiana*, que no es más que un gran arbusto o un arbolito de unos 6 m de altura.

El tilo mongol, *Tilia mongolica*, es un árbol pequeño que no suele sobrepasar los 8 m; resulta útil, junto con *T. kiusiana*, si se dispone de un espacio limitado. Los tilos de hoja pequeña son apreciados por sus aromáticas flores.

Algunos tilos de hoja pequeña tienen problemas con los áfidos, sobre todo la especie común *Tilia europaea*, demasiado grande para el jardín: puede alcanzar los 35 m de altura. Produce grandes cantidades de melazo en algunos momentos del verano. Una alternativa es *Tilia* «Euchlora», con el haz de las hojas brillante; sin embargo, al envejecer se afea y forma una

suelo	Estos árboles crecen en casi todos los tipos de suelo, siempre y cuando drenen bien
ubicación	Prefieren las zonas soleadas o con sombra ligera
poda	Pódelos para limitar su crecimiento; toleran bien la poda drástica
cuidados	Árboles de gran crecimiento, algunos producen mucho melazo y vástagos basales, pero no las especies que figuran en la lista inferior
plagas y enfermedades	Los áfidos pueden afectar a algunas variedades; también la roya puede provocar la caída de las hojas a principios de otoño

maraña de ramas bajas en invierno. Son mucho mejores los tilos plateados; y, sin duda, el mejor de todos es *Tilia* «Petiolaris», con su hábito de crecimiento péndulo.

La poda es beneficiosa para los tilos de hoja pequeña, cuyo crecimiento puede controlarse mediante un desmochado anual o bienal. Como alternativa se puede recortar el árbol hasta formar un entramado de ramas que produce una sombra densa en verano. Los tilos de hoja pequeña crecen en prácticamente todos los suelos bien drenados. Pueden plantarse a partir de semilla, que suele germinar a la segunda primavera. En general, las variedades se injertan en plántulas patrón; también pueden reproducirse por acodo.

Tilia mongolica

Tilia «Petiolaris»

T

Árboles y arbustos

	PRIMAVERA	VERANO	OTOÑO	INVIERNO	altura, 5 años (m)	altura, 10 años (m)	diámetro, 5 años (m)	diámetro, 10 años (m)	color de floración	
Tilia cordata		●			4	7	2,5	4		Árbol grande (hasta 25 m), poca exudación de melazo
T. «Euchlora»		●			4	7	2,5	4		Porte mediano, tiende a crecer desordenadamente
T. henryana		●			3	5	2	3		Hojas plateadas de ápices agudos
T. mongolica		●			3,5	6	2	3		Hojas irregularmente dentadas; pequeño, pocos áfidos
T. «Petiolaris»		●			4	7	2,5	4		Árbol erecto con ramas colgantes; sin áfidos
T. platyphyllos		●			4	7	2,5	4		Árbol de gran crecimiento con grandes hojas
T. platyphyllos «Rubra»		●			4	7	2,5	4		Después de un año le brotan ramitas rojas en invierno
T. tomentosa		●			4	6	2,5	4		Envés plateado intenso; hábito erecto

 floración

Toona

Cedro chino

Este género está representado por la especie cultivada *Toona sinensis*, que en los libros de botánica más antiguos también se conoce como *Cedrela sinensis*. Las hojas son anchas y pinnadas, y le dan un aspecto muy atractivo. A menudo le falta el folíolo terminal, de modo que la hoja deja de ser imparipinnada.

El follaje nuevo de *Toona* es comestible y tiene un sabor parecido al de la cebolla. En Pekín se cultiva más como alimento que por sus fragantes flores blancas, que aparecen a mediados de verano, o por su color amarillo otoñal. En jardinería, *Toona sinensis* «Flamingo» es especialmente llamativo a principios de verano gracias a su follaje nuevo color de rosa brillante. Excelente como espécimen aislado. Se propaga por esquejes de raíz, por división de chupones o por semillas, si se tienen.

Trochodendron

Este género está formado por una sola especie: el único árbol de hoja ancha y madera con características de conífera.

Trochodendron aralioides

suelo	*Toona*: fértil y bien drenado. *Trochodendron*: de ácido a neutro, pero no calizo
ubicación	*Toona*: prefiere estar a pleno sol. *Trochodendron*: sol o sombra moderada
poda	Ninguno de los dos géneros la requiere, salvo para dar forma nueva o contener el crecimiento
cuidados	*Toona*: la variedad «Flamingo» es impresionante cuando los rayos de sol atraviesan el follaje. *Trochodendron*: agradece la protección lateral
plagas y enfermedades	No presentan grandes problemas. No suelen afectarles plagas o enfermedades específicas

El follaje se parece un poco al de la hiedra (*Hedera*). Es un arbusto perennifolio de crecimiento lento pero que con el tiempo puede convertirse en árbol. Las flores son de un verde vivo, muy características y utilizadas en arreglos florales. Parece sensible al frío, pero en realidad es muy resistente, sobre todo si está resguardado lateralmente.

En jardinería se emplea en arriates como arbusto perenne o en el subpiso de zonas boscosas. Se puede cultivar a partir de semillas o esquejes semileñosos en verano.

	PRIMAVERA	VERANO	OTOÑO	INVIERNO	altura, 5 años (m)	altura, 10 años (m)	diámetro, 5 años (m)	diámetro, 10 años (m)	color de floración	
Toona sinensis		● ●			3	5	1	2	☐	Hojas grandes y atractivas
T. sinensis «Flamingo»		●			3	5	1	2	☐	Follaje rosa impresionante en primavera
Trochodendron aralioides	● ●				1,5	2,5	1,2	2	▣	Arbusto perenne, verde manzana coriáceo

● *floración*

Ulmus
Olmo

La gran epidemia de grafiosis que se inició a finales de la década de 1960 (también llamada «la enfermedad holandesa» por las investigaciones realizadas en este país a principios del siglo xx) ha reducido significativamente la existencia de olmos, sobre todo en ciertas partes de Europa.

Los olmos son unos árboles excelentes que toleran ambientes salinos y salpicaduras de sal en invierno; además, crecen en suelos de tipo muy distinto. A algunos híbridos modernos no les afecta la enfermedad, pero no están muy extendidos. El olmo montano (*Ulmus glabra*) y el olmo común (*Ulmus minor*) aún se plantan con frecuencia.

Los majestuosos olmos europeos (*Ulmus procera*) se están reemplazando por vástagos de corta vida que quizás lleguen a alcanzar los 12 m antes de sucumbir a la infección (una enfermedad de origen fúngico).

Pueden multiplicarse por esquejes semileñosos en verano o por injerto. La mayoría de esquejes de raíz prosperarán, aunque no los de olmo montano (*U. glabra*), la única especie que crece fácilmente a partir de semillas sembradas al madurar a principios del verano.

Ulmus minor «Dampieri Aurea»

Ulmus minor «Jaqueline Hillier»

suelo	Para ambos, bien drenado. *Ulmus*: bien drenado a pesado, ácido o alcalino
ubicación	Ambos géneros de árboles prefieren zonas con sol o sombra ligera
poda	Ninguno de ellos necesita ser podado, pero ambos toleran las podas drásticas
cuidados	*Ulmus*: sensible a la grafiosis. *Umbellularia*: conténgase y no huela el intenso aroma del follaje (*véase* texto)
plagas y enfermedades	*Ulmus*: tiene tendencia a sufrir grafiosis. *Umbellularia*: no le afectan las plagas ni las enfermedades

Umbellularia
Laurel de California

Umbellularia californica

Abunda en la costa pacífica de Estados Unidos. Es pariente del laurel (*véase* pág. 82) y un atractivo árbol perennifolio. A las flores amarillas les siguen frutos de color púrpura que contienen una única semilla.

Las hojas desprenden un aroma fuerte y atrayente, pero intente no olerlas demasiado rato, ya que tienen un componente volátil que provoca un intenso dolor de cabeza al cabo de una media hora; no en vano, este laurel también se conoce con el nombre de laurel de California «del dolor de cabeza». Se sabe, asimismo, que el aceite volátil del follaje puede producir dermatitis a algunas personas. En el jardín constituye un hermoso ejemplar perennifolio lleno de color en primavera. Puede propagarse a partir de semillas frescas en otoño o de esquejes semileñosos en verano.

	PRIMAVERA	VERANO	OTOÑO	INVIERNO	altura, 5 años (m)	altura, 10 años (m)	diámetro, 5 años (m)	diámetro, 10 años (m)	color de floración	
Ulmus glabra	floración floración	cosecha			3	6	1	3		El único olmo que se reproduce por semilla
U. glabra «Camperdownii»	floración floración	cosecha			3	4	2	4		Excelente árbol llorón
U. minor «Dampieri Aurea»	floración floración	cosecha			2	4	1	2		Hojas amarillas y doradas, abundantes; hábito erguido
U. minor «Jacqueline Hillier»					1	2	1	2		Pequeño arbusto
Umbellularia californica	floración floración		cosecha	floración	2,5	4	1,5	2,5		Atractivo árbol perennifolio de delgada corteza marrón

 floración   cosecha

Wisteria

Glicina

c: glicina

Las plantas de este género son trepadoras naturales capaces de crecer hasta 6 m en un año. Resultan excelentes como enredaderas ornamentales en grandes árboles.

Como puede convertirse en un árbol de 20 m, olvídese de podarlo a esa altura y disfrute de sus flores. Sólo los tallos del mismo año son flexibles como varitas. Se puede tutorar sin problemas para conseguir un arbusto aislado. El primer paso consiste en conseguir troncos leñosos de unos 2 m de altura (o tan largos como quepan en el espacio disponible). Una vez hayan alcanzado la altura deseada utilice una estaca o una caña resistente para evitar que sigan creciendo.

La fase siguiente consiste en podarlo regularmente para adecuarlo al espacio disponible, y también para propiciar la floración. Hay que cortar los vigorosos brotes a unos 15 cm del tallo principal entre mediados y finales de verano y recortarlos aún más en invierno para eliminar las pequeñas yemas vegetativas aplanadas pero conservando las florales, redondas, que se encuentran cerca de la base. *Wisteria* puede crecer a partir de semilla, pero en tal caso su floración es lenta e impredecible. Es mucho mejor hacer injertos (en invierno) o acodar un retoño largo. Los esquejes basales también deberían enraizar a principios de verano.

suelo	Tanto *Wisteria* como *Zelkova* crecen en terrenos que drenen bien, tanto ácidos como alcalinos
ubicación	*Wisteria*: a pleno sol, mejor en paredes orientadas al sur y al oeste. *Zelkova*: zonas soleadas o con sombra ligera
poda	*Wisteria*: pode las ramas largas a unos 15 cm hacia mediados o finales de verano. *Zelkova*: no la necesita
cuidados	*Wisteria*: para que adopte porte arbóreo hay que irla atando con cuerdas y cadenas. *Zelkova*: de cultivo muy fácil
plagas y enfermedades	*Wisteria*: no presenta grandes problemas. *Zelkova*: puede afectarle la grafiosis del olmo, pero sólo en caso de epidemia

Zelkova

Zelkova serrata

Este género está relacionado con el olmo, pero es mucho menos propenso a la grafiosis. En lugar del fruto en sámara del olmo produce pequeñas drupas.

Las hojas son pequeñas y adquieren hermosos colores en otoño; a diferencia de las hojas del olmo, las de *Zelkova* son simétricas y no oblicuas en la base. La corteza es lisa y gris, pero se desprende formando escamas que revelan una corteza interior anaranjada. En el jardín constituyen imponentes especímenes aislados, aunque pueden podarse para mantener un porte pequeño. Toleran muchos tipos de suelo, desde los arenosos ácidos hasta las tierras calizas, siempre y cuando drenen razonablemente bien. Pueden propagarse por injerto en una plántula patrón o a partir de esquejes semileñosos a principios de verano.

	PRIMAVERA	VERANO	OTOÑO	INVIERNO	altura 5 años (m)	altura 10 años (m)	diámetro 5 años (m)	diámetro 10 años (m)	colores
Wisteria brachybotrys «Shiro-kapitan»	●				3	3	4	4	Flores aromáticas
W. floribunda «Alba»	●				3	3	4	4	Racimos de flores de hasta 60 cm
W. floribunda «Multijuga»	●				3	3	4	4	Flores de hasta 1 m; también llamada «Macrobotrys»
W. sinensis «Alba»	●				3	3	4	4	Flores aromáticas en racimos de hasta 30 cm
W. sinensis «Prolific»	●				3	3	4	4	Flores aromáticas en racimos de hasta 30 cm
Zelkova carpinifolia					3	5	2	3,5	Tendencia vertical con varios troncos erectos
Z. serrata					3	5	3	5	Porte bajo y ancho; conocido como zelkova japonesa

 floración

Bambúes

Los bambúes son primitivas hierbas (gramíneas) leñosas totalmente distintas de cualquier árbol o arbusto incluido en el presente volumen. No destacan por la belleza de sus flores o frutos, sino por su incomparable elegancia. Los tallos o cañas brotan del rizoma situado bajo tierra. Todo su crecimiento, a lo alto y a lo ancho, se concentra en unas pocas semanas del verano. Los rizomas subterráneos pueden ser de dos tipos: leptomorfos y paquimorfos. En las especies leptomorfas, el rizoma crece y las cañas se forman a partir de las ramas laterales. Son especies agresivas en su ocupación del terreno; la conocida especie *Pseudosasa japonica* pertenece a este grupo y no destaca por su belleza. En las especies paquimorfas, el extremo del rizoma es una caña flanqueada normalmente por dos yemas. Cuando éstas crecen, desplazan la siguiente caña terminal hacia delante.

Los bambúes aportan un excelente toque exótico al jardín. Los períodos fríos pueden llegar a afectar a las hojas, que perderán un poco de su vistosidad hasta que crezca el nuevo follaje a finales de primavera. Los vástagos anuales son erectos, pero se separan por el peso de las hojas que brotan al segundo año, lo que les da una bonita forma de cúmulos arqueados. Los bambúes constituyen excelentes barreras visuales o protectoras, y dado que no crecen demasiado permiten planificar de antemano cuál será la altura del muro verde (a diferencia del ciprés de Leyland, que debe recortarse constantemente para que mantenga la forma); las cañas se encargarán de que sea impenetrable. Uno de los mejores bambúes para estos fines es *Semiarundinaria fastuosa*, que presenta cañas erectas y muy juntas que no se arquean. Alcanza una altura máxima de 8 m y las cañas pueden llegar a tener 4 cm de diámetro. Además resiste bien en los jardines más expuestos.

Chimonobambusa

Vale la pena cultivar este género leptomorfo (y también el que se menciona a continuación), aunque quizá debería restringirse a una bañera en vez de plantarlo en espacios abiertos. Las cañas de *Chimonobambusa quadrangularis* tienen cuatro lados y una sección casi cuadrada. Los nudos sobresalen, y en los más bajos hay raíces aéreas en forma de pinchos (se recomienda utilizar guantes).

Chimonobambusa tumidissinoda

Esta especie crece bien a plena sombra, siempre que reciba la humedad necesaria; las cañas pueden llegar a medir 7 m y tener un diámetro de 4 cm. *Chimonobambusa tumidissinoda* (también llamada *Qiongzhuea tumidissinoda*) no presenta espinas en los nudos, muy hinchados y de un diámetro que casi duplica el de los entrenudos de la caña. Alcanza los 6 m de altura y un diámetro de unos 2,5 cm. Crece muy rápidamente, por lo que quizá valga la pena contener el crecimiento dentro de una bañera grande. Se multiplica por división del rizoma, que para desarrollarse en otro emplazamiento necesitará tener al menos dos yemas y una caña.

suelo	*Chimonobambusa*: suelos húmedos pero no encharcados. *Chusquea*: suelos húmedos y que drenen bien	
ubicación	*Chimonobambusa*: sombra ligera a moderada. *Chusquea*: sol o sombra ligera	
poda	*Chimonobambusa*: elimine los tallos viejos cuando tengan 3 o 4 años. *Chusquea*: no la necesita	
cuidados	*Chimonobambusa*: se extiende rápidamente; cañas con pinchos en *C. quadrangularis*. *Chusquea*: mantener la humedad durante el crecimiento	
plagas y enfermedades	No presentan excesivos problemas y no les ataca ninguna plaga ni enfermedad específica	

Chusquea
Coligue

Se trata de un género que se propaga por cañas (paquimorfa) procedente de Sudamérica. Destaca por los tallos macizos y la manera en que se forman las ramas de los nudos de la caña.

Chusquea culeou

Sólo se cultiva de forma generalizada *C. culeou*, pero vale la pena buscar la especie *C. gigantea*, de cañas mucho más largas. En climas costeros fríos resisten las posiciones expuestas, aunque se adaptan menos a las regiones con elevadas temperaturas estivales. Procede de zonas en las que la mayoría de precipitaciones caen durante la época de crecimiento, en verano, por lo que no resiste bien la sequía. El género *Chusquea* se propaga por división, aunque es un poco complicado hacerlo. Divida el rizoma en otoño y manténgalo en un lugar fresco y húmedo (como un invernadero sombreado) hasta que desarrolle las raíces.

	PRIMAVERA	VERANO	OTOÑO	INVIERNO	altura, 5 años (m)	altura, 10 años (m)	diámetro, 5 años (m)	diámetro, 10 años (m)	color de floración
Chimonobambusa quadrangularis					5	7	5	10+	Las cañas nuevas brotan en otoño
C. tumidissinoda					5	6	5	10+	Cañas nuevas final de primavera/principio de verano
Chusquea culeou					3	5	2	4	Llega a los 6 m, cañas de un diámetro de 2,5 cm
C. gigantea					5	8	2	4	Hábito erecto, hasta 15 m; llamada *C. breviglumis*

Fargesia

Este género comprende algunos de los mejores bambúes de crecimiento por cañas o paquimorfos. Son plantas muy resistentes y atractivas. Forman cañas en un principio erectas que posteriormente se arquean y adoptan un follaje péndulo.

Fargesia nitida

estriadas), y menos común. Las especies de *Fargesia* pueden perder las hojas en los inviernos más crudos o en los vendavales, pero enseguida vuelven a brotar en primavera. Las cañas son esbeltas, de apenas 1 cm de diámetro y sección redonda. Tienen de 4 a 5 ramas en cada nudo, al menos durante el primer año, lo que las distingue del género *Chusquea*, de un ramaje mucho más desarrollado, o *Phyllostachys*, que sólo presenta dos ramificaciones. Las cañas nuevas tienden a ser glaucas.

Se propagan fácilmente por división, aunque llegar a separar unas cañas de otras requiere un esfuerzo considerable, sobre todo si es un bosquecillo viejo con muy poca separación entre los tallos. La primavera, época de crecimiento, es el mejor momento del año para dividirlos, aunque si se mantienen húmedos y se plantan antes de que se sequen prosperarán en cualquier época del año.

suelo	Que drene bien, ya sea ácido o alcalino, y sea capaz de retener la humedad y el agua
ubicación	La ubicación más adecuada es a pleno sol o en sombra moderada
poda	No es necesaria; las cañas viejas se pueden recolectar a partir del segundo verano
cuidados	Forma espesos bosquecillos. Es importante regar abundantemente durante la época de crecimiento estival
plagas y enfermedades	No presenta excesivos problemas y no suele atacarle ninguna plaga ni enfermedad en concreto

Fargesia murieliae

Al cabo de unos 50 años pueden haberse convertido en un bosquecillo de unos 2 m de diámetro formado por cientos de cañas, pero estos bambúes saben contenerse y nunca se salen de madre. Es un género útil para formar barreras si la anchura disponible es la suficiente; si tiene problemas de espacio, es mejor que se decante por *Semiarundinara fastuosa*.

Las especies de este género se han considerado parte de otros géneros, en especial *Arundinaria*, *Sinarundinaria* y *Thamnocalamus*; es posible que todavía lo encuentre con alguno de estos nombres. Por el contrario, algunas especies atribuidas a *Fargesia* pertenecen, en realidad, a un género emparentado, *Borinda* (fácil de distinguir por las cañas finamente

	PRIMAVERA	VERANO	OTOÑO	INVIERNO	altura, 5 años (m)	altura, 10 años (m)	diámetro, 5 años (m)	diámetro, 10 años (m)	color de floración	
Fargesia dracocephala					4	5	3	5		Resistente, de hojas duras y vástagos erectos
F. murieliae					4	4	3	4		Resistente y bonita; cañas de 4 m x 1,3 cm de diámetro
F. murieliae «Simba»					2	2	1	2		Variedad moderna que sólo alcanza los 2 m
F. nitida					4	4	3	4		Hojas la mitad de pequeñas que otras *Fargesia* (5 cm)
F. robusta					4	4	2	4		Crecimiento erecto; cañas de 4 m x 1,3 cm de diámetro

Phyllostachys

Bambú

c: bambú

Este género es fácil de reconocer porque las cañas sólo tienen dos ramas en cada nudo y en raras ocasiones tres, aunque éstas se subramifican; además presenta surcos en el tallo, por encima de las yemas.

Semiarundinara es el único género que, junto al bambú japonés, es asurcado por encima de las yemas, aunque los surcos son pequeños y cortos y las ramificaciones muchas.

Phyllostachys es de rizoma leptomorfo. En los climas más fríos es difícil que su crecimiento se

suelo	Crece bien en cualquier suelo bien drenado, siempre que retenga la humedad
ubicación	Prefiere lugares de gran insolación o sombra ligera
poda	No es necesaria; las cañas más viejas se pueden recolectar a partir del segundo año
cuidados	En climas cálidos puede crecer descontroladamente; en estos casos habrá que podarla drásticamente para limitar el crecimiento
plagas y enfermedades	A algunas especies les afectan los áfidos, pero normalmente no presenta problemas específicos de plagas o enfermedades

Phyllostachys viridi-glaucescens

descontrole, a diferencia de los cálidos. Espaciar o aclarar las cañas resulta muy efectivo, sobre todo para cosechar las cañas más antiguas. Las cañas pueden ser de distintos colores, aunque no los muestran hasta el segundo año. *P. aurea* las tiene de color verde y gruesas, y adoptan tonos amarillo claro con mucha luz. *P. aureosulcata* tiene las cañas de color verde, pero con los surcos amarillos. En *P. nigra* se ennegrecen con el tiempo, y la conocida variedad «Boryana» tiene las cañas verdes con puntos de color marrón oscuro a partir del segundo año. *P. viridi-glaucescens* las tiene de color verde neutro, mientras que en *P. vivax* «Aureocaulis» son de color amarillo intenso con algunas franjas verdes. El género *Phyllostachys* puede propagarse por división del rizoma; para ello seleccione una sección al menos dos yemas y un vástago.

	PRIMAVERA	VERANO	OTOÑO	INVIERNO	altura, 5 años (m)	altura, 10 años (m)	diámetro, 5 años (cm)	diámetro, 10 años (cm)	color de floración
Phyllostachys aurea					5	8	2	4	Cañas de hasta 4 cm de diámetro; inicialmente verdes
P. aureosulcata					5	8	2	4	Cañas de hasta 3,5 cm; hojas grandes (hasta 18 cm)
P. nigra					5	8	2	4	Cañas inicialmente verdes que van ennegreciéndose
P. nigra «Boryana»					6	9	2	4	Los nuevos brotes primaverales son comestibles
P. viridi-glaucescens					5	8	2	4	Cañas color verde neutro y hasta 5 cm de diámetro
P. vivax «Aureocaulis»					5	8	2	4	Cañas que llegan a los 15 m por 9,5 cm de diámetro

Helechos arbóreos y palmeras

Para este breve apartado se han seleccionado algunas especies de helechos arbóreos y palmeras resistentes al frío y que acaban formando «árboles». Suelen ser de crecimiento lento; por ejemplo, el helecho arbóreo *Dicksonia antarctica* crece unos 2 o 3 cm al año, y las palmeras no llegan a los 20 cm anuales. Sin embargo, en los centros de jardinería pueden adquirirse ejemplares de tamaño considerable, por lo que se han incluido en el presente libro. Tienen un follaje realmente espectacular: forman como un rosetón vegetal de grandes hojas al final de los largos tallos. Precisamente, su peculiar follaje las convierte en plantas de adorno.

Trachycarpus fortunei

Las palmeras son monocotiledóneas; es decir, no tienen crecimiento secundario (o en grosor). El grosor del tronco lo determinan las condiciones de crecimiento inicial. Tampoco desarrollan raíces secundarias, de modo que el sistema radicular es relativamente pequeño y en forma de radios que salen de la base del tronco. Esta peculiaridad facilita su traslado, a diferencia de los árboles de hoja ancha y las coníferas, en los que las raíces se hacen cada vez más grandes con el paso los años.

Aunque no están emparentados, el género *Dicksonia* también tiene un tronco y un sistema radicular parecidos, sólo las que raíces de *Dicksonia* nacen justo debajo de las hojas y descienden a lo largo del fibroso tronco. Si alguno de estos helechos crece demasiado (o se rompe por la mitad), córtelo limpiamente hasta la base, entiérrela y retomará el crecimiento. *Dicksonia antarctica* necesita protección en los días invernales húmedos. Para ello pliegue las hojas más viejas sobre el brote

Dicksonia antarctica

central a modo de «tipi» (la tienda tradicional de los indios). Las palmeras se propagan por semillas, que se siembran en primavera. Para que germinen los helechos arbóreos hay que distribuir las esporas sobre una superficie húmeda. Puede colocar una maceta dentro de un recipiente superficial lleno de agua y cubrirla con una bolsa de politeno.

suelo	Son razonablemente exigentes y les gusta cualquier suelo siempre que presente buen drenaje.
ubicación	Sol para las palmeras; les gustan las condiciones húmedas, con algo de sombra
poda	Sólo producen un único rosetón por follaje. Su pérdida destrozaría la planta
cuidados	Idealmente, pulverice con agua su *Dicksonia* dos veces al día durante los días soleados de verano
plagas y enfermedades	Relativamente libres de problemas y sin plagas o enfermedades concretas

Trachycarpus fortunei

	PRIMAVERA	VERANO	OTOÑO	INVIERNO	altura, 5 años (m)	altura, 10 años (m)	diámetro, 5 años (m)	diámetro, 10 años (m)	color de floración	
Dicksonia antarctica					1,5	1,7	4	4		Tronco fibroso; puede alcanzar los 15 m
Phoenix canariensis		●	◉		1,5	2,5	5	6		Las hojas pinnadas pueden llegar a 6 m de longitud
Trachycarpus fortunei		●	◉		1,5	2,5	2,5	3		Hojas palmeadas, hasta 1,25 m de anchura; fruto azul

 floración cosecha

Coníferas

Las coníferas traen recuerdos a la memoria, ya sea el seto de ciprés del vecino que quita la luz o los espesos bosques de abetos de las zonas montañosas. Como todas las plantas que se cultivan, las coníferas tienen su propio lugar y si se abusa o se prescinde de ellas el jardín no presentará un aspecto equilibrado. Personalmente, creo que la proporción ideal de árboles de hoja perenne se sitúa entre el 10 % y el 40 % del total; si no llega a este porcentaje, el jardín tendrá un aspecto desnudo en invierno; si lo sobrepasa, la sombra será excesiva en verano. Las coníferas son unos de los mejores árboles perennifolios. La estrecha corona de un ciprés o las ramas escalonadas de los pinos aportan su forma y porte a cualquier jardín, mientras que la gran variedad de hojas, de color dorado, gris plateado, azul intenso y plateado, aportan cualidades que ningún otro grupo puede ofrecer, y no digamos ya superar.

Las flores y los frutos pueden ser espectaculares. Las flores masculinas color rojo teja de *Picea orientalis* son las mejores, aunque las de la extendida especie *Chamaecyparis lawsoniana* dejan poco que desear. Los frutos maduros de *Abies koreana* y *Abies procera* son los más atractivos de su clase. Las hojas de las coníferas son alargadas y lineales (y muchas veces pinchan, por eso se llaman agujas) o bien escamiformes. La mayoría de especies, aunque no todas, son perennifolias. Las hojas verde vivo del alerce a principios de primavera, antes de que la mayoría de árboles desarrollen hojas, anuncian la llegada de la primavera, mientras que los tonos dorados otoñales de *Ginkgo* y *Pseudolarix* o los rosados y marrones rojizos de *Metasequoia* en otoño son tan vistosos como los de cualquier árbol de hoja ancha. Las coníferas prosperan en suelos de distinto signo, tanto arenosos ácidos como secos (especialmente propicios para *Tsuga heterophylla*), finos sobre roca caliza (en los que prosperan *Cedrus*, *Cupressus*, algunas especies de *Pinus* y *Taxus*) o incluso encharcados (*Metasequoia* y *Taxodium* crecen sin problemas con 15 cm de agua).

Las coníferas también presentan ritmos de crecimiento muy distintos: algunas crecen extremadamente rápido, como *Abies grandis*, *Cupressus leylandii*, *Pinus radiata*, *Sequoia sempervirens* y *Sequoiadendron giganteum*, que en unos 16-18 años alcanzan los 18 m de altura, y otras son maravillas de crecimiento lento como *Juniperus recurva* var. *coxii*, *Pseudolarix* o *Thujopsis*. También hay coníferas enanas y otras de crecimiento lento interesantes, que se tratan en el libro *Flores* de esta misma colección. Normalmente se encuentran en los comercios crecidas en maceta (y de 60 cm o 1 m de altura). Las coníferas se pueden cambiar de emplazamiento, pero requieren un cepellón considerable que las hace muy pesadas.

Abies
Abeto

Los abetos tienen franjas de color blanco plateado en el envés de las agujas. Son coníferas perennifolias que crecen formando espiras regulares de ramas con hojas normalmente no punzantes. Los conos femeninos o piñas son erectos y crecen en la parte superior de las ramas más altas.

El color de las piñas puede ser violeta púrpura (*Abies fraseri* y *A. koreana*) o incluso de colores más vivos en algunas especies menos habituales, como *A. forrestii*, verdes o violetas (*A. concolor* y *A. grandis*) o color verde amarronado (*A. nordmanniana* y *A. procera*, ambas con brácteas muy prominentes). Los conos masculinos penden de las ramas inferiores y su función es la de esparcir el máximo polen hacia los árboles de los alrededores con la ayuda del viento.

En el jardín, los abetos resultan muy versátiles. *A. fraseri* y *A. koreana* son pequeños árboles de vistosas piñas y follaje plateado; son especímenes ideales para jardines de escasas dimensiones. *A. grandis* es una especie de crecimiento rápido útil como espécimen en jardines grandes o en lugares donde pueda

suelo	Suelos bien drenados, moderadamente fértiles o fértiles, también calizos (excepto *A. procera*)
ubicación	Crecen mejor si se ubican en lugares que reciban sol o sombra moderada
poda	Este grupo de árboles no necesita podarse
cuidados	Podría decirse que se cuidan solos. Toleran bien la sombra cuando son jóvenes
plagas y enfermedades	Los áfidos pueden dar algunos problemas; el hongo *Armillaria mellea* puede llegar a matar los ejemplares jóvenes

Abies koreana

contemplarse a cierta distancia. *A. nordmanniana*, *A. concolor* y *A. procera* no crecen tanto ni tan rápidamente como *A. grandis*, pero llegan a alcanzar alturas medias en poco tiempo. *A. concolor* tiene las hojas de color azulado o grisáceo, mientras que el follaje de *A. procera* es azul glauco brillante.

Todos ellos son bonitos árboles de Navidad, pero quizá *A. nordmanniana* los supere a todos. Y con una gran ventaja: todas o casi todas las agujas permanecen en el árbol. *A. concolor* y *A. nordmanniana* crecen en lugares relativamente secos y también en suelos derivados de caliza, mientras que *A. procera* requiere suelos ácidos. La mejor manera de propagarlos es a partir de semilla, que se siembra en primavera.

	PRIMAVERA	VERANO	OTOÑO	INVIERNO	altura, 5 años (m)	altura, 10 años (m)	diámetro, 5 años (m)	diámetro, 10 años (m)	color de floración	
Abies concolor	floración	cosecha	cosecha		1,5	3	1,5	2,5		Agujas azul/gris verdoso; hábito abierto, máx. 15-25 m
A. fraseri	floración	cosecha	cosecha		2	5	1	2		Crecimiento rápido y vida corta (>40 años), llega a 15 m
A. grandis	floración	cosecha	cosecha		2,5	7	1,5	3		Crecimiento rápido, no florece hasta los 40 años
A. koreana	floración	cosecha	cosecha		1,5	2,5	1	2		Crecimiento lento con piñas a veces muy abundantes
A. nordmanniana	floración	cosecha	cosecha		1,5	4	1,5	2,5		Hábito de crecimiento denso, el mejor árbol de Navidad
A. procera	floración	cosecha	cosecha		1,5	4	1	2,5		Agujas azul glauco brillante; requiere suelos ácidos

floración   cosecha

Araucaria
Araucaria, pehuén

Este árbol procede de la región chilena de Arauco, donde se descubrió la primera especie. Puesto que este género ya vivía cuando los dinosaurios poblaban la tierra, es posible que las hojas evolucionaran para impedir que les sirviesen de alimento.

Araucaria araucana

Araucaria araucana es un árbol perennifolio de porte medio con la copa abierta y espiralada. Las ramas pueden llegar al suelo y destacan junto al tronco, de color gris y lleno de arrugas. Los frutos se encuentran en grandes conos redondeados de una anchura de entre 15 y 20 cm que aparecen en las puntas de las ramas, pero sólo de los árboles hembra. Las piñas maduran al segundo año y se abren para dejar caer los grandes y sabrosos piñones, que sólo estarán llenos si en los alrededores hay algún pehuén macho.

En el jardín son excelentes especímenes, pero requieren espacio. No se desarrollan bien en los pequeños jardines situados en la entrada de la casa, en cambio toleran muy bien las zonas costeras. Se propagan por germinación del piñón (o pehuén).

suelo	*Araucaria*: que drene bien, sea ácido o alcalino. *Calocedrus*: ídem, también en suelos arenosos o calizos
ubicación	Los dos géneros, *Araucaria* y *Calocedrus*, prefieren estar a pleno sol
poda	*Araucaria*: no la requiere. *Calocedrus*: ídem, pero puede recortarse
cuidados	*Araucaria*: plántela en grupos. *Calocedrus*: da buenos resultados en suelos con problemas de *Armillaria mellea* o fitoftora
plagas y enfermedades	*Araucaria*: el hongo *Armillaria mellea* puede matarla. *Calocedrus*: no suele tener problemas de plagas o enfermedades

Calocedrus
Cedro de incienso

Los cedros de incienso son árboles perennifolios, espesos y de porte columnar cuando se cultivan, aunque en su hábitat natural presentan copas más anchas.

Calocedrus decurrens

El follaje es aplanado, brillante y de color verde oscuro. Algunas veces recuerda a las variedades de copa estrecha del ciprés de Lawson (*Chamaecyparis lawsoniana*), aunque tiene dos ventajas respecto a éste: no le ataca el hongo *Armillaria mellea* ni la pudrición de las raíces por fitoftoras, lo que lo convierte en la solución perfecta para jardines afectados por estos problemas. Crece en muchos tipos de suelo, pero siempre deberán drenar bien. Se puede multiplicar por semilla, que se siembra en primavera, o por

esquejes semileñosos obtenidos a finales de verano o principios de otoño. La madera es perfumada y puede cortarse en cualquier dirección, por eso es la más utilizada para fabricar lápices.

	PRIMAVERA	VERANO	OTOÑO	INVIERNO	altura, 5 años (m)	altura, 10 años (m)	diámetro, 5 años (m)	diámetro, 10 años (m)	color de floración	
Araucaria araucana		● ▨			1,5	2,5	1	2	▨	Crecimiento lento pero continuo; llega a los 15 m
Calocedrus decurrens	●		▨		1,8	3	0,6	1	▢	Hábito columnar estrecho, llega a los 15 m

☀ floración   ▨ cosecha

Cedrus
Cedro

Los cedros son uno de los árboles perennifolios más majestuosos; proceden del Himalaya occidental y de la región mediterránea. Tienen ramas largas y abiertas y un porte impresionante. No obstante, dado el crecimiento potencial de algunas de las especies, antes de plantarlos deberá asegurarse de que su jardín es lo suficientemente grande como para que los cedros completen su desarrollo.

La mejor manera de clasificar la especie es considerar el cedro del Líbano (*Cedrus libani)* y su subespecie oriunda del sudeste de Turquía (spp. *stenocoma*) conjuntamente, y las otras tres como especies separadas: el cedro de Chipre (*Cedrus brevifolia*), el cedro del Atlas (*Cedrus atlantica*) y el cedro del Himalaya (*Cedrus deodara*). Otra manera sería agrupar las especies mediterráneas como variedades de *Cedrus libani* y dejar *Cedrus deodara* como una especie distinta, pero esta salomónica decisión no resulta satisfactoria.

Los cedros necesitan luz. Están acostumbrados a los lugares cálidos, secos y soleados, y no son exigentes con el suelo, que puede ser ácido o alcalino siempre que drene bien. Pero si están a la sombra tendrán un aspecto larguirucho o perderán todo el follaje inferior y parecerán un poste con un penacho de hojas en el extremo.

Para escoger la especie deberá considerar el espacio y el tiempo disponible. *C. deodara* es la especie más atractiva cuando los ejemplares son pequeños y hasta que alcanzan una altura de unos 10 m, con una densa copa de ramas rectas con las puntas péndulas. Pero una vez han alcanzado esta altura a menudo se vuelven delgados y menos atractivos. Es la mejor opción para jardines pequeños; deberían cortarse y sustituirse por ejemplares nuevos cada 15 o 20 años.

C. atlantica tiene un magnífico aspecto a partir de los 10 años. Es ideal para jardines de tamaño medio y destaca por sus hojas nuevas, de color azul plateado. *C. libani* es un árbol maravilloso a partir de un siglo, cuando desarrolla las características ramas rectas. Necesita grandes espacios.

Los cedros crecen a partir de semilla, que se siembra en primavera, o por injerto en plántulas patrón. Los conos macho se alzan sobre las ramas en otoño y los femeninos engordan durante el siguiente verano y están maduros a finales del período estival. Caen del árbol a lo largo del invierno y la primavera.

suelo	Cualquiera que drene bien, también calizo y arenoso ácido
ubicación	Necesita cuanto más sol mejor y no soporta la sombra
poda	No la necesita, pero si lo poda deje siempre parte del follaje vivo en las ramas; de lo contrario morirán
cuidados	Los cedros injertados tienen la ventaja de poder conducirse para que la guía se desarrolle recta
plagas y enfermedades	Son sensibles al hongo *Armillaria mellea* y pueden tener problemas con algunas especies de áfidos

Cedrus atlantica (conos macho)

Cedrus deodara

	PRIMAVERA	VERANO	OTOÑO	INVIERNO	altura, 5 años (m)	altura, 10 años (m)	diámetro, 5 años (m)	diámetro, 10 años (m)	color de floración	
Cedrus atlantica			●●	🌰🌰🌰	2	3,5	1	2,5		Hojas azul plateado de joven; llega a los 15-25 m
C. deodara			●●	🌰🌰🌰	2	4,5	1	3		Puntas de las ramas péndulas; llega a los 20-25 m
C. libani			●●	🌰🌰🌰	2	3,5	1	2,5		Follaje gris verdoso; llega a los 15-25 m

● floración   🌰 cosecha

Chamaecyparis

Falso ciprés

c: fals xiprer

Chamaecyparis, que literalmente significa «falso ciprés», es un género de árboles pequeños y perennifolios que se han vuelto indispensables en jardinería.

La principal especie es el ciprés de Lawson, *Chamaecyparis lawsoniana*, originaria del noroeste de América. A partir de ella se han obtenido cientos de variedades distintas, muchas de ellas enanas o de crecimiento lento. Entre las más arbóreas sobresalen la variedad «Stewartii», de hojas doradas y amarillas, «Columnaris», con su característico hábito de crecimiento estrecho y hojas claras de tonos azules y grisáceos, «Kilmacurragh», de hojas verdes, o «Pembury Blue», de hojas brillantes gris azulado y ramaje péndulo. También son arbóreas las especies *C. pisifera* y *C. obtusa*, si bien se

suelo	Cualquiera que drene bien, tanto ácido como alcalino
ubicación	Crece bien en lugares expuestos al sol o con sombra ligera
poda	Puede podarse siempre que se deje parte del follaje verde en los tallos
cuidados	Evite terrenos bajos donde se pueda acumular el agua, ya que en estas circunstancias es sensible a las fitoftoras
plagas y enfermedades	El hongo *Armillaria mellea* y las fitoftoras que pudren la raíz pueden llegar a matarlos; esté atento a la aparición de estas enfermedades

Chamaecyparis lawsoniana «Columnaris»

suelen utilizar más como especies pequeñas o enanas que como árboles.

En jardinería, el ciprés de Lawson también se utiliza como árbol espécimen por su hábito de crecimiento estrecho y follaje denso. Los ejemplares más viejos tienden a perder este hábito acuminado y a desarrollar copas formadas por algunas ramitas abiertas y de puntas péndulas. Esta especie de ciprés también es excelente para formar setos. Al igual que la mayoría de las coníferas, sólo puede seguir creciendo si al podarlo se deja follaje vivo en las ramas; de todas maneras, el crecimiento no es muy rápido. Otra opción es no podar los cipreses y dejar que crezcan como efectivas pantallas protectoras. Uno de los puntos flacos del ciprés de Lawson es su vulnerabilidad al hongo *Armillaria mellea* y a la pudrición de raíces causadas por las fitoftoras, que pueden llegar a matar setos enteros.

	PRIMAVERA	VERANO	OTOÑO	INVIERNO	altura, 5 años (m)	altura, 10 años (m)	diámetro, 5 años (m)	diámetro, 10 años (m)	colores	
Chamaecyparis lawsoniana	floración		cosecha		1,5	3	0,8	1,2		Vistosos conos masculinos; puntas de ramas péndulas
C. lawsoniana «Columnaris»	floración		cosecha		1,5	3	0,8	1,2		Hábito de crecimiento acuminado; follaje gris azulado
C. lawsoniana «Kilmacurragh»	floración		cosecha		1,5	3	0,8	1,2		Hábito de crecimiento acuminado; follaje verde; 15 m
C. lawsoniana «Intertexta»	floración		cosecha		1,5	3	0,8	1,2		Follaje gris verdoso con ramas abiertas y péndulas
C. lawsoniana «Pembury Blue»	floración		cosecha		1,5	3	0,8	1,2		Espectacular forma cónica; hojas gris azulado
C. lawsoniana «Stewartii»	floración		cosecha		1,2	2,5	0,8	1,2		Follaje en ramas doradas abiertas como los helechos

floración · cosecha

Cryptomeria

Cedro japonés,
sugi

c: criptomèria

Cryptomeria japonica es una especie de vigorosos árboles, perennifolios y rectos, con hábito de crecimiento columnar-cónico. Es una de las pocas coníferas que rebrotan si se poda drásticamente.

El género *Cryptomeria* ha dado paso a numerosas variedades. «Sekkan-sugi», con hojas de color amarillo crema que se vuelven blancas en invierno, es una de las más apreciadas; llega a formar arbolitos de crecimiento medio. Existe una variedad juvenil estabilizada, *elegans*, de largas

hojas no punzantes, que crece sin riesgo de hibridaciones. Llega a formar un árbol de porte medio, pero es más eficaz como seto, que debe podarse para mantenerlo dentro de los límites. Con todo, la especie de la cual se ha obtenido es mucho más atractiva como árbol; es de crecimiento bastante rápido y tronco fornido. Tiene la copa abierta y un tanto ondulada y contrasta con la fibrosa corteza rojo amarronada que se desprende en escamas para dejar al descubierto tonos naranjas. En el jardín, emplee la especie original como espécimen y variedades como «Sekkan-sugi» o *elegans* como arbustos para pequeños espacios. Este género se propaga por semilla y por esquejes durante casi todo el año.

Cryptomeria japonica var. elegans

suelo	Que drene bien en ambos casos. *Cryptomeria*: húmedo, ácido/alcalino. *Cunninghamia*: profundo y fértil
ubicación	Tanto *Cryptomeria* como *Cunninghamia*: lugares soleados o de sombra ligera
poda	*Cryptomeria*: se puede cortar a matarrasa. *Cunninghamia*: tolera la poda y el recorte
cuidados	*Cryptomeria*: puede cortarse drásticamente. *Cunninghamia*: requiere protección de los vientos fríos y humedad en el suelo durante las temporadas secas
plagas y enfermedades	No suelen presentar grandes problemas; no les afectan las plagas ni enfermedades graves

Cunninghamia

Las hojas de este género son parecidas a las de la araucaria, aunque no tan punzantes ni duras.

Cunninghamia lanceolata

Cunninghamia tiene la capacidad de rebrotar; de hecho, en la base del tronco, suelen aparecer numerosos chupones. Cuando se desarrolla se convierte en un árbol muy atractivo e interesante. Prefiere emplazamientos húmedos con abundante agua freática; si se deja secar durante el verano, las hojas más antiguas suelen tornarse marrones

y caer. Es un género completamente resistente. Se multiplica por semilla, que se siembra en primavera, y por esquejes a finales de verano.

	PRIMAVERA	VERANO	OTOÑO	INVIERNO	altura, 5 años (m)	altura, 10 años (m)	diámetro, 5 años (m)	diámetro, 10 años (m)	color de floración	
Cryptomeria japonica	●		🌰		2	4	1,2	2		Los conos macho forman racimos en puntas; 15-25 m
C. japonica forma *elegans*			🌰		2	4	1,2	2		Hoja juvenil verde y no punzante, hasta 15 m
C. japonica «Sekkan-sugi»	●		🌰		1,5	2,5	1	1,2		Crecimiento lento, follaje blanquinoso, más de 10 m
Cunninghamia lanceolata	●		🌰		1,5	3	0,8	1,2		Hábito erecto, follaje verde vivo; hasta 15 m
C. lanceolata «Glauca»	●		🌰		1,5	3	0,8	1,2		Hoja verde glauco, inflorescencias cerosas; 10-15 m

 floración 🌰 cosecha

Cupressus

Ciprés

c: xiprer; e: altzifrea

Los verdaderos cipreses se caracterizan por su adaptabilidad a la sequía y a los suelos calizos, sobre todo *Cupressus glabra* (*C. arizonica* var. *glabra*), un árbol de porte pequeño a medio con hábito de crecimiento cónico y espeso y follaje azul grisáceo. La corteza es rojiza purpúrea y lisa, y se desprende en tiras para revelar pálidos colores.

Como en todos los cipreses verdaderos, los conos tardan dos años en madurar. *Cupressus sempervirens* se cultiva normalmente por la copa acuminada. *C. macrocarpa* se llega a convertir en un gran árbol muy parecido al cedro del Líbano en su plenitud (tras un siglo de crecimiento). Su crecimiento, sin embargo, es mucho más rápido y en el pasado se utilizaba mucho como planta para setos; todavía se ven algunos de estos setos viejos, pero no es una especie muy recomendable para estos usos, ya que requiere podas periódicas y cuidadosas. «Goldcrest» y «Golden Pillar» son dos variedades de follaje distinto. La especie más resistente a las heladas es el ciprés de Nootka (*C. nootkatensis*), que a menudo se le llama *Chamaecyparis nootkatensis*; sus conos maduran al segundo año y tienen mayor número de semillas. Crece en zonas donde nieva mucho en invierno y tolera los suelos húmedos. La variedad «Pendula» tiene un hábito de crecimiento delicado y ramas péndulas. El ciprés de Leyland es un híbrido obtenido a partir de *C. macrocarpa* y *C. nootkatensis*; normalmente se llama *Cupressocyparis leylandii*.

Son buenos especímenes perennifolios. Pueden propagarse a partir de esquejes. En jardinería se consideran arbolitos y se siembran en macetas, ya que el sistema radicular es muy desarrollado y resulta difícil cambiarlos de ubicación.

Cupressus sempervirens «Stricta»

Cupressus macrocarpa «Goldcrest»

suelo	Cualquiera que drene bien, tanto ácido como alcalino; si el suelo es superficial calizo puede tener problemas de clorosis
ubicación	Prefiere siempre los lugares soleados; no se adecua bien a las posiciones umbrías
poda	No rebrota a menos que en las ramas queden hojas verdes; no pode hasta llegar a la parte marrón
cuidados	Los trasplantes es mejor realizarlos de maceta y con ejemplares jóvenes, ya que las raíces son gruesas y el sistema radicular tiene problemas para enraizar
plagas y enfermedades	El hongo *Coryneum* puede debilitarlos e incluso llegar a matar árboles enteros; también son sensibles al hongo *Armillaria mellea* y las fitoftoras

	PRIMAVERA	VERANO	OTOÑO	INVIERNO	altura, 5 años (m)	altura, 10 años (m)	diámetro, 5 años (m)	diámetro, 10 años (m)	color de floración	
Cupressus glabra	●●			●	1,8	3	0,8	1,5		Follaje gris verdoso o gris azulado; hábito cónico
C. glabra «Blue Ice»	●●			●	1,5	2,5	0,7	1,2		Follaje gris azulado, crecimiento lento, hábito cónico
C. leylandii «Castlewellan»					3	6	1	2		Hojas bronce amarillo sin atractivo, hasta 20 m
C. leylandii «Haggerston Grey»					4	8	1,5	2,5		Var. más común del ciprés de Leyland; supera los 25 m
C. leylandii «Robinson's Gold»					3	6	1	2		Follaje suave amarillo dorado; hasta 20 m
C. macrocarpa	●●				3	6	1	2		Hojas verdes; copa estrecha de joven
C. macrocarpa «Goldcrest»	●●				3	6	1	2		Follaje verde dorado; hábito estrecho; hasta 15 m
C. macrocarpa «Golden Pillar»	●●				3	6	1	2		Follaje verde dorado; hábito estrecho; hasta 15 m
C. nootkatensis		●			2	3,5	1	2		Hábito cónico permanente, ramas laterales caídas
C. nootkatensis «Pendula»		●			2	3,5	1	2		Ramas estrechas y abiertas, hojas colgantes
C. sempervirens «Stricta»	●			●	2,5	5	0,6	1		Hábito de crecimiento muy acuminado; hasta 15 m

● floración

Ginkgo
Ginkgo

Este árbol caducifolio ocupa una posición entre los helechos y las coníferas en el árbol evolutivo, aunque en realidad se trata como si fuera una conífera honoraria.

El ginkgo es sorprendentemente duro y resistente a la contaminación; de hecho, de los tres especímenes que crecían junto al lugar donde impactó la bomba de Hiroshima, dos sobrevivieron; además, se han encontrado fósiles entre vetas de carbón en los que se reconocen fragmentos de ginkgo de hace 200 millones de años.

Las hojas son flabeladas (con forma de abanico) y tienen una textura oleosa; en realidad se utilizan para elaborar un extracto tonificador. Las semillas son

suelo	Crece en cualquier suelo que drene bien, aunque deje bastante que desear
ubicación	Para obtener mejores resultados, ubique el ginkgo a pleno sol o sombra ligera
poda	No es necesario seguir un calendario de poda concreto; rebrota si se corta hasta la base
cuidados	De cultivo y mantenimiento muy sencillos. Es especialmente adecuado para zonas urbanas
plagas y enfermedades	No suele presentar grandes problemas ni le afectan plagas o enfermedades específicas

Ginkgo biloba

comestibles y sabrosas, pero con una salvedad: el fruto hembra está rodeado de una capa aceitosa que huele muy mal. El hábito de crecimiento normalmente es estrecho cuando son jóvenes; sólo adquieren un porte mucho más abierto cuando sobrepasan el siglo de edad, aunque para que la copa sea realmente extensa hay que esperar unos 250 años.

En tanto que árbol caducifolio, el ginkgo tolera bien la poda. El principal motivo por el que se plantan es por el precioso color amarillo dorado de las hojas en otoño, de unos tonos claros únicos, a excepción, quizás, de los de *Acer cappadocicum*. Las hojas cuelgan de las ramas antes de caer, entre mediados y finales de otoño. Los ginkgos también son excelentes especímenes.

Si lo cultiva por sus frutos deberá tener en cuenta que es necesario plantar especímenes de los dos sexos o bien injertar una rama macho en un árbol hembra. Crece en numerosos tipos de suelo, pero deben drenar bien. Se multiplica a partir de semilla y por esquejes semileñosos en verano.

	PRIMAVERA	VERANO	OTOÑO	INVIERNO	altura, 5 años (m)	altura, 10 años (m)	diámetro, 5 años (m)	diámetro, 10 años (m)	color de floración	
Ginkgo biloba	●				2	4	1	2		Las plantas que crecen de semilla son macho o hembra
G. biloba «King of Dongting»	●		🥜		2	4	1	1,5		Variedad femenina; llega a los 15 m
G. biloba «Saratoga»	●				2	4	1	1,5		Selección masculina de copa estrecha, más de 15 m

 floración   cosecha

Juniperus

Enebro

c: ginebró; e: ipar, ipurua, ipar-orrea

Los enebros son tan variados que engloban desde especies rastreras hasta árboles de gran altura y grosor (de 20 m por 1 m de diámetro). Las variedades enanas y de crecimiento lento se estudian en el volumen *Flores* de esta colección. Entre las especies que se mencionan aquí destaca uno de los árboles perennifolios más airosos y algunas variedades interesantes y de fuerte carácter.

Juniperus chinensis
«Kuriwao Gold»

Juniperus scopulorum «Skyrocket»

Lo que distingue a los enebros de los numerosos cipreses es el fruto. En vez de ser un cono leñoso como los de género *Cupressus*, en *Juniperus* se transforma en una baya carnosa. A pesar de todo, en los conos *Juniperus chinensis* «Kaizuka» pueden apreciarse claramente, cuando maduran, unas escamas que recuerdan a las de los cipreses.

Los enebros necesitan mucho sol, pero crecen en suelos de distinto tipo, ya sean calizos o suelos con mayores dificultades de drenaje. *Juniperus recurva* var. *coxii* tiene el follaje péndulo, de color verde brillante a verde grisáceo, y un tacto seco y como crujiente al apretarlo. Forma árboles de porte pequeño y cónico.

Juniperus communis «Hibernica» es una variedad estrecha y acuminada del omnipresente enebro común; sus hojas se queman y sirven para ahumar pescado. *Juniperus scopulorum* «Skyrocket» es una variedad de porte igualmente ahusado, pero que alcanza alturas mayores,

de alrededor de los 8 m, y tiene las hojas azul grisáceo. *Juniperus chinensis* «Kaizuka» es un gran arbusto de crecimiento desgarbado, mientras que «Pyramidalis» es de porte cónico, como «Aurea», pero con las hojas doradas.

Las bayas del enebro se utilizan como condimento y también para elaborar ginebra. Tardan de uno a tres años en madurar, según cual sea la especie.

La germinación todavía puede ser más lenta y llegar, en ocasiones, a los cinco años, aunque la mayoría de las semillas germinan a la segunda primavera. También puede propagarse por esquejes, que pueden obtenerse en prácticamente cualquier época del año.

suelo	Que drene bien o moderadamente bien, aunque sea calizo
ubicación	A pleno sol, aunque *J. chinensis* «Aurea» presenta tonos más intensos si recibe sombra tenue
poda	Se puede recortar; retoma el crecimiento directamente del tronco siempre que no se haya eliminado demasiado follaje
cuidados	Suelen ser arbustos espinosos; es mejor trasplantarlos de maceta porque no toleran bien los cambios de emplazamiento
plagas y enferme- dades	Algunos hongos pueden afectar a las hojas; son sensibles a los áfidos y al hongo *Armillaria mellea*

	PRIMAVERA	VERANO	OTOÑO	INVIERNO	altura, 5 años (m)	altura, 10 años (m)	diámetro, 5 años (m)	diámetro, 10 años (m)	color de floración
Juniperus chinensis «Aurea»	●				1,5	2,5	0,8	1,2	Follaje blanco, variedad masculina; llega a 6-8 m
J. chinensis «Kuriwao Gold»			◐ ◐ ◐		1,5	2,5	1,2	2,5	Var. femenina; hojas verdes y brillantes; llega a 6 m
J. chinensis «Pyramidalis»	●		◐ ◐		1,2	1,8	0,5	0,8	Porte cónico, hojas glaucas y espinosas de joven
J. communis «Hibernica»		●	◐ ◐		1,2	2	0,4	0,6	Crecimiento columnar; alcanza los 5-6 m
J. recurva var. *coxii*	●		◐		1,5	2,5	0,8	1,2	Arbusto o arbolito cónico; alcanza los 10 m
J. scopulorum «Skyrocket»					1,8	3	0,4	0,6	Hábito erecto y columnar, hojas azul grisáceo; 8 m

● *floración*   ◐ *cosecha*

Larix
Alerce

Constituye el género más extenso de coníferas caducifolias. La forma de la copa es estrecha, columnar-cónica (excepto en ejemplares más antiguos), y sólo proyectan una tenue sombra.

Larix decidua

Las hojas nuevas son de un atractivo color verde y vuelven a brotar antes de que la mayoría de los árboles de hoja ancha empiecen siquiera a despertar del letargo. Las flores, en especial las de los conos hembra, son de un bonito rojo vivo, rosa o a veces amarillo verdoso, y empiezan a salir cuando los alerces son jóvenes. Pero también son apreciados por el color otoñal, amarillo intenso en la especie *Larix decidua*, amarillo pálido o naranja (*Larix kaempferi*). Los brotes adoptan vistosos colores cuando tienen un año, amarillos en la especie *L. decidua* y rojizo-púrpuras en el caso de *L. kaempferi*. Prosperan en varios tipos de suelo; *L. decidua* los prefiere bien drenados y *L. kaempferi* tolera los arcillosos pesados. Pueden emplearse como especímenes, para dar cobijo a otras plantas o como estructura de apoyo para plantas trepadoras o algunos rosales. Se multiplican bien a partir de semilla, que debe sembrarse en primavera.

Metasequoia
Metasecuoya

Metasequoia glyptostroboides es una de las coníferas más elegantes. Es un árbol de hoja caduca y crecimiento rápido que en otoño adopta tonalidades que pueden ser amarillas y amarronadas, rosas o marrón rojizo.

Metasequoia glyptostroboides

El hábito de crecimiento es cónico, aunque con el paso de los años tiende a ser columnar. La corteza es naranja amarronada o marrón rojizo, inicialmente lisa y después fibrosa en las largas protuberancias. Crece en todos los suelos posibles, ya sean ácidos, alcalinos, arenosos secos o casi encharcados. Prosperará bien en cualquier emplazamiento, pero sólo se desarrollará con todo su esplendor en suelos fértiles húmedos. Crece incluso en zonas anegadas con hasta unos 15 cm de agua.

En jardinería se emplea como espécimen; resulta sobre todo atractivo en los alrededores o incluso dentro de un estanque (si es superficial), donde podrá contemplarse su reflejo. Se puede propagar por esquejes semileñosos en verano (asegúrese de que el esqueje tenga yemas, ya que los tallos más finos y cortos caen con las hojas) o leñosos en invierno. Las semillas frescas crecerán enseguida sobre un sustrato bastante húmedo.

suelo	Ambos géneros: suelos bien drenados. *Larix*: pesados, preferentemente ácidos/neutros. *Metasequoia*: con agua superficial
ubicación	*Larix*: pleno sol, sin sombra. *Metasequoia*: los mejores ejemplares crecen al sol
poda	*Larix*: no la necesita, pero se puede recortar ligeramente para darle forma. *Metasequoia*: no la necesita
cuidados	*Larix*: de crecimiento rápido, pero es mejor plantarlos cuando son pequeños. *Metasequoia*: agradecerá el riego en verano en suelos secos
plagas y enfermedades	Ninguno de los dos géneros presenta demasiados problemas. No les atacan plagas ni enfermedades específicas

	PRIMAVERA	VERANO	OTOÑO	INVIERNO	altura, 5 años (m)	altura, 10 años (m)	diámetro, 5 años (m)	diámetro, 10 años (m)	color de floración	
Larix decidua	● ●		🌰		3	6	1,5	2,5	☐	De crecimiento rápido y copa poco densa y estrecha
L. kaempferi	● ●		🌰		3	6	1,5	2,5	☐	Brotes invernales púrpura rojizo de brillo ceroso
L. kaempferi «Pendula»	● ●		🌰		3	6	1,5	2,5	☐	De las ramas laterales cuelgan ramitas; llega a 15 m
Metasequoia glyptostroboides					2	4	1	1,5		Precioso hábito, follaje ligero; llega a medir 15-25 m

● floración   🌰 cosecha

Picea

Picea

c: pícea; e: izei

Las piceas son árboles perennifolios de copa estrecha. Tienen una fuerte tendencia monopodial; es decir, a tener un tallo principal único y desarrollar algunas ramas laterales. La mayoría de especies que integran este género pueden llegar a tener una envergadura de hasta 4 m de radio. La excepción es *Picea omorika*, que aunque alcance los 25 m de altura sólo tiene una envergadura de 1,5 m. Esto se debe a que está adaptado a zonas de nieve húmeda; las ramas cuelgan muy cerca del tronco, y sólo se arquean ligeramente por las puntas (es un árbol casi imposible de trepar).

Picea orientalis es interesante por sus cortas agujas, conos macho de color rojo teja que crecen a mediados de primavera, flores de los conos hembra rojas y hábito de crecimiento. Las hojas nuevas de la variedad «Aurea» son de color amarillo dorado antes de volverse verde oscuro y confundirse con el resto de agujas. *P. breweriana* es la más atractiva de las especies habituales: las hojas son de color verde oscuro, brillantes por el haz y verde plateado por el envés. El hábito de crecimiento es espectacular, ya que de las ramas laterales cuelgan largas ramitas no leñosas que pueden llegar a los 2 m de longitud. *P. pungens* suele encontrarse en forma de variedades de follaje azul. Las hojas más vistosas son las de los brotes anuales, que contrastan con el follaje más antiguo.

Picea pungens «Hoopsii»

Picea orientalis «Aurea»

P. abies no es la mejor elección como árbol de Navidad, ya que se le caen las hojas (una buena alternativa sería *Abies nordmanniana*).

Las piceas crecen a partir de semilla, que se siembra en primavera. Las variedades pueden injertarse en plántulas patrón a finales de

Picea abies

suelo	Que drene bien, ácido o ligeramente alcalino; *P. omorika* tolera suelos más alcalinos
ubicación	Las piceas muestran todos sus encantos si están en lugares a pleno sol
poda	No la necesita; si recorta las ramas hágalo ligeramente y recuerde que siempre debe dejar yemas activas en las ramas
cuidados	De fácil cultivo. A veces es necesario tutorar las plantas injertadas para que la guía crezca recta
plagas y enfermedades	Los áfidos pueden matar las agujas y afear el aspecto de *P. pungens* y *P. abies*; *P. omorika* y *P. breweriana* son resistentes

verano o de invierno; el portainjertos deberá estar ligeramente seco para que la herida no exude demasiado e impida que agarre el esqueje.

	PRIMAVERA	VERANO	OTOÑO	INVIERNO	altura, 5 años (m)	altura, 10 años (m)	diámetro, 5 años (m)	diámetro, 10 años (m)	color de floración	
Picea abies	●		🌰		2,5	4,5	1	2		Especie usada en silvicultura y como árbol de Navidad
P. breweriana	●		🌰		1,8	3	1	1,5		Árbol «llorón» de gran atractivo; llega a los 15 m
P. omorika	●		🌰		2,5	4,5	1	1,5		Tolera los suelos muy pobres; llega a 15-20 m
P. orientalis «Aurea»	●		🌰		2,5	4,5	1	2		De atractivo porte y copa columnar
P. pungens «Hoopsii»	●		🌰		2	3,5	1	2		Las hojas nuevas son azul glauco vivo; hasta 10-15 m
P. pungens «Koster»	●		🌰		2	3,5	1	2		Nuevas hojas azul plateado intenso; hasta 10-15 m

● floración 🌰 cosecha

Pinus

Pino

c: pi; e: pinua

Pinus sylvestris

Los pinos son árboles interesantes por su follaje siempre verde, formado por pequeños haces de entre dos y cinco agujas. Cuando las agujas se juntan unas con otras forman un perfecto cilindro; ello se debe a que son de sección hemisférica (agujas dobles) o bien triangular.

Cada racimo o fascículo es un pequeño brote y, al aparecer, presenta una yema latente en el centro, que sólo se desarrolla si se daña la punta. Los brotes principales crecen durante un breve período a principios de verano. Los que florecen tienen los conos macho en la base, las hojas en medio y el cono hembra en la punta de cada «nudo»; además, las ramas laterales sólo pueden crecer del extremo del nudo. Las piñas tardan dos años en desarrollarse, excepto en *P. pinea*, una especie que tarda tres años. Cuando están maduras pueden caer al suelo para dispersar los piñones o bien permanecen en el árbol.

suelo	Que drene bien, primordialmente ácido o neutro; *P. nigra* y *P. wallichiana* toleran los suelos calizos
ubicación	A pleno sol; no crecen bien a la sombra, excepto *P. wallichiana*, que la tolera si es ligera
poda	No la necesita salvo para eliminar las ramas dañadas
cuidados	El emplazamiento es decisivo; necesitan toda la luz lateral posible para que las ramas bajas crezcan saludables
plagas y enfermedades	El hongo *Armillaria mellea* puede matar los especímenes jóvenes; por lo demás, no le atacan plagas ni enfermedades específicas

Pinus sylvestris «Fastigiata»

En jardinería, las especies más altas se emplean como especímenes. También son útiles de abrigo o para formar un telón de fondo que haga destacar otros atractivos del jardín. Muchas veces, ambas funciones van de la mano, como en el caso de la especie de follaje negro verdoso *P. nigra*, que además de servir de cobijo puede utilizarse para resaltar las hojas de color amarillo vivo de *Robinia pseudoacacia* «Frisia». Tanto *P. nigra* como *P. wallichiana* crecen bien en suelos sobre piedra caliza. Los pinos se multiplican por semilla (que se siembra en primavera); también pueden injertarse a finales de invierno en plántulas patrón.

P

Coníferas

	PRIMAVERA	VERANO	OTOÑO	INVIERNO	altura, 5 años (m)	altura, 10 años (m)	diámetro, 5 años (m)	diámetro, 10 años (m)	color de floración	
Pinus aristata	●		🌰		1,2	2	1	1,5		Las hojas duran muchos años; hasta 10 m
P. bungeana	●		🌰		1,5	2,5	1	1,5		Copa abierta; corteza verde aceituna; tolera suelo calizo
P. nigra «Black Prince»	●		🌰		2	4	1,2	2		Follaje espeso y oscuro; ideal para suelos calizos
P. pinaster	●		🌰		2	5	1,2	2,5		De crecimiento rápido y copa abierta; grandes piñas
P. pinea	●		🌰		1,5	2,5	1,5	2,5		Las piñas maduran al tercer año, semillas grandes
P. sylvestris	●		🌰		2	4	1,2	2,5		Hojas azuladas; corteza naranja en el tronco superior
P. sylvestris «Fastigiata»	●		🌰		1,5	3	0,7	1		Copa erecta muy estrecha; llega a los 8 m
P. wallichiana	●		🌰		2,5	4,5	1,2	2,5		Agujas no punzantes azul verdoso que cuelgan

🌰 cosecha

Podocarpus
Podocarpo

Este vasto género comprende numerosos y grandes árboles, pero la mayoría son demasiado sensibles al frío para los climas menos cálidos, y los más resistentes son precisamente pequeños arbustos. *Podocarpus salignus* resiste mejor en climas y jardines más fríos, pero requiere protección lateral; llega a formar atractivos árboles perennifolios.

Las hojas son parecidas a las del tejo, pero mucho más largas, de hasta 11 cm. *Podocarpus totara* tienen las agujas más cortas, y en cambio forma árboles más anchos y abiertos y de follaje ligero y perenne. Son lo bastante atractivos como para plantarlos aislados en el jardín, aunque resultan especialmente seductores cuando se plantan en forma de bosquecillo. Sólo fructifican cuando hay ejemplares macho y hembra. Se multiplican por esquejes semileñosos a finales de verano o a partir de semilla (sembrada en primavera).

Podocarpus salignus

suelo	*Podocarpus*: que drene bien. *Pseudolarix*: ídem, pero preferiblemente no calizo
ubicación	*Podocarpus*: sol o sombra moderada. *Pseudolarix*: mejor a pleno sol
poda	*Podocarpus*: se puede recortar. *Pseudolarix*: sólo se poda para retirar las ramas muertas
cuidados	*Podocarpus*: crece mejor con protección lateral. *Pseudolarix*: el crecimiento tarda en arrancar, por lo que deberá eliminar las malas hierbas al principio
plagas y enfermedades	Ninguno de los dos géneros presentan excesivos problemas; tampoco les atacan plagas o enfermedades específicas

Pseudolarix

Una única especie integra este género, *Pseudolarix amabilis*. *Amabilis* significa «encantador», término que no se queda corto al describir la magnificencia de este árbol en otoño.

Pseudolarix amabilis

Las hojas adoptan tonos dorados y naranjas antes de caer. Los conos tienen púas y caen para diseminar las semillas; son más parecidos a los de los géneros *Abies* y *Cedrus* que a los de *Larix*. *Pseudolarix* forma árboles amplios, tan anchos como altos con los años. Le cuesta afianzarse en el terreno y a menudo entre los primeros dos y cinco años apenas crece, pero luego recupera el tiempo perdido. Necesita cuanta más luz mejor y suelos que drenen bien. Crece a partir de semilla o de esquejes tiernos a principios de verano.

	PRIMAVERA	VERANO	OTOÑO	INVIERNO	altura, 5 años (m)	altura, 10 años (m)	diámetro, 5 años (m)	diámetro, 10 años (m)	color de floración	
Podocarpus salignus	floración		cosecha cosecha		1,5	3	1	2		Atractivo árbol de hojas largas; llega a 10-15 m
P. totara					1,5	2,5	1	2		Porte ancho en la madurez; alcanza los 15 m
Pseudolarix amabilis	floración		cosecha		1,2	2,5	1	2		Color otoñal dorado; porte ancho

floración   cosecha

Pseudotsuga
Abeto de Douglas

Pseudotsuga menziesii es un árbol perennifolio de gran tamaño y rápido crecimiento. De él se obtiene una madera rojiza muy apreciada, por lo que es una especie utilizada a menudo en silvicultura.

Pseudotsuga menziesii

Las variedades de follaje azul, *Pseudotsuga menziesii* ssp. *glauca* incluyen arbolitos de porte pequeño y gran belleza. En jardinería se emplean como especímenes o para dar cobijo a otras plantas. Resisten bien en los lugares expuestos, pero sin duda prefieren los más abrigados.

El tronco engorda y se vuelve corchoso y muy alistado a medida que envejece el árbol. Los abetos de Douglas se multiplican por semilla, que se siembra en primavera. Las variedades se pueden injertar a finales de invierno.

suelo	*Pseudotsuga*: que drene bien. *Saxegothea*: ídem, pero ácido o ligeramente alcalino
ubicación	Ambos géneros gustan de pleno sol. *Saxegothea*: los ejemplares jóvenes toleran la sombra
poda	*Pseudotsuga*: evítela en la medida de lo posible. *Saxegothea*: puede recortarse
cuidados	*Pseudotsuga*: sensible a las heladas invernales tardías. *Saxegothea*: en zonas frías protéjalo de la intemperie
plagas y enfermedades	*Pseudotsuga*: existe un hongo que mata las agujas de las variedades de hoja azul. *Saxegothea*: no suele tener problemas

Saxegothea
Mañío

Saxegothea conspicua es una especie originaria del Cono Sur. Parece un tejo, pero en realidad es pariente del podocarpo.

Saxegothea conspicua

A pesar de todo, el follaje recuerda al del tejo. Está formado por cinco o seis ramas laterales en espiral con un único brote emergente que le da al mañío su aspecto distintivo. Llega a formar grandes árboles de copa estrecha según el clima: llega a los 15 m al cabo de 50 años en zonas cálidas y a duras penas mantiene forma arbustiva (unos 3 m) en climas más fríos. En el jardín puede utilizarse como espécimen (ya sea un arbolito de copa estrecha o un arbusto grande y perenne) en función del clima. También puede formar parte de arriates de arbustos, donde llama la atención por sus hojas verde claro. La técnica más fácil para propagarlo es la del injerto, a finales de verano.

	PRIMAVERA	VERANO	OTOÑO	INVIERNO	altura, 5 años (m)	altura, 10 años (m)	diámetro, 5 años (m)	diámetro, 10 años (m)	color de floración	
Pseudotsuga menziesii	●		◎		3	6	1,5	2,5		Hojas verde/gris verde; crecimiento rápido; hasta 40 m
P. menziesii ssp. *glauca*	●		◎		2	4	1	2		Hojas azuladas, crecimiento lento; porte medio (15 m)
P. menziesii ssp. *glauca* «Pendula»	●		◎		2	3	2	3		Ramas lloronas y hojas azuladas
Saxegothea conspicua		●	◎		2	3,5	1	2		Arbusto perenne o arbolito de copa estrecha

● floración   ◎ cosecha

Sequoia
Secuoya roja

Las secuoyas son los árboles vivos más altos del planeta; crecen de forma natural en las regiones costeras de California y Oregón, Estados Unidos.

Si conduce por la costa norte de California es posible que atraviese bosques de árboles de más de 90 m de altura; de hecho, las secuoyas más altas miden más de 113 m.

Pero no se deje desanimar por la altura descomunal; en el jardín no crecerán tanto, sobre todo si se encuentra en una zona suave y ventosa, en las antípodas del clima lluvioso y las nieblas frecuentes que permiten que crezcan tanto en su hábitat natural. En el jardín cabe esperar que alcance una altura de unos 15 o 20 m. Dicho esto, lo cierto es que la secuoya crece realmente rápido, incluso en climas un poco más secos, y puede superar los 10 o 15 m en 20 años. Es una de las pocas coníferas que rebrotan de forma fiable, aunque se talen a ras de suelo.

Cultive la especie natural como espécimen o en forma de bosquecillo. La variedad «Adpressa» crece de forma más lenta y se multiplica por esquejes, preferentemente a finales de verano. La especie *Sequoia sempervirens* crece a partir de esquejes y semillas que se siembran en primavera.

Sequoia sempervirens «Adpressa»

suelo	Ambos géneros: suelos húmedos a bien drenados. *Sequoia*: tolera los suelos anegados durante breves períodos
ubicación	*Sequoia*: sol o sombra ligera. *Sequoiadendron*: prefiere estar a pleno sol
poda	*Sequoia*: no la necesita, pues rebrota aunque se tale. *Sequoiadendron*: no la requiere y no rebrota
cuidados	*Sequoia*: los vientos invernales secos pueden quemarla, aunque se recupera. *Sequoiadendron*: árbol de crecimiento rápido
plagas y enferme-dades	*Sequoia*: no presenta problemas. *Sequoiadendron*: el hongo *Armillaria mellea* puede matar a esta gigante de la naturaleza

Sequoiadendron
Secuoya gigante

Sequoiadendron giganteum

La secuoya gigante está emparentada con la secuoya roja y da nombre al primer parque nacional de Estados Unidos, el Sequoia National Park. La especie *Sequoiadendron giganteum* tiene en su haber el ser vivo más antiguo del mundo, un árbol llamado «General Sherman», de tan sólo 83 m de altura y un peso estimado de 6.000 toneladas.

El género *Sequoiadendron* se diferencia de *Sequoia* en que tiene las hojas escamiformes, en que las piñas maduran al segundo año y es capaz de rebrotar.

La corteza es aún más gruesa que la de la secuoya roja, pero no tan lisa. La secuoya gigante es más resistente al frío y no le afecta el invierno. En el jardín se convertirá en un gran espécimen de entre 20 y 30 m de altura con un tronco imponente. Los pájaros trepadores y otros pajarillos a menudo agujerean y se cobijan en la gruesa corteza. Crece de semilla o mediante esquejes a finales de verano.

	PRIMAVERA	VERANO	OTOÑO	INVIERNO	altura, 5 años (m)	altura, 10 años (m)	diámetro, 5 años (m)	diámetro, 10 años (m)	color de floración	
Sequoia sempervirens	●			●	4	7	2	3		En entornos urbanos crece hasta los 15-20 m
S. sempervirens «Adpressa»				●	2	4	1	2		Hojas cortas y anchas; brotes blanquinosos
Sequoiadendron giganteum	●		🌰		3	6	1	2,5		Árbol vigoroso, forma un grueso tronco (20-30 m)
S. giganteum «Pendulum»	●		🌰		2	3,5	1	1,5		Ramas laterales péndulas; aspecto chocante

 ● *floración*   🌰 *cosecha*

Taxodium
Ciprés de los pantanos

Taxodium distichum

Taxodium es un género caducifolio de aspecto parecido a _Metasequoia_. En jardinería se aprecia por su frondoso follaje, de color verde intenso en verano.

Al igual que *Metasequoia*, el género *Taxodium* puede crecer en aguas superficiales o zonas pantanosas; para ello desarrolla unas estructuras leñosas que sobresalen llamadas neumatóforos y que permiten que las raíces se aireen. Con todo, el ciprés de los pantanos crece más rápidamente en suelos húmedos y bien drenados.

El follaje es una combinación de brotes caducos y brotes con yemas permanentes, al igual que *Metasequoia*, aunque en este caso sólo las hojas caen al suelo. No se abren hasta casi principios de verano, pero después resisten en el árbol hasta finales de otoño o principios de invierno para luego adoptar un tono rojo teja y caer.

Resultan ideales junto a estanques o cursos de agua. Se multiplican por semilla, que se siembra en sustrato húmedo en primavera y por esquejes semileñosos en verano y leñosos en invierno.

suelo	*Taxodium*: suelos pantanosos a bien drenados. *Taxus*: cualquiera que drene bien
ubicación	*Taxodium*: prefiere el sol. *Taxus*: prospera tanto al sol como en lugares con mucha sombra
poda	*Taxodium*: no la requiere, pero la tolera. *Taxus*: puede recortarlo en cualquier momento y someterlo a corta a matarrasa
cuidados	*Taxodium*: el crecimiento en lugares anegados es más lento; ramas quebradizas. *Taxus*: aleje los restos de la poda de los animales
plagas y enfermedades	*Taxodium*: no presenta problemas específicos. *Taxus*: es prácticamente inmune, pero no le gusta tener las raíces encharcadas

Taxus
Tejo
c: teix; e: hagina; g: teixo

Taxus baccata «Fastigiata»

El tejo es el mejor arbusto perennifolio para formar setos. Se suele considerar de crecimiento lento, pero en realidad los setos de tejo crecen unos 2 m en 5 años; es decir, sólo tardan un año más que el ciprés de Leyland.

Se puede podar drásticamente o para darle forma a cualquier edad; enseguida rebrota con fuerzas renovadas a partir de alguna rama que reciba luz o del tocón. Otra ventaja es que no alcanza más de 10 m, de modo que su crecimiento no se descontrola.

Como arbusto o árbol decorativo, el tejo resulta atractivo por su hábito de crecimiento, follaje y corteza. Tenga especial cuidado con la corteza, que al igual que las hojas es venenosa. Curiosamente, el arilo rojo que rodea las semillas en las bayas de los árboles hembra es la única parte no venenosa del tejo. El taxol, un fármaco utilizado en el tratamiento del cáncer, se obtiene del tejo.

Los tejos crecen de semilla, que tarda unos dos años en germinar, o mediante esquejes, preferentemente a finales de verano.

Coníferas

	PRIMAVERA	VERANO	OTOÑO	INVIERNO	altura, 5 años (m)	altura, 10 años (m)	diámetro, 5 años (m)	diámetro, 10 años (m)	color de floración	
Taxodium distichum	● ●		✎ ✎	● ● ●	2,5	4,5	1	2	▨	Gran árbol caducifolio; muy tolerante
T. distichum var. imbricatum «Nutans»	● ●			● ●	2	4	1	2	▨	De porte más pequeño y copa estrecha; hasta 15 m
Taxus baccata		●	✎ ✎		1,8	3	1	2	▢	Arbolito perennifolio que tolera muy bien la sombra
T. baccata «Dovastonii Aurea»		●			1,2	2	1	2	▢	Hábito abierto; crecimiento lento; macho; hasta 5 m
T. baccata «Fastigiata»			✎ ✎		1,8	3	1	1,5	▢	Hábito erecto que se ensancha con los años
T. baccata «Fastigiata Aurea»			✎ ✎		1,5	2,5	1	1,5	▢	Como «Fastigiata» pero con hojas amarillo intenso
T. baccata «Fastigiata Aureomarginata»		●			1,5	2,5	1	1,5	▢	Como «Fastigiata» pero con borde de hojas amarillo

 floración   cosecha

Thuja

Tuya

c: tuia, arbre de la vida;
e: tuia

**Este género tiene hojas escamiformes que forman ramitas aplanadas y abiertas.
El follaje desprende un agradable olor, que a menudo puede percibirse con sólo frotar
las hojas o aplastarlas entre los dedos.**

Los conos son pequeños y de estructura erecta,
a diferencia de los globosos «satélites» de los
géneros *Chamaecyparis* y *Cupressus*. Se trata
de un árbol vigoroso con parte de follaje vivo
en la copa, por lo que es mucho más sencillo
podarlo o cambiarle la forma que a los cipreses,
que presentan las hojas nuevas a modo de coraza
externa al final de la copa.

Son atractivos especímenes, normalmente más
anchos por la base y cónicos por la parte superior.
Crecen bien en suelos bien drenados, pero toleran
suelos con drenaje deficiente mejor que otras

suelo	Cualquiera, mejor que drene bien, aunque tolera los lugares húmedos y también suelos superficiales sobre roca caliza
ubicación	Prefiere los lugares que reciban sol o sombra ligera
poda	Se puede recortar ligeramente con la precaución de dejar follaje vivo en las ramas
cuidados	Vigoroso árbol o arbusto de hoja perenne que puede utilizarse en los setos, aunque deberá podarse con cuidado para que el crecimiento no sea excesivo
plagas y enfermedades	Bastante resistente; no le atacan excesivas plagas ni enfermedades

Thuja plicata «Zebrina»

coníferas cercanas al ciprés; de hecho, en la
naturaleza, *Thuja plicata* vive incluso en zonas
pantanosas, aunque su crecimiento es muy lento.
En ubicaciones favorables puede rebasar incluso los
30 m; en entornos urbanos alcanzan entre 15 y 20 m.

No hay demasiadas variedades arbóreas
de tuya disponibles, a diferencia de las muchas
enanas de *Thuja occidentalis*. La especie llamada
antiguamente *Thuja orientalis* ahora forma parte de
otro género con el nombre de *Platycladus orientalis*.
Tiene los conos más grandes y dotados de ganchos
que sobresalen en las escamas, semillas grandes
y redondeadas, sin alas, y follaje no perfumado en
ramitas erectas, no aplanadas. Puede encontrarse
a la venta y crece en suelos que drenen bien.

El género *Thuja* se propaga por esquejes
en casi cualquier época del año (mejor a finales
de verano/otoño) o bien sembrando las pequeñas
hojas aladas directamente sobre el sustrato
en primavera.

	PRIMAVERA	VERANO	OTOÑO	INVIERNO	altura, 5 años (m)	altura, 10 años (m)	diámetro, 5 años (m)	diámetro, 10 años (m)	color de floración	
Thuja plicata	●				2	4	1	2	■	Conos macho pequeños y negros; hojas aromáticas
T. plicata «Atrovirens»	●				2	4	1	2	■	Follaje verde oscuro y brillante
T. plicata «Zebrina»	●				2	4	1	2	■	Hábito ancho y cónico, más extenso que otras especies

● *floración*

Thujopsis

Este pariente del género *Thuja* es un árbol de hojas igualmente escamiformes y ramas aplanadas, pero no desprende ese olor tan cautivador de la tuya.

Thujopsis dolabrata

Las escamas tienen forma de hachuela, que es lo que significa en latín *dolabrata*, y son de color plateado brillante por el envés. Es una planta de crecimiento lento, aunque puede llegar a medir más de 15 m. En los jardines no suele pasar de ser un arbusto de gran tamaño y múltiples tallos, y puede ubicarse como árbol de porte pequeño en algún arriate. Crece bien en varios tipos de suelo, pero necesita que tengan un drenaje correcto. Crece de semilla, aunque la propagación es más sencilla a partir de esquejes obtenidos entre finales de verano y principios de invierno.

Tsuga

Tsuga

c: tsuga

Si a estas alturas aún no se ha decantado por ninguna planta, este género comprende la especie *Tsuga heterophylla*, uno de los árboles perennifolios más bonitos que existen.

suelo	*Thujopsis*: suelos de drenaje bueno o aceptable. *Tsuga*: ídem, también crece bien en suelos arenosos secos y ácidos
ubicación	Ambos géneros prefieren estar situados al sol o en lugares expuestos a sombra moderada
poda	*Thujopsis*: la tolera (pero tenga cuidado de dejar follaje vivo). *Tsuga*: sólo si hay suficiente follaje vivo
cuidados	*Thujopsis*: inicialmente de crecimiento lento. *Tsuga*: de joven puede resultar dañado por las heladas primaverales en lugares expuestos
plagas y enferme-dades	Ninguno de los dos géneros presenta grandes problemas. Las plagas y enfermedades no suelen afectarles

Tsuga heterophylla

Los árboles jóvenes son de porte cónico y estrecho, con las ramas ligeramente péndulas y cargadas de un follaje denso y plateado por el envés. El tallo guía acaba de forma «cabizbaja» y aporta elegancia a la tsuga. Los ejemplares adultos son más anchos, y si reciben luz mantienen las ramas inferiores hasta el nivel del suelo.

Difícilmente encontrará un árbol más atractivo para plantarlo como espécimen aislado. Resiste muy bien la sombra y puede ubicarse en esquinas umbrías, donde prospera mejor que *Taxus baccata*.

Las tsugas también forman interesantes setos. Crecen en muchos tipos de suelo, pero están especialmente adaptados a los arenosos ácidos y secos. Crecen de semilla, que se siembra en primavera, o por esquejes a finales de verano.

T

Coníferas

	PRIMAVERA	VERANO	OTOÑO	INVIERNO	altura, 5 años (m)	altura, 10 años (m)	diámetro, 5 años (m)	diámetro, 10 años (m)	color de floración	
Thujopsis dolabrata	●		�		1	4	0,5	1,2	■	Perennifolio de crecimiento lento; hasta 8 m
Tsuga heterophylla	●		�		2	2	1	2	■	Árbol perennifolio de atractivo hábito; hasta 15 m

 floración   cosecha

Solución de problemas

Cuanta mayor variedad de árboles y arbustos haya en el jardín, mayor será también el número de plagas y enfermedades y otros problemas. El siguiente diagrama le ayudará a diagnosticar qué les sucede a las plantas a partir de los síntomas externos que observe. Empiece por la parte del árbol o arbusto que le parezca más afectada: las hojas o los tallos. A continuación guíese por las respuestas «sí» [✓] o «no» [X] hasta llegar a la causa más probable. Una vez haya detectado el posible problema, consulte cómo atajarlo en el directorio de plagas y enfermedades que encontrará en las páginas siguientes.

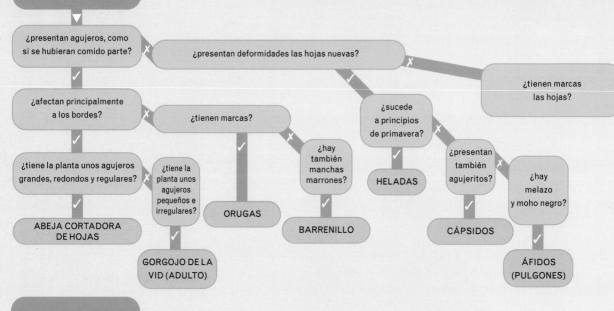

HOJAS

¿presentan agujeros, como si se hubieran comido parte?

¿presentan deformidades las hojas nuevas?

¿tienen marcas las hojas?

¿afectan principalmente a los bordes?

¿tienen marcas?

¿sucede a principios de primavera?

¿presentan también agujeritos?

¿hay también manchas marrones?

¿tiene la planta unos agujeros grandes, redondos y regulares?

¿tiene la planta unos agujeros pequeños e irregulares?

¿hay melazo y moho negro?

HELADAS

ABEJA CORTADORA DE HOJAS

ORUGAS

BARRENILLO

CÁPSIDOS

ÁFIDOS (PULGONES)

GORGOJO DE LA VID (ADULTO)

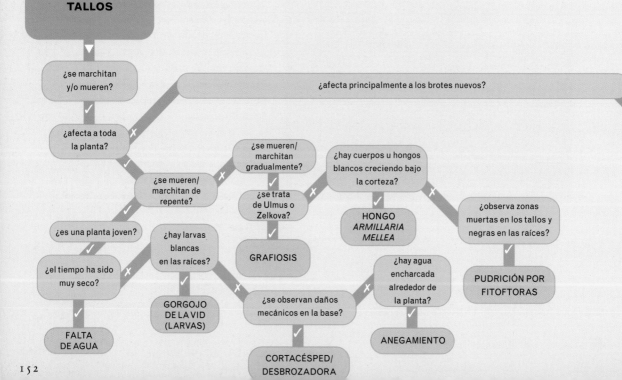

TALLOS

¿se marchitan y/o mueren?

¿afecta principalmente a los brotes nuevos?

¿afecta a toda la planta?

¿se mueren/ marchitan gradualmente?

¿hay cuerpos u hongos blancos creciendo bajo la corteza?

¿se mueren/ marchitan de repente?

¿se trata de Ulmus o Zelkova?

¿observa zonas muertas en los tallos y negras en las raíces?

¿es una planta joven?

¿hay larvas blancas en las raíces?

HONGO *ARMILLARIA MELLEA*

¿el tiempo ha sido muy seco?

GRAFIOSIS

¿hay agua encharcada alrededor de la planta?

PUDRICIÓN POR FITOFTORAS

GORGOJO DE LA VID (LARVAS)

FALTA DE AGUA

¿se observan daños mecánicos en la base?

ANEGAMIENTO

CORTACÉSPED/ DESBROZADORA

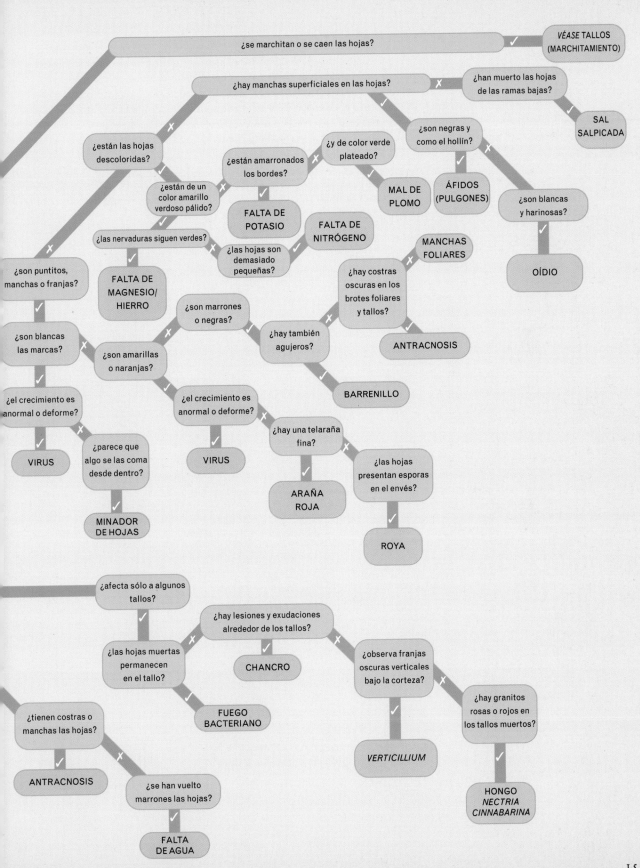

¿se marchitan o se caen las hojas? — ✓ → *VÉASE* TALLOS (MARCHITAMIENTO)

¿hay manchas superficiales en las hojas? — ✗ → ¿han muerto las hojas de las ramas bajas? — ✗ → SAL SALPICADA

¿están las hojas descoloridas?

¿están de un color amarillo verdoso pálido?

¿están amarronados los bordes? — ✗ → FALTA DE POTASIO

¿y de color verde plateado? — ✓ → MAL DE PLOMO

¿son negras y como el hollín? — ✓ → ÁFIDOS (PULGONES)

¿son blancas y harinosas? — ✓ → OÍDIO

¿las nervaduras siguen verdes? — ✓ → FALTA DE MAGNESIO/ HIERRO

¿las hojas son demasiado pequeñas? — FALTA DE NITRÓGENO

MANCHAS FOLIARES

¿hay costras oscuras en los brotes foliares y tallos? — ✓ → ANTRACNOSIS

¿son puntitos, manchas o franjas? — ✓

¿son blancas las marcas? — ✗ → ¿son amarillas o naranjas?

¿son marrones o negras?

¿hay también agujeros? — BARRENILLO

¿el crecimiento es anormal o deforme? — ✓ → VIRUS

¿parece que algo se las coma desde dentro? — MINADOR DE HOJAS

¿el crecimiento es anormal o deforme? — ✓ → VIRUS

¿hay una telaraña fina? — ✓ → ARAÑA ROJA — ✗ → ¿las hojas presentan esporas en el envés? — ✓ → ROYA

¿afecta sólo a algunos tallos? — ✓

¿las hojas muertas permanecen en el tallo? — ✗ → FUEGO BACTERIANO

¿hay lesiones y exudaciones alrededor de los tallos? — ✗ → CHANCRO

¿observa franjas oscuras verticales bajo la corteza? — ✓ → *VERTICILLIUM* — ✗ → ¿hay granitos rosas o rojos en los tallos muertos? — ✓ → HONGO *NECTRIA CINNABARINA*

¿tienen costras o manchas las hojas? — ✓ → ANTRACNOSIS — ✗ → ¿se han vuelto marrones las hojas? — ✓ → FALTA DE AGUA

Plagas y enfermedades

Problemas con insectos

Los árboles y arbustos son sensibles a numerosas plagas y enfermedades, y algunas de ellas pueden llegar a ser mortales. Sin embargo, en la mayoría de los casos existen soluciones, como comprobará en las páginas siguientes.

Gorgojo de la vid

Puede convertirse en un serio problema. Los insectos adultos son como escarabajos de color negro y casi 1 cm de longitud. Se alimentan de las hojas de noche y dejan agujeros con forma de «U». A pesar de todo, los daños en las hojas no son de importancia. El verdadero mal lo causan las larvas; son orugas parecidas a gusanos que llegan a alcanzar 1 cm. Devoran las raíces y la corteza situada bajo tierra hasta justo por encima de la superficie, y a menudo provocan la muerte de la planta. Aplaste los ejemplares adultos y controle las larvas rociando el suelo con una solución que contenga gusanos nematodos microscópicos o con un preparado químico.

Áfidos

Los pulgones son insectos chupadores de savia. Pertenecen a innumerables especies distintas y puede ser verdes, blancos, negros, algodonosos y cerosos… Enseguida forman grandes colonias, sobre todo en verano. Pueden provocar la muerte de las puntas de los brotes si son muy numerosos, aunque realmente provoca más problemas la melaza que excretan. Si la zona afectada es pequeña basta con aplicar un insecticida de contacto específico para los áfidos para que los depredadores vivan y den cuenta de los pulgones supervivientes. Si elimina tanto a los áfidos como a los depredadores volverá a tener problemas, ya que los áfidos se multiplican mucho más rápidamente.

Araña roja

La araña roja también vive de la savia y provoca el debilitamiento progresivo y la muerte de las hojas. Apenas se detecta a simple vista, ya que mide menos de 0,5 mm de longitud, aunque se recubre de una capa protectora sedosa más fácil de ver. Hay diferentes especies de arañas rojas especializadas en distintos grupos de plantas. Para luchar contra ellas puede emplearse un spray químico como derris o malathion, pero es posible que deba realizar hasta dos pulverizaciones semanales. Otra alternativa consiste en soltar algunos insectos depredadores especializados (el mejor es *Phytoseiulus persimilis*), que pueden adquirirse a distancia o en centros de jardinería. Las arañas rojas prosperan mejor en condiciones cálidas y secas, de modo que también puede alterarlas para proteger las plantas.

Cochinillas

Las cochinillas se alimentan de la savia y se protegen con un caparazón, así como con una estructura algodonosa. Las diferentes especies afectan a distintos tipos de árboles y arbustos y se dedican a chupar el fluido vital de los troncos y las ramas, más que de las hojas. No suelen representar un grave problema (aunque sin duda pueden ralentizar el crecimiento de las plantas), pero si la infestación es seria afean considerablemente las plantas. Se pueden combatir lavando los tallos afectados con una solución jabonosa que elimine la capa de protección cerosa del caparazón.

Cápsidos

Los cápsidos son insectos de color verde o marrón de, aproximadamente, 0,6 cm de longitud que chupan la savia de las yemas y los brotes foliares jóvenes de algunos arbustos y árboles. Introducen con la boca un líquido tóxico en las hojas que atacan que provoca la muerte de parte de las hojas que están brotando o creciendo. Para controlarlos utilice insecticidas sistémicos (es decir, que la planta absorbe y distribuye internamente) durante los meses de verano.

Orugas

Las orugas pueden tener casi cualquier tamaño y forma, y devoran las hojas de la mayoría de los arbustos, aunque lo normal es que sientan preferencia por determinadas especies o ejemplares. Si no se percata de su presencia, las plantas se quedarán sin ninguna hoja, aunque afortunadamente la mayoría de las orugas sirven de alimento a otros insectos como la avispa parásita o pájaros como el herrerillo, por lo que la plaga no suele ser más que pasajera. Las orugas que sobreviven se convierten en mariposas o mariposas nocturnas.

Abejas cortadoras de hojas

Estas abejas cortan limpiamente las hojas y dejan agujeros semicirculares en los bordes. Se trata de insectos sin aguijón que resultan útiles en la polinización de la flores y rara vez causan daños importantes. Las abejas se llevan los trozos de hoja a agujeros en la tierra, donde sirven de alimento a las larvas.

Minadores de hojas

Comen la parte central de las hojas, en las que dejan partes muertas o descoloridas, pero provocan pocos daños. Se detectan muy bien en algunas especies perennifolias como *Ilex*, aunque sólo sea porque conservan el follaje durante más de un año.

Problemas con hongos y virus

En el jardín viven incontables hongos y bacterias. La mayoría son muy beneficiosos, ya que contribuyen a descomponer la materia orgánica o presentan una relación simbiótica con las raíces, a las que ayudan a asimilar los nutrientes del suelo. Sin embargo, algunos de ellos son decididamente dañinos.

Marchitamiento

Se debe a un bloqueo en la conducción de agua que acaba provocando la muerte de las hojas y los brotes. Los ejemplos más habituales son la grafiosis y *Verticillium*. Normalmente no se transmite de los tejidos anuales afectados a los del año siguiente, de modo que si el árbol o arbusto no sucumbe puede recuperarse. Se controla mediante la eliminación de las ramas afectadas, que deberán cortarse más allá de los signos visibles de infección. El marchitamiento se manifiesta en forma de manchas en el último anillo del tronco. Esterilice la herramienta que utilice para la poda.

Antracnosis

La antracnosis está provocada por un hongo que mata las hojas y los brotes nuevos. Es una enfermedad que ataca en los veranos fríos y húmedos pero, por lo general, de los árboles y arbustos brotan nuevas ramas sanas que permiten una rápida recuperación. También puede provocar chancro o cáncer en los tallos de algunas especies; si ello representa un problema, deberá eliminar todas las partes afectadas y quemarlas. A continuación pulverice el árbol o arbusto con benomil o un fungicida que contenga cobre.

Mildiu/oídio

El mildiu y el oídio causan serios problemas en las hojas nuevas y tiernas y, en el peor de los casos, llegan a matar las plantas, como sucede con el oídio en ciertos rododendros. Estos hongos forman una capa de aspecto polvoriento y no necesitan condiciones húmedas para prosperar. Se pueden controlar en su fase inicial si se pulverizan con fungicida.

Roya

La roya se comporta de un modo distinto cuando ataca géneros diferentes a su huésped natural. Este hongo sólo es destructivo cuando ataca los principales huéspedes, en los que deja masas de esporas de colores púrpura amarronado, naranja o amarillo y provoca la pérdida de hojas. Se puede controlar con sprays antifúngicos.

Chancro

Los chancros son cánceres que aparecen en el tallo o en la corteza provocados por un hongo o bacteria. Si llegan a rodear un tallo, la porción distal de éste deja de recibir alimento y muere con síntomas parecidos a los provocados por los hongos que causan marchitamiento. La mejor solución es eliminar la rama afectada.

Fuego bacteriano

Mata los brotes y, ocasionalmente, plantas enteras. Ataca el género *Cotoneaster* y otros géneros de la subfamilia del manzano (*Maloideae*) y del rosal (*Rosaceae*). La vía de entrada de las infecciones suelen ser las flores u hojas nuevas. Para mantenerlo bajo control, deberá eliminar los brotes afectados a, al menos, 60 cm por debajo de la zona que presente síntomas del ataque. Deberá esterilizar las tijeras de podar entre corte y corte con un paño mojado con alcohol de quemar.

Mal de plomo

Es una enfermedad fúngica que afecta a muchas plantas leñosas, excepto a las coníferas. Infecta la madera, sobre todo la de los brotes nuevos, que empiezan a descolorarse y adoptar tonos marrones; algunas veces también pueden verse afectadas las hojas, a las que recubre una capa grisácea brillante. El hongo suele introducirse en la planta por las heridas de poda. Si la infección es leve basta con podar las ramas afectadas. En los casos graves será necesario eliminar la planta.

Nectria cinnabarina

Este hongo, fácil de detectar por unas viruelas redondas de color rosado que aparecen en la corteza, puede matar tejidos sanos, aunque normalmente suele afectar a las ramas estresadas, moribundas o ya muertas. Puede convertirse en un problema cuando los árboles sufren estrés o crecen en suelos anegados, pero muy pocas veces provoca males mayores en plantas saludables. Elimine las partes afectadas y evite el estrés regando adecuadamente las plantas recién trasplantadas; si el problema es el encharcamiento del suelo, deberá encontrar una forma para que drene.

Fitoftoras

Grupo de hongos unicelulares o parecidos a las levaduras que se diseminan por el agua; el más conocido es el famoso mildiu de la patata. Producen una enfermedad que pudre las raíces de muchos árboles y arbustos, entre ellos *Chamaecyparis* y *Rhododendron*, y puede llegar a matarlos rápidamente. A veces se inicia tras el anegamiento temporal del suelo. Dado que las enfermedades que provocan no producen frutos ni protuberancias de ningún tipo es muy difícil acertar en el diagnóstico y muy fácil confundir los síntomas.

Armillaria mellea

El hongo *Armillaria mellea* o de la miel comprende varias especies de hongos. Algunos colonizan los tejidos muertos o casi muertos, mientras que otros pueden matar árboles sanos. Algunos géneros, como *Chamaecyparis*, *Ligustrum* o *Pinus*, pueden llegar a morir independientemente de la edad del árbol. Se identifica por el velludo micelio que crece entre la corteza y el duramen del árbol o arbusto infectado, que a veces también exuda savia por la parte inferior de la corteza. La mejor manera de controlarlo es eliminando las raíces muertas, pero no resulta muy práctico, o con un preparado especial a base de fenol.

Enfermedades víricas

Las enfermedades víricas ralentizan el ritmo crecimiento o provocan manchas blancas foliares. Algunas variedades de hojas moteadas de color blanco se han obtenido precisamente a causa de la infección de las hojas, como por ejemplo *Aucuba japonica* «Variegata». No existen métodos de control para estas enfermedades.

Problemas de origen no biológico

A continuación figuran algunos problemas que pueden afectar negativamente al crecimiento de las plantas.

Falta de nutrientes

Puede provocar decoloraciones foliares, que las hojas broten más pequeñas o que el crecimiento general sea menor. La falta de nitrógeno se manifiesta a través de los brotes, más cortos, y el color pálido o amarillo verdoso de las hojas, que luego se torna rojo, púrpura anaranjado o amarillo, y provoca la caída prematura del follaje. Los abonos son un remedio de urgencia, pero a corto plazo. La mejor solución es aumentar la materia orgánica del suelo para que permita la liberación constante de nitrógeno por parte de las bacterias que lo habitan. El déficit de fósforo ocasiona síntomas parecidos. La falta de potasio provoca que las hojas pasen a tener el borde quemado y un color progresivamente marrón o marrón grisáceo. Corrija el desequilibrio administrando potasio a la planta. Los suelos alcalinos pueden tener carencias tanto de magnesio como de hierro.

Salpicaduras de sal

Puede matar las hojas de algunos arbustos de flor. Es un problema bastante habitual en las cunetas de las carreteras donde se tira sal para evitar la formación de hielo; cualquier hoja salpicada por los coches acabará muriendo, si bien el follaje situado al otro lado y por encima de la zona afectada normalmente sobrevive. También pueden ocasionar problemas en zonas costeras y, en ocasiones, las tormentas pueden transportar la sal desde grandes distancias hacia el interior.

Falta de agua

Tiene efectos inmediatos sobre las delicadas hojas de los arbustos de flor caducifolios. Inicialmente las plantas se recuperan de noche, pero si la sequía persiste las hojas caen y en las que permanecen en las ramas aparecen zonas muertas entre la nervadura; además, las ramitas acaban muriendo. Las hojas de los perennifolios son mucho más resistentes y es posible que la falta de agua no provoque daños tan evidentes, aunque les afecta por igual.

Heladas

Cuando las hojas y los tallos se congelan debido a las heladas, el agua del interior de las células se pierde. Si la descongelación es rápida los daños serán aún mayores, lo que explica que las paredes encaradas al sol por la mañana no resulten adecuadas para determinados árboles y arbustos. Las consecuencias habituales de las heladas son la muerte de las hojas y los tallos. Las hojas afectadas que no llegan a morir pueden presentar crecimiento extraño.

Anegamiento

Puede provocar la muerte de las raíces, sobre todo las más finas o capilares. Si el terreno se encharca en verano, el árbol o arbusto puede morir rápidamente por falta de agua a pesar de estar rodeado de ella. Y si se produce en invierno, todavía puede ser más dañino; las plantas empezarán a rebrotar en primavera y es posible que el follaje nuevo sea completo o casi completo. Sin embargo, debido a que el sistema radicular seca el suelo más rápidamente de lo que es capaz de regenerarse y extenderse, las hojas mueren de repente. Pode la mayor parte de las ramas para que las pocas raíces que sobrevivan sean capaces de mantener el equilibrio entre hojas y cantidad de agua. Si esto falla, intente mejorar el drenaje del suelo antes de dar el árbol o arbusto por perdido. Si los anegamientos no son muy graves sólo provocan la caída de las ramitas.

Rayos

Que los rayos alcancen árboles y edificios es un fenómeno natural aceptado. Pero los rayos también pueden afectar a los arbustos y a los setos. Normalmente no reciben directamente la descarga, pero pueden verse afectados fatalmente por la electricidad que se extiende por el seto si están en los alrededores del objetivo «elevado» alcanzado.

Desbrozadora

Las desbrozadoras y las máquinas cortacésped causan daños totalmente evitables. Aunque la tira de nylon de la desbrozadora parece frágil, la velocidad de giro que alcanza basta para herir la corteza de la mayoría de loa arbustos. Como resultado, el pie pierde parte de la corteza y, si los daños ocasionados rodean todo el tronco, puede llegar a morir. Los cortacéspedes no son tan efectivos a la hora de matar arbustos, pero pueden arrancar de cuajo grandes trozos de corteza. La solución es eliminar el césped de los alrededores de la base del árbol o arbusto (en un radio de unos 30 cm) mediante el acolchado.

Índice de plantas

Este índice relaciona alfabéticamente los nombres latinos y comunes de las plantas mencionadas en la obra

Índice general

Agradecimientos

Agradecimientos del autor:

Quisiera dejar constancia de mi agradecimiento hacia todas las personas de muchos países que me han ayudado a aprender más sobre los árboles, arbustos y otras plantas. Son demasiados para citarlos uno a uno, pero seguro que se ven reconocidos: muchas gracias. También quisiera expresar mi gratitud al apoyo, la comprensión y la paciencia de Heather. Keith Rushforth

La mayor parte de las fotografías de este libro son obra de Tim Sandall. El autor, Keith Rushforth, también ha querido participar aportando las fotografías que figuran a continuación:

página 40, 45 (IX), 48 (S), 59 (X 2), 60 (I), 62 (S), 65, 68 (I), 71, 74 (I), 77, 80, 81 (S), 97 (D), 102, 103 (S), 106 (X 2), 110 (S), 111, 121 (S), 124 (S), 125 (X), 137 (S)

Leyenda: S: superior; I: inferior; D: derecha, X: izquierda

La editorial desea agradecer a los viveros Coolings Nurseries la colaboración y la ayuda prestadas con las fotografías de este libro, sin olvidar la gran cantidad de herramientas y equipo especializado facilitados. Nuestro especial agradecimiento a: Sandra Gratwick, Garry Norris, Ian Hazon y Brian Archibald. Coolings Nurseries Ltd., Rushmore Hill, Knockholt, Kent, TN14 7NN. Tel.: 00 44 1959 532269; e-mail: coolings@coolings.co.uk. Página web: www.coolings.co.uk.

Por último, gracias a Sir Harold Hillier Gardens and Arboreum y al ayuntamiento de Hampshire por permitir la realización de fotografías en sus instalaciones.